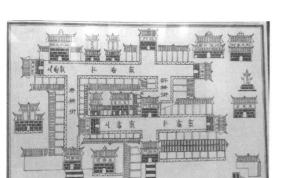

（1）杨家滩镇城区古街巷图，绘于清同治十年（公元1871年），选自清代板桥《姚氏续修族谱》卷首下。

（2）杨家滩镇南邻武陵山余脉龙山，距杨家滩镇城区十公里。

（3）杨家滩镇境内横跨孙水的胜梅桥，建于康熙年间，由板桥姚春芷（时任州司马）捐修，三拱四墩，长39米，宽6.7米，高10米。摄影：李新立

（4）杨家滩镇洄水村云桂堂，建于清代。摄影：李新立

（5）杨家滩镇新龙潭村古松堂，建于清代。摄影：李新立

（6）杨家滩镇境内彭氏宗祠。始建于明代，清末复建摄影：李新立

（7）杨家滩镇古建筑老刘家，建于清代。摄影：李新立

（8）杨家滩镇洄水村师善堂，建于清代。摄影：李新立

（9）建于清代的杨家滩镇城区河边街。摄影：李新立

（10）杨家滩传统婚礼仪现场。摄影：李新立

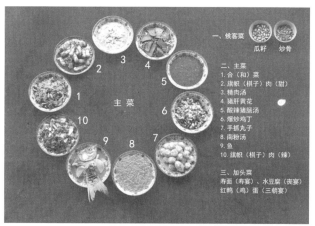

一、候客菜
　　瓜籽　　炒骨

二、主菜
1.合（和）菜
2.旗帜（棋子）肉（甜）
3.精肉汤
4.猪肝黄花
5.酸辣猪肠汤
6.爆炒鸡丁
7.手抓丸子
8.南粉汤
9.鱼
10.旗帜（棋子）肉（辣）

三、加头菜
寿面（寿宴）、水豆腐（丧宴）
红鸭（鸡）蛋（三朝宴）

主菜

（11）湘中传统宴席水火席菜肴集锦。摄影：姜艺

（12）杨家滩水火席厨师林文连和她的传承人代表，
即丈夫陈增辉（左二）、次子陈金龙（左一）、次媳周少
英（右一）。摄影：李新立

（13）2016-10-09 湘中传统礼仪研究会会长林文连（女）与该会顾问合影。（从左至右依次为：郭锦辉、刘楚魁、潘年英、龙海清、林文连、萧铁肩、段振榜、范大平）摄影：李新立

（14）2018 年 4 月湖南省文旅厅"非遗"处、娄底市文旅广体局和涟源市文旅局领导在涟源市杨市镇调研传统礼仪。摄影：姜艺

（15）2017 年冬至日湖南省省级"非遗"专家龙海清（中）、潘年英（左）和刘楚魁（右）在杨市镇彭氏宗祠调研冬至祭祖习俗。摄影：姜艺

（16）2019-06-01 湖南人文科技学院教师刘楚魁为该校旅游管理专业学生讲授湘中传统饮食礼仪。摄影：陈金龙

本书合作研究事务承办单位　涟源市湘军水火席府

本书研究工作人员

顾　问　龙海清　萧铁肩　潘年英
合作研究委员会主任　朱强　梅国华
副主任　刘益明　龙飞兵　林文连
撰稿人　刘楚魁　段振榜　萧群炳　陈灿芬　范大平　刘红梅
　　　　刘芳奇　刘清平　吴剑峰　伍揆祈　彭仁希　李本成　李即一
摄　影　姜艺　李新立等
审稿·统稿·校稿　刘楚魁　段振榜

湖南人文科技学院马克思主义学院
湖南人文科技学院梅山文化研究中心
湖南人文科技学院区域文化研究基地
长沙师范学院传统文化教育与传播中心   合作研究
湖南省涟源市湘中传统礼仪研究会
湖南省涟源市地域文化研究中心
湖南省涟源市杨市镇人民政府
涟源市湘军水火席府

梅山文化系列图书

湘中传统礼仪研究

——以历史文化名镇杨家滩为例

刘楚魁　段振榜　编著

吉林大学出版社

·长春·

图书在版编目（CIP）数据

湘中传统礼仪研究：以历史文化名镇杨家滩为例 /
刘楚魁、段振榜编著 . -- 长春：吉林大学出版社，
2021.9

ISBN 978-7-5692-8928-2

Ⅰ . ①湘… Ⅱ . ①刘… ②段… Ⅲ . ①礼仪—文化研
究—涟源 Ⅳ . ① K892.26

中国版本图书馆 CIP 数据核字 (2021) 第 198746 号

书　　名　湘中传统礼仪研究——以历史文化名镇杨家滩为例
　　　　　　XIANGZHONG CHUANTONG LIYI YANJIU——YI LISHI WENHUA MINGZHEN
　　　　　　YANGJIATAN WEI LI

作　　者　刘楚魁　段振榜　编著
策划编辑　曲天真
责任编辑　张鸿鹤
责任校对　张宏亮
装帧设计　刘子怡
出版发行　吉林大学出版社
社　　址　长春市人民大街 4059 号
邮政编码　130021
发行电话　0431-89580028/29/21
网　　址　http://www.jlup.com.cn
电子邮箱　jdcbs@jlu.edu.cn
印　　刷　天津兴湘印务有限公司
开　　本　787mm×1092mm　　　1/16
印　　张　18.75
字　　数　350 千字
版　　次　2021 年 9 月　　第 1 版
印　　次　2021 年 9 月　　第 1 次
书　　号　ISBN 978-7-5692-8928-2
定　　价　68.00 元

序

中华民族的历史掀开第一页的时候，礼仪就伴随着人的活动，伴随着原始宗教而产生了。从人类把对神、对自然力的恐惧和敬畏转向人类自身之后，随着经济发展与社会生活的进步，人们表达敬畏、祭祀的活动日益纷繁，逐步形成种种固定的模式，形成约定俗成的礼仪规范。从礼仪的产生和发展来考察，礼仪是人类社会生活发展的需要，也是人类社会关系的一种必然要求。

礼仪的范围内容非常广泛，单从老百姓的社会生活方面考察，诸如天地鬼神祭祀、水旱灾害祈禳、房舍陵墓营造，乃至衣食住行、婚丧嫁娶、言谈举止，无不与礼仪有关。礼仪是一个囊括了社会、经济、政治一切规章制度以及个人的伦理道德修养、行为准则规范的庞大概念。中国的礼仪文化以其平和、中正的特征，对人们产生深远的影响。任何一个民族的文化都不可能是静态不变的，而只能与时俱进，弃其糟粕，取其精华。优秀文化的因子，往往历久弥新，长久地存活在历史的长河中，持续地影响着一个民族的精神和面貌。

以处于梅山文化中心地区的杨家滩为代表的湘中传统礼仪，作为中华民族传统文化的有机组成部分，既有华夏大家庭传统文化的深深烙印，更有汉族与少数民族民族文化相互融合的地域特征。时至今日，其中的精华因素继续在人们的社会生活中发挥积极作用。20世纪中叶以来，随着科学技术的迅猛发展、社会生产力的大幅提升，经济全球化、一体化势不可挡，社会生活多样化、价值观念多元化日益凸显。在此背景下，传统礼仪文化流失速度非常惊人。作为民间最普遍、最隆重的婚礼、生日礼仪等庆典，正越来越失去民族特性，而舶来品圣诞节、情人节等正日益成为90后、00后年轻人非常在意的重要节日。

中国几千年文明进程铸就的礼仪文化，原本可以成为发展旅游经济的强项，可是，社会成员及许多行业员工连"对不起""谢谢""没关系""您"和

"请"十个字的礼貌用语都说不好，遑论其他。包括杨家滩在内的湘中地区旅游资源相对丰富，发展旅游经济前景广阔。本土及周边地区的宾馆、酒店等越造越华丽，今非昔比，而服务质量却始终是旅游业发展的软肋，令人长叹。此外，近年出境旅游的国人与日俱增，但举止粗俗、缺乏礼仪教养者不乏其人，海外舆论的批评时见报端，使我们这个"文明古国"、"礼仪之邦"的形象大受损害，如何继承和弘扬优秀的传统礼仪，重建符合时代要求的礼仪规范，时不我待。

通览全书，作者以"文章合为时而著"的使命担当，在简述传统礼仪的起源、分类、功能及杨家滩传统礼仪特点的基础上，从物质生产、社会生活两个层面勾勒了以杨家滩为代表的湘中传统礼仪，浓墨重彩地告诉我们它是一种什么样的存在。作为中国传统礼仪文化的一个支点和缩影，这种存在，顺应天时，合乎地利，观照人和。这种存在，凝聚先人睿智，映射前人聪慧，彰显前辈懿德。这种存在，在宏观维度经天纬地，在中观维度情系家国，在微观维度避害趋利。这种存在，跨越时空，赓续永恒，与时俱进。所有的这一切，正是跳跃在字里行间的作者的意旨、诉说、情愫所在。可以说，这是作者们写作此书的初心。

21世纪是文化的世纪，国家与国家、民族与民族的竞争，将会越来越多地在文化领域中展开。文化是民族的基本特征，文化存则民族存，文化亡则民族亡，文化强则民族强。古往今来，真正灭绝于种族屠杀的民族并不多，而灭亡于固有文化消失的民族却不胜枚举。中国是世界四大文明古国中，唯一没有发生过文化中断的国家。在未来的世纪中，中华文明能否自立于世界民族之林，基本前提之一，就是能否在吸收先进的外来文化的基础上、建立起强势的本位文化，这无疑是具有战略意义的大事。

中国传统礼仪文化的当代价值主要表现在以下两个方面。其一，促进理想人格的形成。传统礼仪文化通过约之以礼、行之以礼以及重礼贵和，促进理想人格的形成。约之以礼强调以礼治国、以礼立身，重在为社会个体成长创造良好的环境；行之以礼则强调人们相处时要用礼和守礼，重在培养人们尊崇礼、安于礼、行依礼；重礼贵和重在强调以礼处理各种社会矛盾和纠纷，从而达到修己安人的目的。其二，构建人类共同价值追求。人类命运共同体理念从常识、规律、规则、实践等不同维度被人们广泛接受，从倡议到实践、从理论到现实、从"中国的"到"世界的"，表现出了强大的生命力，愈发凸显出其现实意义和时代价值。中国传统礼仪文化中的诚信、友善、谦恭和谐等，向世界展示了中国人民的精神追求，展示了中国传统文化的独特魅力。在经济一体化、世界文化大融合的历史潮流，如何努力增强国家文化软实力，力促人类达成共同价值追求，我们面临机遇与挑战。

梁漱溟先生曾经预言："世界文化未来即是中国文化之复兴。"实现中国传统礼仪文化当代价值需要传承与创造性转化。传统礼仪文化随着时代和社会的变迁与发展，其礼仪规范中的一些繁文缛节和个别内容已不适应现代社会，因此，需要在顺应现代民主政治、先进文化、技术革命等新形势下创造性地传承。传承传统礼仪文化，最基本、最行之有效的方法便是回归家庭、学校、社会，并且融入生活的方方面面，让传统礼仪文化与现代生活规范形成不相排斥、相互兼容的良好关系。

中华优秀传统文化是我们最深厚的文化软实力，也是中国特色社会主义植根的文化沃土。夯实文化建设根基，首要的工作就是从思想道德抓起，从社会风气抓起，从每一个人抓起。另一个主要工作就是要继承和弘扬我国人民在长期实践中培育和形成的传统礼仪，努力实现中华传统礼仪的创造性转化、创新性发展。习近平总书记指出，提高国家文化软实力，关系"两个一百年"奋斗目标与中华民族伟大复兴中国梦的实现。在5000多年文明发展进程中，中华民族创造了博大精深的灿烂文化，要使中华民族最基本的文化基因与当代文化相适应、与现代社会相协调，必须以人们喜闻乐见、具有广泛参与性的方式推广开来，把跨越时空、超越国度、富有永恒魅力、具有当代价值的文化精神弘扬起来，把继承传统优秀文化又弘扬时代精神、立足本土又面向世界的当代中国文化创新成果传播出去。

基于上述理性认知，本书的作者们饱含激情，不辞劳苦，呕心沥血，以脚踏实地之态度奔波于田野村落，以仰望天空之希冀勤耕于半尺键盘。身处斗室，心系社稷；理在书中，意指未来，这是作者们劳动成果的终极目标追求。细心的读者会发现：该书宏大的体系，高远的追求，礼仪民俗事象的精准叙述，着墨不多但笔之所及有感发自肺腑的点津之论，映射出作者长期从事该领域研究的扎实功底与职业素养。为了增强作品的可读性，作者力求集知识性、资料性、规范性和实用性于一体，在社会生活篇的有关章节，遴选了富有代表性、典型性、实用性的相关例文，供读者阅读、品味和参考，使之成为该书的一大亮点。

湘中是梅山文化的核心区域，其传统礼仪源远流长，博大精深。尽管该书的作者竭精殚虑，力求完美。掩卷而思，因为大部分的非物质文化遗产抢救不力，加之调研的广度、深度不够，加上"十里不同音，五里不同俗"，一部分传统礼仪事象原生态呈现存在差距，个别事项表述准确性有待商榷，结构、体例、观点的把脉不尽人意。做成一件事不容易，做好一件事更难，希望广大读者包容海涵。

是为序。

田茂军

2020 年 8 月

（注：作者是吉首大学教授，我国著名民间文学家，民俗学家。）

目　录

绪论篇

第一章　礼仪综述 ………………………………………………… 2

　　第一节　礼仪的起源、传承与演变 …………………………… 2

　　第二节　礼仪的含义、内容与分类 …………………………… 6

　　第三节　礼仪的功能 …………………………………………… 9

第二章　杨家滩传统礼仪简介 …………………………………… 11

　　第一节　杨家滩的历史与现状 ………………………………… 11

　　第二节　杨家滩传统礼仪的特点 ……………………………… 18

　　第三节　杨家滩传统文化的缩影——梅山水火席礼仪 ………… 22

物资生产与商务活动礼仪篇

第一章　种植业礼仪 ……………………………………………… 32

　　第一节　春季节气与农事习俗 ………………………………… 32

　　第二节　夏季节气及农事习俗 ………………………………… 37

　　第三节　秋季节气及农事习俗 ………………………………… 42

　　第四节　冬季节气及农事习俗 ………………………………… 46

　　第五节　求雨礼仪 ……………………………………………… 49

第二章　养殖业礼仪 ……………………………………………… 52

　　第一节　栏舍的建设与配置 …………………………………… 52

第二节 牲畜、家禽的购买或孵养 ……………………53

第三章 护林与狩猎礼仪 ………………………………56
　　第一节 护林礼仪 ………………………………57
　　第二节 狩猎礼仪 ………………………………59

第四章 匠工礼仪 ………………………………………62
　　第一节 拜师与学徒 ……………………………62
　　第二节 开工与完工 ……………………………64
　　第三节 杨家滩传统手工业例介 ………………66

第五章 商务礼仪 ………………………………………77
　　第一节 商品种类、价格与商务特点 …………77
　　第二节 店铺室外布置 …………………………82
　　第三节 商务礼俗 ………………………………86

第六章 住宅建筑与居住礼仪 …………………………92
　　第一节 住宅的选址定向及礼俗 ………………92
　　第二节 住宅的建造过程及有关礼仪 …………96
　　第三节 新居过伙礼仪 …………………………99

社会生活礼仪篇

第一章 生育礼仪 ………………………………………106
　　第一节 传统生育礼仪的思想基础 ……………106
　　第二节 孕育与接生礼仪 ………………………114
　　第三节 出生与抚育礼仪 ………………………121

第二章 婚姻礼仪 ………………………………………128
　　第一节 请媒与察垱 ……………………………128
　　第二节 放茶钱、订婚与结婚 …………………130
　　第三节 结婚礼仪事象 …………………………135
　　第四节 婚姻文书例介 …………………………147

第三章 寿庆礼仪 ………………………………………152
　　第一节 贺生礼与祝寿物 ………………………152

　　第二节　寿庆礼仪 ·· 156

　　第三节　寿庆礼仪应用文例介 ································ 163

第四章　丧葬礼仪 ·· 170

　　第一节　备丧 ··· 170

　　第二节　治丧 ··· 173

　　第三节　出殡、送葬与安葬礼仪 ···························· 195

第五章　祭祀礼仪 ·· 203

　　第一节　祭祀礼仪概说 ·· 203

　　第二节　祭祀礼仪类别 ·· 205

　　第三节　祭奠仪注、九献礼及祭文例选 ··················· 224

第六章　出行礼仪 ·· 240

　　第一节　出门、行走与会宾 ····································· 240

　　第二节　入座敬茶礼仪 ·· 245

　　第三节　就餐礼仪与告辞礼仪 ·································· 248

第七章　节日礼仪 ·· 252

　　第一节　春季传统节日礼仪 ····································· 252

　　第二节　夏季传统节日礼仪 ····································· 257

　　第三节　秋季传统节日礼仪 ····································· 260

　　第四节　冬季传统节日礼仪 ····································· 264

第八章　未成年人礼仪 ··· 268

　　第一节　居家礼仪 ··· 268

　　第二节　校园礼仪 ··· 271

　　第三节　交际礼仪 ··· 274

　　第四节　儿歌篇 ··· 275

参考文献 ·· 278

后　记 ··· 280

绪论篇

第一章 礼仪综述

礼是体现等级尊卑的制度，仪是通过语言、动作等表达礼的外在形式。在我国古代，许多礼来源于民俗。在阶级社会中，有些民俗被统治阶级加以改造，使之固定化、程式化、权威化、神秘化，成为体现等级尊卑的行为规范，称之为礼仪或礼俗。它在几千年的人类文明历史上不断变异和发展。现在普遍认为，人们在社会交往中受到地理环境、历史传统、风俗习惯、宗教信仰、时代风尚等多种不同因素的影响而形成了多种行为规范。这些社会交往中的行为规范被称为礼仪。它以建立和谐关系为目的，是各种交往的行为准则和规范的总和。它涉及面广，内容丰富，特征鲜明。

第一节 礼仪的起源、传承与演变

礼仪是人类历史的伴生物，自从有了人类，便有了礼仪。随着经济的发展和社会的进步，礼仪也不断发生变化。

一、礼仪的起源和传承

关于礼仪，我国著名礼仪专家金正昆先生有过精准的著述。他认为，有人将礼仪、礼节和礼貌混在一起，其实三者既有联系，又有区别，礼貌是对人表示的谦虚和尊敬；礼节是对别人表示尊重、友好的惯用形式。礼仪是对礼貌、仪式的统称，是指在人际交往中，自始至终地以一定的约定俗成的程序、方式来表现的律己、敬人的完整行为。

关于这个问题，我国其他著名礼仪专家的看法与金正昆先生的看法大同小异。他们都认为，礼仪是人们群体生活的需要，是精神文明的重要内容，在经济活动和社会活动中产生和完善，随着经济发展和社会进化而不断演变与进步。

1. 获取生存物质需要礼仪

早在原始社会的母系氏族阶段，我们的祖先在母酋长的统领下为了充饥，便采集野果、狩猎、捕鱼和简单地种植庄稼。这些物质生产活动通常都是群体行为。随着经济的发展，人类社会经历了原始社会，奴隶社会、封建社会、资本主义社会，目前我国已跨入新时代中国特色社会主义社会，尽管每一种社会形态的生产力、生产关系和社会文明形态不同，但获取生活资料，增强人们自身的生存能力都是各个社会的共同任务。在物质生产的社会实践中为了调动个体的积极性，提高防御自然灾害和野畜伤害、损害的能力，同一个部落或氏族内部的个体与个体之间便自然而然地友好相处，互相尊重，共同劳动。礼仪便这样应运而生。

2. 社会生活需要礼仪

人类生活是社会生活。每一个单个的人如果离开了社会便无法生活，尽人皆知的外国民间故事《鲁滨逊漂流记》便是有力的生动的例证。在社会生活中你中有我，我中有你，互相联系，互相影响，谁也离不开谁。这是一种须臾不可离异的人际关系。维持和发展这种人际关系的一种重要力量，便是每一个社会成员彼此之间讲礼貌，守诚信，互相帮助，和谐相处，不论是生产力和生活水平极其低下的原始社会，还是生产力高度发达，生活资料非常丰富的当今世界都会如此。这样，礼仪成了人们社会生活的重要内容。

3. 抗御外敌，抵抗自然灾害离不开礼仪

抗御外敌入侵和抵抗自然灾害是任何国家和民族都必须随时准备面对的任务。在人类社会的每一个阶段，民族与民族之间，国家与国家之间，物质利益的矛盾或文化差异都不同程度地存在。这些矛盾和差异如果处理不当，就有可能转化为敌我矛盾，甚至演变成战争。此其一。其二，自然灾害影响人们生活安稳，有些自然灾害，如地震、泥石流、海啸、瘟疫则严重威胁着人们生命和财产的安全，如防备不当，抵抗不力则可能带来毁灭性的打击。处理好这种国家之间、民族之间和人与自然之间的矛盾和斗争，是一个系统的综合工程。建设这个综合工程的质量高低、成功与否则取决于人的因素。它绝非某一个人可以完成，而需要由若干个体组合成社会群体去完成，而个人的良好的礼仪素质则是这个社会群体的凝聚力的源泉，须臾离不开团结、和谐，离不开礼貌、诚信和互相帮助，否则，打击外敌入侵，战胜自然灾害几乎是一句空话。民间谚语"一根筷子容易

折，一把筷子折不断"便是一个恰当形象的比喻。因此，礼仪在这方面的重要性不容置疑。

4.礼仪在物质生产和社会生活中传承和发展

按照马克思主义的观点，礼仪属于上层建筑范畴，它是由经济基础决定的，在漫长的人类历史长河中，物质生产和社会活动由一代人又一代人传承和发展，礼仪作为物质生产与社会活动的伴生物也随着传承和发展，这是社会知识 ABC，是不言自明的道理，不需赘述。

二、礼仪的演变

前已述及，礼仪是在物质生产和社会活动的长期实践中形成、传承和发展的。它也是这样演变的。

1.演变的原因

（1）物质生产力的提高

在原始社会和奴隶社会初期，人类的物质生产活动主要是狩猎、捕鱼与采摘野果。那时种植业和养殖业尚未普及，商品交换处于萌芽状态，活动相对简单。那时的物质生产活动一般以氏族或部落为单位进行，成员较少，程序比较粗放，这就决定了礼仪的内容比较简单。在奴隶社会后期，随着青铜器技术的发明与普及，促进了种植业和养殖业的发展和繁荣，商品交换较前活跃，人们的活动空间迅速拓展，接触人群增加，且被接触人群的职业、性格好恶和文化涵养发生了显著的变化。这就迫使人们的礼仪规范随之变革与完善。后来经过封建社会，资本主义社会，特别我们当前所处的中国特色社会主义社会，无论是生产力还是生产关系都发生了前所未有的变化。

从15世纪末以来的近代人类文明有三个最大的变化。第一，地球变成一个文明的大舞台。这是由于哥伦布、麦哲伦的远航逐步将从前的分散的世界各民族和国家用一种无形的网联络起来，使之成为一个有机的整体。第二，18世纪末以来的"工业革命"改变了人类数万年以来的手工劳作方式，生产效率迅速提高，它同时给我们提供了日渐先进的交通、联络工具，极大地改变了世界的面貌，世界变得越来越"小"，几十亿人口共同生活在一个"地球村"。第三，从20世纪中叶以来，随着计算机和遥控技术等一系列当代先进的科学技术的产生和运用，使全世界的各个民族，各个国家和全世界的人们成为一个利益共同体，你中有我，我中有你，一损俱损，一兴俱兴。

这种物质生产技术的大发展，带来了世界各地文化的大繁荣，大交流。人们的社会活动也越来越丰富多彩，这必然也已经促使人们的礼仪规范也随着发生变化，这在以下各章中均有细述。

（2）人们交际范围的拓宽

随着物质生产力的提高，人们获取生活资料的途径由单一到多样化，特别是进入资本主义社会，商品经济高度发达以后，人们的活动范围迅速拓展，不再拘泥于本村落、本氏族或本部落内部，而是扩展到其他村落、县与省份之间，甚至与外国人打交道。各个地方各个民族都有自己的精神信仰与礼仪规范。为了便于与域外人、其他民族或其他国家的人打交道，和他们友好相处，共同生产与生活，便自觉不自觉地调整与改进自己的礼仪规范。这是礼仪演变的重要原因之一。

（3）多种文化的互相影响与交融

人们在域外和国外进行商品物质交换的同时，也在进行文化交流。于是包括礼仪文化，如婚庆礼仪、丧葬礼仪、商务礼仪等各种文化互相影响，不同的禁忌、信仰与礼仪同时存在于某一个地方，便是多文化互相影响的结果。譬如在我国西南一些地方的丧葬文化便是一幅生动的彩色的生活画图，那些地方土葬、悬棺葬、衣冠葬、二次葬、天葬与火葬并存。显然，那些地方多民族混居，各个民族的居民都保留着各自的信仰和理念，各自不同的信仰与理念便带来各自的丧葬礼仪，人们去参与别的民族的治丧活动就必须适应他们的礼仪习俗。我们不能不说这种多文化的影响与交融也是礼仪演变的一种非常重要的原因。

2. 演变的形式

礼仪文化内容丰富，项目繁多，程序不一，都随着经济与社会的变化而变化，均留下历史的遗迹。

（1）内容由简单到丰富

人类礼仪开始形成时，生产力低下，人们必需的生存物质匮乏，社会交际面窄，礼仪内容也较简单，主要适用于简单的物质生产和狭小的交际范围。然而随着生产力的提高，经济建设范围的拓宽，礼仪的适用空间也越来越广阔，它由原来简单的劳动礼仪和本氏族、本部落或本村庄狭小的交际圈的社交礼仪逐渐发展、丰富与细化。现在我国处于新时代中国特色社会主义时期，礼仪文化丰富多彩，内容极其广泛，单就社会礼仪来说，它包括个人礼仪、公共礼仪、交往礼仪、通联礼仪、应酬礼仪、聚会礼仪和餐饮礼仪七个方面。关于礼仪文化的内容，凭此可管中窥豹，略见一斑。

（2）程序由松散到相对集中与稳定

由于原有的礼仪程序是在原始落后的生产力和封闭的生活圈内形成的，难以适应发达社会的需要，随着物质生产与社会文化的进步，它便自然而然地发生变化，日趋固定与规范。如每个民族都有自己婚庆礼仪、丧葬礼仪与社交礼仪的程序，在一定的时期内相对稳定；又如节庆礼仪的程序，我国各地差异较大，但在一定的地域或特定民族，是不会轻易改变的，因为它被特定地区、特定民族的人们所认同并践行，使之适应所处的社会环境。如最近20多年来出现的大型正式会议的主席台上座位牌的摆放，国外国内基本相同。这是由于这种比较固定的程式适应经济全球化的地球村的需要。

（3）适应我国需要的外来礼仪逐渐被国人接受

文化是全世界人民共同创造的，它能超越国界，不受社会制度的限制。它随着人们的交往，可以在不同的国家传播，礼仪文化也是这样。改革开放以来，外国一些先进的科学技术，管理经验和其他文化同时涌入国门。我们经过扬弃，适我者用余者弃。这样，一些被国人认可，适合我国国情的礼仪文化也融入了我们的礼仪文化传统，如餐饮礼仪中的餐具叉子、刀子，食品中的三明治、肯德基、汉堡包，喝酒时偏好于低酒精度，就餐时讲究营养，合理搭配，重视就餐环境的卫生与安静。这些外来餐饮礼仪被越来越多的国人所接受。类似现象很多，日常生产生活中随处可见，这也是我国礼仪演变的重要方面。

第二节 礼仪的含义、内容与分类

关于礼仪的含义、内容与分类，目前礼仪学术界尚未形成完全一致的认识。根据金正昆著的《社交礼仪教程》和其他专家的观点以及笔者的思考，综述如下。

建设新时代中国特色社会主义是一个亘古未有的浩大的综合工程，其中既有硬件工程，也有软件工程。在软件工程中，讲文明，树新风是群众性社会主义先进文化建设的一项重要内容。学习礼仪，应用礼仪蕴含于讲文明树新风之中，它顺应民心，顺乎民意。要真正了解礼仪，首先要明确礼仪的基本含义，它有哪些主要内容与分为哪些类别。

一、礼仪的含义

1.礼貌，礼节与礼仪

关于礼仪的含义，前已提及的我国著名礼仪学家金正昆先生有过精准的论述。他认为在日常生活中，人们谈到"礼"便联想到礼貌，礼仪，礼节，且将其视为一体，混合使用，其实三者既有联系，又有区别。

礼貌是指在人际交往中向交往对象表示出来的谦虚和恭敬。礼仪是指人们在交际场所相互表示尊重，友好的惯用形式。礼节是律己、敬人的完整行为。

由此可知。三者所表现的都是对人的尊敬、友善，其中礼貌是礼仪的基础，礼节是礼仪的基本组成部分，礼仪是由一系列具体的，表现礼貌的礼节所构成的相对固定的待人的形式，它在层次上高于礼貌和礼节，其内涵更广、更深。礼节只是一种做法，礼仪则表示礼貌的系统而完整的过程。

2.礼仪的概念

站的角度不同，对礼仪的概念的界定也有差异，但百川入海，殊途同归。

（1）有人说礼仪是教养和素养在某一个人的行为举止中的表现。这是从个人素养看。

（2）礼仪是某一个人的为人处世的行为规范，即标准做法，行为准则，正如古人所说，"道德仁义，非礼不成"。这是从道德角度看。

（3）礼仪是指在人际交往中必须遵循的律己敬人的习惯形式，也可以说，它是待人接物的一种惯性，即"礼出于俗，俗化为礼"。这是从民俗角度看。

（4）礼仪是一种在人际交往中有效沟通的技巧。这是从传播角度看。

（5）礼仪是一种用来处理人际关系的交际方式或交际方法。这是从交际角度看。

礼仪的概念还可以举出一些，主要有以上五种。

从外在方面考虑，以上表述各不相同，但它们有一个内在的共同点，即人际交往中人人都必须遵守相应的行为规范，且通过相对固定的形式表现出来。这就是礼仪。

二、礼仪的要素

礼仪的要素包括礼仪主体、礼仪客体、礼仪媒体和礼仪环境四个方面。

1.礼仪主体。它是礼仪活动的操作者和实施者，是必备因素，缺少了它，礼仪活动就不可能进行，礼仪也无法谈起。它可以是个人，也可以是组织。礼仪活动规模较小和简单时，是个人；规模较大，较为复杂时，则通常为组织。

2. 礼仪客体。它也是礼仪活动的必备对象，是礼仪活动的指向人和承受人。没有礼仪客体，礼仪便没有对象，则不成为礼仪。

礼仪主体与礼仪客体一方面互相对立，另一方面互相依存，在一定条件下，还可以互相转化。

3. 礼仪媒体。它是指礼仪活动所依托的一定的媒介，说到底，它是礼仪内容与礼仪形式的统一。礼仪媒体也是礼仪不可缺少的，它有人体礼仪媒体，物体礼仪媒体和事体礼仪媒体之分。在礼仪的实际操作上，几种媒体相互交叉，配合使用。

4. 礼仪环境。它是指礼仪活动得以顺利进行的特定的时间和空间。一般说来，礼仪的环境分为礼仪的自然环境和社会环境。礼仪环境经常制约礼仪的实施。

三、礼仪的分类

关于礼仪的分类，学术界尚未统一。一般说来分为一般礼仪与社交礼仪两大类，每一类又分为若干小类。

1. 一般礼仪的分类

根据礼仪的适用对象和适用范围，人们把一般礼仪分为24类。

（1）餐饮礼仪。　　　　（2）婚恋礼仪。　　　　（3）家庭礼仪。

（4）礼节礼仪。　　　　（5）交际礼仪。　　　　（6）庆贺礼仪。

（7）花卉礼仪。　　　　（8）仪表礼仪。　　　　（9）公关礼仪。

（10）宗教礼仪。　　　　（11）言谈礼仪。　　　　（12）仪态礼仪。

（13）称谓礼仪。　　　　（14）寿诞礼仪。　　　　（15）丧葬礼仪。

（16）馈赠礼仪。　　　　（17）书写礼仪。　　　　（18）军事礼仪。

（19）学校礼仪。　　　　（20）公共礼仪。　　　　（21）外国礼仪。

（22）涉外礼仪。　　　　（23）娱乐礼仪。　　　　（24）通讯礼仪。

2. 社交礼仪的分类

社交礼仪是一种特殊礼仪，改革开放以来其适应对象日趋增多，适用范围亦越来越广。学术界将其分为以下 5 类。

（1）公务员礼仪，或叫政务礼仪。

（2）交际礼仪，又称交往礼仪。

（3）服务礼仪。

（4）商务礼仪。

（5）涉外礼仪，又叫国际礼仪。

值得说明的是，以上分类是相对的，有些不同类别的礼仪之间彼此联系，你中有我、我中有你的现象随处可见。

第三节 礼仪的功能

礼仪是各个国家、各个民族的非常重要的文化，是文明、进步的标志之一。对于公民个人来说，它是一项必须具备的基本素质。现在，礼仪被世界各地普遍提倡，人们自觉学习与践行。这是因为礼仪具有多种功能，公民的礼仪素质提高了，既有利于自己，也有利于他人，更有利于社会的文明与进步。

关于礼仪的功能，学术界虽有不同的表述，但内容基本相同。

一、有利于提高公民的道德素养与文明程度

从某种意义上说，礼仪就是道德，就是素养，对于社会个体来说，只有具备了相应的礼仪素养，其道德才能高尚，才能文明。所以人们普遍认为，从礼仪可以看出其气质风度，阅历见识，道德情操与精神风貌，学习与践行礼仪，可以净化心灵，夯实公民道德基础，提高公民的道德与文明程度。

二、有利于人们美化自身、美化生活

对个人来说，仪容、表情、举止、服饰、谈吐、教养六个方面综合构成个人形象，而礼仪在以上六个方面都有相关的详细的具体的规范。因此，学习与运用礼仪，能有助于设计和不断完善自己的形象，这是不容置疑的。人人美化自身，个个以礼相待，社会便和谐美好，家庭生活与社会生活的幸福指数日趋提高。

三、有利于完善人际关系

古人云："礼者，人之所覆。"这是说，一个人只要跟别人打交道，就必须讲究礼仪。一个人准确规范地运用礼仪，一方面可以使自己在人际交往时充满自信，胸有成竹，处变不惊。另一方面，它能够规范交际各方彼此之间的交际活动，更好地向交际客体表达交往主体的尊重、敬佩、友好与善意。长此以往，广而推之，完善的人际关系将可能持久，且不断升华。

四、有助于净化社会风气

《左传》云："礼，经国家，定社稷，序民人，利后嗣者也。"人们常说，教养反映其素质，素质体现于其细节，细节决定成败，而礼仪能反映个人的素质与教养，也是治国安邦的一项非常重要的软件工程，古人曾说过："礼义廉耻，国之四维"，把礼仪视为立国的首位精神要素。我国古代著名的思想家荀子说过："人无礼则不立，事无礼则不成，国无礼则不宁。"他的这一观点告诉我们，人遵守礼仪，践行礼仪，有助于净化社会风气，有利于国家和民族的稳定与繁荣。

第二章 杨家滩传统礼仪简介

杨家滩，又称杨市镇，是个历史悠久的地名，其地域有狭义与广义之分。狭义的杨家滩是指现在杨市镇的中心城区，即由以胜梅桥为代表的四座桥连接起来的孙水（旧称涟水）两岸的商业集中地，即孙水北岸的河边街、上新街、下新街、上老街、下老街、新横街、老横街、复兴街和南岸的七家铺等商业区。

广义的杨家滩包括现今涟源市杨市镇（包括原杨家滩镇、太和乡和快溪乡）、枫坪、甘溪、斗笠山、明镜、水洞底、新禾、百亩、山塘、常林、金石、灌湄、塘湾、富田桥、古楼等乡镇和涟源市龙山国家森林公园以及白马、茅塘的部分地方，面积约 600km^2。这里所述区域和面积在同治年间编写的《湘乡县志》中可以查证。

本书所述的杨家滩传统礼仪的传播地域是指广义的杨家滩及周边邻近区域。

研究杨家滩传统礼仪，有必要对其形成、传承、传播的空间与时间，即杨家滩的历史、现状和杨家滩传统礼仪的特点以及杨家滩传统礼仪的内容作简单介绍。

第一节 杨家滩的历史与现状

杨家滩历史悠久，先后分属连道、湘乡、衡山、邵阳与涟源等县市，但沧海桑田，物换星移，作者未见相关的完整史料。研究杨家滩地域文化的专家，湖南人文科技学院副教授李藻华先生与笔者同为杨家滩人，均系高校思想政治理论课教师，共同研究过湘中地域文化。21 世纪初，我们曾经就此多次交流，且有同感，所见史料，除了清朝同治年间编的《湘乡县志》中有零散的记述以外，其余都是只言片语，大都散见于方志和族谱之中，有些来自田野调查，或请老者回忆，因而缺乏系统性。因而本书也只能采用"拾遗""散记"的方式述说。

一、历史简述

1.杨家滩地名简介

据传，明洪武年间，一杨姓大户在孙水北岸，即现存养堂，存厚堂与师善堂三民宅所在地建房定居，杨姓的房屋当时在方圆十多里堪称上等，史称杨家坑子，因坑子地处孙水河北岸的河滩旁边，后改称杨家滩。

杨家滩起初仅为杨姓居所名称，后来随着孙水河河运事业的发展，经济日趋繁荣，南来北往的外地商人增多，在商品交换同时，人们把杨家坑子方圆几十里的地方慢慢地都叫成杨家滩了。

2.关于连道及其县治

秦始皇统一中国以后，为了方便统治，将天下分为三十六郡，杨家滩属长沙郡。自汉代建道始，杨家滩属于连道，这既有历史记载又有文物考证。

公元前202年，即汉高祖五年，汉朝在湘中地区建立连道，隶属长沙国，县治曰龙城。据同治年间编写的《湘乡县志》介绍，龙城故地在湘乡县治以西80公里，涟水绕其东下，南近龙山，县治曰龙城。20世纪50年代初，在杨家滩梅林村和白马乡的孙家桥发现了两处汉代遗址。2010年春末，笔者邀李藻华先生及长沙史学界的一位朋友自湘乡犁头嘴起驱车沿河由东向西考察现称孙水，旧称涟水的河段至杨市镇胜梅桥。根据史料记载与地形的实际状况，连道故地龙城的遗址很可能在现杨市镇的金盆村至洞水湾一带，那里离湘乡县城刚好80公里，孙水自西至东绕其而过，略呈环状，离龙山脚下的快溪、茅塘只有十余华里。这与《湘乡县志》的描述基本相同。据此，我们认为，那里是连道县治龙城的可能性很大。值得一提的是，那里方圆十来华里有多处以"龙"字开头的地方名称，如龙潭湾、龙迏台、龙伏桥、龙溪冲和龙山，这很可能与龙城在其附近有关。

3.杨家滩地区的历史沿革

（1）远古时期杨家滩属荆楚之地

远古时期，我国有东夷、南蛮、西戎、北狄之地。杨家滩地处南蛮，为梅山蛮栖居之地，开放较迟，先秦三代，杨家滩的历史无从考证。根据古籍所述地域推论，杨家滩地区乃属荆楚之地。

《尚书·禹贡》云："荆及衡阳惟荆州。"《尔雅·释地》云："汉南曰荆州。"《商颂》云："维女荆楚居国南乡。"《周礼·职方》云："正南曰荆州。"这里的"荆"指荆山，在今湖北省淳西。"衡"指衡山，在今湖南省衡山县；"汉"则指湖北汉水。周代的"楚"亦称"荆"，疆域较大，自洞庭湖以南至广西的东北角均为楚国南疆。杨家滩正处于"荆""汉"之南至"衡"之北的荆州之地，或者说周代洞庭湖以南至广西东北的楚南之地，统称荆楚，杨家滩处于荆楚地区的中心。

（2）汉朝以后的归属

西汉初建立连道，杨家滩地区便隶属连道管辖，一直至南朝初年连道被撤销，其域并入湘乡，这段时期长达 600 余年。

南朝连道并入湘乡，杨家滩随之隶属湘乡管辖，直至 1951 年涟源县建立为止，有 530 年之久。在此期间，隋开皇九年至唐武德四年的 32 年期间，由于湘乡县并入衡山县，杨家滩随之归衡山县管辖。

1951 年，涟源县成立，杨家滩地区从湘乡县析出，归涟源县管辖，至今已有 70 年。

二、古代杨家滩地区的民族与居民

1. 民族

据有关史料记载、文物考证和居民信仰以及古文化遗存综合分析，杨家滩地区在远古及先秦时期，民族以少数民族为主，特别是瑶族、苗族居多。

首先，从地方建制的称谓看。西汉初年，杨家滩地区所属县及区域名"连道"。根据汉代区域的称谓，"有蛮夷曰道"，这就说明，杨家滩所属的连道是少数民族区域，相当于现今我国少数民族的行政区域的"自治区（县、乡）""旗""盟"一样。蛮夷是当时开发较早的北方对南方少数民族的泛称。那时，连道境内的民族主要是瑶族和苗族。汉朝为了在该地推行当时的政策，加快民族融合步伐，开发蛮夷，特设少数民族特有的县级行政区域，故曰"道"，不称"县"。从此可以看出杨家滩地区是少数民族的聚居地。

其次，从居民信仰的遗存看。在少数民族的地区，人们普遍信仰巫教。中华人民共和国成立以来，随着文化教育事业的发展，无神论开始普及，人们信神信鬼的观念开始淡化，但巫教信仰尚未根除，在少数民族聚居区这种信仰的遗存更加明显。一些少数民族，特别是瑶族和苗族巫教信仰的遗存在杨家滩地区也不鲜见，譬如传统婚礼中驱煞辟邪的"斩草""穿破"；老人刚去世便将其卧室的门窗封闭，以防其魂魄错入猪栏牛栏而变为牲畜；丧礼中的接亡人；小孩掉进塘里河里便要连喊几天的魂；中元节期间不让小孩外出，以防孤魂野鬼勾走魂魄。诸如此类的民俗事象都有鲜明的瑶苗两族的信仰特征。笔者曾多次与湖南城步、洞口、绥宁、蓝山、江永、江华、道县和广西全州、大兴与恭城等瑶族苗族聚居地的民俗专家、民俗爱好者就此交流，得知在那些地方上述的杨家滩巫教遗存现象现今也仍偶尔可见。这应该也是杨家滩地区在远古时期是少数民族，特别是瑶族、苗族聚居地的又一证明。

再次，从建筑物的遗存看。在改革开放以前，杨家滩地区的居民住房相当一部分是竹筋土墙，这种房子的墙壁用砂石土，内插竹筋，用木夯夯实而成，约70cm厚，承重墙与间墙连接密实，门窗很小。据说，这是为了防盗防妖的需要。此其一。

其二，旧时杨家滩的民居，一般都在显眼处画有太极图，图上有"石敢当"或"泰山石敢当"字样，其右书"我家如山海"，左书"他作我无妨"。据老辈人讲这是防妖祛邪的需要。

显然，这是远古时期，少数民族的祖先留下来的文化遗存与汉文化融合的具体反映，也不失为远古时期杨家滩地区是少数民族聚居地的一个佐证。

最后，从民俗文化与民间传统看。杨家滩地区民俗文化发达，民俗事象繁多，其中不乏少数民族的风俗习惯。如稻种下田，要烧钱纸线香，祈求山神土地保佑，不让鬼神践踏；养猪户在猪栏墙壁上涂上石灰手指印，并写上"姜太公在此"字样，以赶跑猪瘟；牲猪被宰杀以前，主人向财神烧纸烧香，感谢它保佑了牲猪的顺利生长，并向即将被宰的牲猪口念"早死早成仙，莫到凡间变畜牲"的咒语，以求避免因杀生而遭报应；过年、过端午、过中秋与尝新等传统节日，开餐以前先喂狗，以感谢狗驱邪赶鬼，保家护院；立夏日给耕牛加精饲料，如大米粥、甜酒和鸡蛋，以感谢牛的辛勤劳动，说这是给牛过"生日"。

此外，还有一民间传说在杨家滩地区传承了1000多年，如据说宋朝初年，朝廷军队镇压地方武装，即以瑶族、苗族为主组成的梅山蛮的反抗，自新化大熊山、洋溪、苍溪一直追杀到涟源龙山小洋港，那里是梅山蛮的一个峒部，平常住有200多名梅山蛮战士，那次全部被宋朝军队杀害，梅山蛮的鲜血染红了小洋港的一块土地，那块土地现仍呈红色。据传说，这是被梅山蛮的鲜血染红的。

凡此种种，都是少数民族文化与汉文化融合的产物。它也可以说明，杨家滩地区远古时期很可能是少数民族的聚居地。

2. 居民　缘由述说。

第一阶段，南朝以前。

这一阶段，时间漫长，当地居民以少数民族为主，这在前面已做比较详细的介绍。

第二阶段，南朝至宋朝时期。

连道于南朝并入湘乡县。从此，这个存在了600多年的少数民族的县级行政区划不再存在。杨家滩随连道并入湘乡县以后，朝廷进一步在该地加速汉化，加大了开发力度，其中一项重要措施是从外地大量迁移汉人入境。据新化县地域文化研究专家胡能改先生编的《梅山客户》介绍，包括杨家滩在内的广大湘中地区的居民的祖先，90%以上是由江西、福建等地迁入境内的汉人。

第三阶段，宋朝以后。

宋熙宁五年，即公元1072年，长达几百年的朝廷与瑶民的镇压与反镇压的战争，两败俱伤，宋朝朝廷意识到，单凭武力难以征服瑶民和苗民，便软硬兼施，镇压与招安相结合。瑶民在长期残酷的战争以后也开始意识到，虽然每次反抗朝廷镇压的战争取得了胜利，换回了短暂的安宁，但损失惨重，人员伤亡，特别是男丁死伤过多，严重影响了经济发展，给失去丈夫和父亲的妇女和小孩带来了无可挽回的损失，便产生了战斗与申诉相结合的反抗方式，以维护自己的正当权益。于是，宋朝朝廷与梅山蛮地方势力代表经过几年的谈判，终于达成一致，在梅山蛮活动和生活的中心区域设置新化县和安化县，当地瑶民、苗民和其他民族的居民归顺朝廷，朝廷在这里行使与其他地方同样的管辖权，新安两县居民享受其他地方居民的同等权利，履行同等义务。

新化、安化两县建立以后，朝廷加大了对包括杨家滩在内的广大湘中地区的开发力度，采取了一系列的优惠政策，吸引域外居民，特别是江西、浙江、福建、湖北一带汉人迁徙入境，原有的包括瑶族、苗族的少数民族或迁徙到湘西、湘西南、桂北与黔东一带，或改变民族成分，与外来汉人和谐相处，民族渐渐融合，这就形成了梅山地区的居民几乎全部是汉人的现象。杨家滩地区也一样，从表面看，不见少数民族居民，但境内少数民族文化，特别是瑶苗两族的文化遗存随处可见。

三、当代的行政区划分的变更与经济社会的发展

中华人民共和国成立以后，特别是改革开放以来，杨家滩地区的经济社会有了快速发展，无论是经济还是社会都发生了的深刻变化。

1. 域内行政区划发生了变更

（1）始称集祥乡

同治年间的《湘乡县志》记载，杨家滩地区当时叫集祥乡，辖以下四个都。

①清溪四十一都，今娄星区水洞底，娄星区百亩乡和涟源市斗笠山明镜井一带。

②纯化四十二都，今孙水北部杨市镇、枫坪和斗笠山部分地方。

③崇信四十三都，今孙水南部的太和、快溪、塘湾、古楼和龙山部分地方。

④敦行四十四都，今涟源荷塘一带。

该书还反映，后来又将锦石三十六都并入集祥乡。锦石三十六都即现今的涟源市金石镇一带。

（2）改为湘乡第十区

民国十九年，即公元1930年，湘乡行政区划变更。杨家滩地区由原集祥乡改制为湘乡县第十区，区公所设在杨市镇，将原来的五个都改为一镇五乡，即杨市镇、清溪乡、纯化乡、崇信乡、敦行乡和锦石乡。

当时湘乡县人口达130万以上，其中湘乡第十区，即杨家滩地区有人口14.4万，在全县数第三。

（3）被析为32个乡镇

1951年涟源县建立。在此以前，杨家滩仍归湘乡县管辖，仍称为湘乡县第十区，只是将原有的五乡一镇析为1镇和31乡，它们分别是：杨家滩镇、羊角迒乡、车田乡、新禾乡、云华乡、百亩乡、竹脚冲乡、黄港乡、甘溪乡、培云乡、塘溪乡、龙潭乡、白石乡、杨梓乡、洄水乡、金盆乡、古楼乡、桃林乡、桥头乡、杨材乡、富田桥乡、快溪乡、田心乡、秀溪乡、太和桥乡、观音桥乡、砂石乡、大桥乡、灌湄乡、桐梓乡、大兴乡、常林乡。

（4）划归涟源县管辖以后的行政区划的变更

1951年杨家滩地区从湘乡县析出，划归涟源县管辖，起初几年域内行政区划基本沿旧。1958年全国实行人民公社化，杨家滩地区分为以下几个人民公社。

①东方红人民公社，现今杨市镇，枫坪镇一带。

②水洞底人民公社，现今涟源斗笠山和娄星区水洞底、百亩乡一带。

③山塘人民公社，现涟源荷塘镇和金石镇。

④茅塘人民公社，现今茅塘镇、白马镇和涟源龙山林场。

1961年，全国人民公社的行政区划变更，杨家滩地区域内的几个人民公社随之变更。

原东方红人民公社析为杨家滩人民公社、太和人民公社、枫坪人民公社和杨家滩镇。

原水洞底人民公社析为甘溪人民公社、明镜人民公社、水洞底人民公社和百亩井人民公社。

原山塘人民公社析为快溪人民公社、鼓楼人民公社、山塘人民公社、塘湾人民公社、砂石人民公社、常林人民公社、灌湄人民公社。

原茅塘人民公社析为茅塘人民公社、白马人民公社。

值得提出的是 20 世纪 60 年代初至 90 年代初，县人民政府下设派出机构即区公所，代表县政府分管人民公社，那时杨家滩域内有三个区公所，即杨家滩区、山塘区、白马区。杨家滩区内有杨家滩公社、杨家滩镇、太和公社、枫坪公社、甘溪公社、明镜公社、新禾公社、水洞底公社；山塘区区内有快溪公社、鼓楼公社、塘湾公社、山塘公社、砂石公社、常林公社、灌湄公社；白马区内有茅塘公社、白马公社，20 世纪 70 年代，田心公社和孙家桥公社从新邵县析出，划为涟源县以后，委托白马区代管。

当年龙山林场直属涟源县人民政府管辖。

（5）恢复乡级政府与撤乡建镇

20 世纪 80 年代中期，撤销人民公社，恢复乡政府，原有的人民公社都改名为"乡"。1996 年撤区并乡建镇。杨家滩地区内除枫坪镇和茅塘镇只分别将原枫坪人民公社和茅塘人民公社改名重建以外，其余都由两个或两个以上的乡镇重建与扩建而成，现区内有杨家滩镇、枫坪镇、茅塘镇、白马镇、斗笠山镇、荷塘镇和金石镇。

此外，百亩乡和水洞底分别于 20 世纪 80 年代初与 2017 年划归娄星区管辖。

2. 经济与社会得到了迅速发展

中华人民共和国成立以来，特别是改革开放以来，杨家滩地区的经济与社会得到了迅速发展。现以杨市镇为例，作简要介绍。

杨家滩镇系湘中古镇，历史悠久、文化底蕴深厚，自然风光秀美，历代均系商贾云集，货物集散之地，素有"把把戏戏南岳山，花花绿绿杨家滩"之美誉，建国 70 多年以来，特别改革开放 40 多年以来，经济社会均有长足发展，人们的物质生活早已告别贫困，实现温饱，开始奔向小康。吃，讲营养；穿，讲品牌；住的是"洋房"，照明用太阳能，做饭用液化气，那烟熏火燎的生活已成为历史，人畜粪便通过化粪池和排污管道处理，避免了环境污染。人人持有移动通信工具，相当一部分家庭拥有小汽车。

经过几十年的建设，杨家滩的自然环境更加优美，孙水河清澈见底，鱼虾成群，山上树林参天，鸟语花香。境内的孙水河及其支流成了国家级水利风景区。

杨市镇交通发达，沪昆高速公路穿境而过且有互通道，省道S210纵贯东西，沪昆高铁在境内设有货运场，它离娄底高铁南站不到20分钟车程；区内公路密如蜘蛛网，村与村之间，组与组之间都有沥青公路或水泥公路相连。

2009年2月杨家滩被评为湖南省第二批历史文化名镇，2016年被列入了"湖南省旅游业十三五发展"规划100个特色旅游小镇建设项目；已列入娄底市高速公路经济带节点重镇建设；2018年被评为湖南省最美乡镇，由云桂堂、老刘家、师善堂、老远堂、存厚堂、存养堂、余庆堂等组成的湘军故居群和大冲彭氏宗祠已评为湖南省重点文物保护单位；湘军文化街已建成开业，特色饮食"水火席"已成为娄底市"非遗"保护项目，受到了海内外广大湘籍人士的青睐。

杨家滩区内的其他地方与杨市镇的发展基本同步，方兴未艾，如火如荼，经济富裕，社会和谐，人们幸福。

第二节 杨家滩传统礼仪的特点

一定的文化是由一定的自然环境和人文历史环境决定的。杨家滩地域文化就是这样，它在特定的自然环境和社会环境形成、传承和发展，传统礼仪便是一例。

一、杨家滩地区的古梅山文化元素

1. 杨家滩处于梅山文化区域

梅山文化区域宽广，杨家滩包括于其中。《宋史·梅山蛮》载："上下梅山同蛮，其地千里，东接潭，南邻邵，西则辰，其北则鼎澧，而梅山居其中。"由此得知，梅山文化区域是指现在的洞庭湖以南，南岭山脉以北，湘江与沅江二水之间的广大区域，它呈西南—东北方向的地理走势，包括资水流域—雪峰山区，面积约5万余平方公里。这一史料为论证杨家滩属于梅山文化区域提供了可靠的历史依据。

2. 杨家滩人的思想性格与古梅山文化的特征相吻合

梅山文化除了一般民间文化的特征，即创造的民众性、集体性、创作的口头性、佚名性和传承的变异性以外，还有鲜明的地域性特征，它表现为梅山人固有的性格与内在精神，它们具有顽强的绵延性和传播性。它深刻地影响历代梅山人的思维方式、价值取向、心理状态和道德情操。

梅山人的思想性格特征表现于以下几个方面。

（1）"蛮""勇"结合，"勇"字当头

"蛮"即"血性"，"勇"是指无所畏惧，正如人们常说，"明知山有虎，偏向虎山行。"无论是古梅山人反抗朝廷的镇压，还是现代梅山人投身革命与抗击自然灾害，这种"蛮"气与"勇"气无处不有，无时不在，且融为一体。

（2）"蛮""忍"结合，坚韧不拔

在梅山文化区域"忍"即"韧"，顽强不屈之意，就是"霸蛮"，"一根犟筋插到底"。历代梅山人都敢于吃苦，乐于吃苦，如清代域内的魏源为了让国人了解世界，"师夷长技以制夷"而坚持数年，锲而不舍，终于写成《海国图志》，为我国引进国外先进的科学技术做了成功的尝试。又如20世纪下半叶，新化、安化两县的唐九红、龚智超等体坛名将，坚持长期刻苦训练，终于力挫群雄，夺得世界女子羽毛球比赛冠军。

（3）"蛮""义"并重，重义轻利

古梅山人具有路见不平拔刀相助、见义勇为、助人为乐的优良品格，为了正义，舍生忘死。现当代梅山人仍然这样，如同盟会创始人之一的新化县陈天华以牺牲生命去唤起国人。新化县的国际主义战士罗盛教为了抢救落水的朝鲜儿童牺牲了自己年轻的生命。他们是又"蛮"又"义"，重义轻利的优秀代表。

（4）"蛮""勤"互动，勤劳节俭

这是从古至今的梅山人一脉相承的品格。他们把"蛮"看成是性格的要求，把"勤"看成的道德的核心，梅山谚语"吃得苦中苦，方为人上人"，"人不勤，一生穷"可作其生动注释。梅山人敢于面对困难，努力克服困难，人们以"霸蛮"为荣，以"懦弱"为耻。

（5）"蛮"中长"智"，"智"多添"蛮"

"蛮"与"智"看似一对矛盾，梅山人在生产斗争中却将它们有机结合，融为一体，他们深知要打败敌人，战胜困难，光有勇气和热情是不够的，还离不开智慧与理性，特别需要知识与技术。因此，从近代以来，梅山人特别重视教育，再穷，也要从牙缝里挤钱办教育。据1996年编的《新化县志》载，该县在明朝万历十七年，即公元1589年就设有城东、龙溪、三尖峰等21所社学，这是当时其他地方看不到的现象。在同一史料得知，黄埔军校第一期的学生中新化籍学生多达28人，该校的前23期的学生中，共有新化籍学生426人。这些从一个侧面说明了梅山人重视教育，在"蛮"中长"智"，"智"多添"蛮"的文化理念。

以上五个方面是包括杨家滩人的历代梅山人的思想性格特征的外在表现。这些梅山人的思想品格特征在传统礼仪中不乏其文化因子。

3.梅山文化与汉文化共同孕育了杨家滩传统礼仪

连道于南朝并入湘乡以后，以儒家思想为主要内容的汉文化加大了对杨家滩地区的输入，后经宋、明等朝代采取一系列有利于域外汉人来包括杨家滩的梅山地区开发与定居的优惠政策，外来人口日趋增多，民族日益融合。这些外来人口带来了各自原籍地的汉文化，他们亦具有不同的特点。外来汉文化与梅山文化的遗存融为一体，形成了具有鲜明地域特征的杨家滩传统文化，孕育了杨家滩传统礼仪。

杨家滩境内刘姓、李姓、毛姓、邵姓、姚姓、彭姓等族谱或祠志都有"四礼"，即"冠、婚、丧、祭"和"五服"，即丧礼的五等服制等传统礼仪的内容，还加有以下评说，"先王制冠、婚、丧、祭四礼，以节后人。……惟礼，则成父道，成子道，成夫妇之道。无礼，则禽兽耳。"

关于"五服"的解释。五服是旧社会的丧礼制服，按与死者血缘关系的近和远分别为斩缞、齐缞、大功、小功和缌麻五个等级，着不同丧服者有不同的服丧期限。绝大多数族谱对"五服制"的内容作了比较详细的说明，现引录如下：

（1）斩缞，服丧三年。丧服用极粗麻布做成，不缉边缝，均向外。

（2）齐缞，服丧三年。丧服用次等粗麻布做成，缉边缝，皆向内。

（3）大功，服丧九个月，丧服做工粗放，用稍细熟麻布做成。

（4）小功，服丧五个月，丧服做工细小，用稍细熟麻布做成。

（5）缌麻，服丧三个月，丧服麻缝细如丝，用极细熟麻布做成。

诚然，上述五种丧服是古丧制的产物，五服制也显得繁琐，随着生产的发展和社会的进步，五服制中的着丧服及其做工与用料，以及守丧年限都有了改良，但在治丧期间死者后人着白色丧服，头戴不同孝冠以区别不同血缘关系的习俗至今未变。

"四礼"和"五服"都是儒教的重要内容，是汉文化的重要组成部分。

婚礼和丧礼是杨家滩传统礼仪中的两项主要内容,从其内容和形式上看,基本上是儒家思想和道家思想的体现,即以汉文化为主要内容,但也不乏少数民族文化在本地区的遗存,如婚礼中的斩煞、穿破、照破,丧礼中的防亡者魂魄入禽畜圈、接亡人、撒煞米等民俗事象与巫教,即旧时瑶族与苗族的信仰的遗存。这种以汉族文化为主,伴有少数民族文化成分的礼仪现象,在杨家滩的其他传统礼仪,如餐饮礼仪、家庭礼仪、生育礼仪、农事礼仪、寿庆礼仪、商贾礼仪、出行礼仪、手工业礼仪等传统礼仪中随处可见。因此,杨家滩的传统礼仪是由汉文化与少数民族文化共同孕育的。

二、礼仪一般的特征

论述杨家滩传统礼仪的特征,有必要对礼仪的特征做简要介绍。

礼仪的特征有多种表述,一般来说表现在以下五个方面。

1. 规范性。礼仪是一种人们在与别人,或在交际场合待人接物必须遵守的行为规范。这种规范性,既是约束人们在一切交际场合的言行,使之合乎礼仪,又是人们在一切交际场合必须采用的一种"通用语言",还是衡量他人与判断自己是否自律、敬人的一种尺度。所以,无论什么人,若要在交际场合表现得合乎礼仪要求,彬彬有礼,都得无条件地遵守相关礼仪,不得"另起炉灶",或个人"创造发明"。否则,难以被对方接受和理解。

2. 限定性。不同的场合有不同的礼仪规范,甲为甲用,乙为乙用,不能换用或混用。所处场合不同,对方身份不同,所运用的礼仪也各有所异,有时甚至差别很大。

3. 传承性。任何国家、任何民族和任何地方各有各自的礼仪。他们各自的礼仪都是在各自传统文化的基础上形成、发展起来的,现在的礼仪是过去礼仪的传承与扬弃。否则,便不可能有他们现在各自的礼仪。礼仪是一种长期传承的文化,不是一种暂时的社会现象,不会随着国家政权和社会制度的变异而变更或消失,而只是继承、扬弃和发展。

4. 时效性。这是由礼仪的时代特点决定的,即礼仪是在特定的时代背景下形成的。另外,社会的发展,使交际场合有新的特点。新特点带来新要求,因此礼仪也必须随之扬弃与完善。

5. 操作性。规则简明,易学易会,便于操作,是礼仪的一大特点。它并非纸上谈兵,故弄玄虚,而是总体上有原则,有规范,在具体细节上也有具体方式方法，使之易记易行，便于广大社会成员接受与践行。

三、杨家滩传统礼仪的地域性特征

杨家滩传统礼仪除了前已述及的礼仪的一般性特征以外，还有其地域性特征。这表现在以下三个方面。

1.汉族文化与少数民族文化的融合性

前已述及，杨家滩地区古为少数民族聚居区。两千多年以来，由于社会变更，人口迁徙，原来以少数民族居民占多数，后来该地基本上是汉族居民的聚居地。由此带来了文化构成的变化，原来的少数民族文化的主体地位被汉族文化所取代，但原土著的少数民族的文化的遗存仍然存在，并与外来的汉文化融为一体。它在传统礼仪的文化渊源上表现出了深厚的融合性。

2.宗教信仰的混合性

由于历史的原因，杨家滩的土著居民，即瑶族、苗族等少数民族居民的绝大多数迁徙到湘西、邵阳、永州等周边地区和广西、贵州、重庆与湖北等周边省份，留下来的为数不多的也自己改变了民族成分，但其信仰却长期保留了下来，并且影响着入迁汉人。这是一方面。另一方面，杨家滩地区历史上的外来客户，即外迁入境汉人来自不同地方，他们在迁出地有各自的宗教信仰或精神信仰。他们迁入杨家滩地区以后自然也带来了他们在迁出地的信仰，并一代又一代地传承下来。这反映在传统礼仪上，使杨家滩传统礼仪具有鲜明的多种信仰的混合性，比如丧礼中儒礼、佛教、道教和巫教并存，有人戏称它是一个大杂烩。

3.地域文化的包容性

杨家滩地区的居民的祖先来自江西、浙江、福建和湖北等不同省份，他们的信仰与文化传统都不同程度地传承下来。人们常见的"五里不同音""十里不同俗"的现存民俗语言现象便生动反映了这种历史缘由。这在传统礼仪上，表现为同地不同仪，求大同存小异。这是多地域文化的包容性在杨家滩传统文化上的具体表现。

第三节 杨家滩传统文化的缩影——梅山水火席礼仪

杨家滩传统文化礼仪内容丰富，种类繁多，但通过梅山水火席礼仪，可以管中窥豹，略见一斑。

一、形成水火席礼仪的自然环境与社会环境

水火席礼仪的中心区域杨家滩紧挨巍巍龙山，涟水自西向东穿越全境。人民靠山吃山，靠水吃水，山民刀耕火种，广种薄收，平地和沿河居民或以种植为生，或以渔业和木帆船运输养家糊口。山险水恶，人民处境艰难，深山老林毒蛇猛兽伤害人民生命安全，野猪等动物危害庄稼，平地的洪水之灾，河中的险滩之害，往往给乡民带来毁灭性灾害。乡民在与自然灾害的长期斗争中，培养了不畏艰难困苦，团结互助合作的精神，形成了忠孝、淳正、勤劳、朴实、向上的地域文化。应该说，水火席礼仪是在这种特定的环境形成和传承的。

晚清时期，以杨家滩为中心的涟源市南部水灾、火灾、旱灾、虫灾等自然灾害频繁，其频率之高，程度之大，实属空前，尤以水火二灾为甚。水灾一则冲毁庄稼和房屋，二则使急流险滩的涟水河木帆船运输雪上加霜，翻船死人的事常有发生。那时龙山深处和山脚下乡民因轮耕习俗常放火烧山，偶遇风力加大或风势转向，使事前挖掘的断火沟失效导致山火发生，山间居所、庄稼和牲畜顷刻化为灰烬，特别是因雷火导致的火害更使乡民惶惶不可终日。那时乡民缺少自然知识，以为这是得罪了神灵所致，为了祈求庇护，便备红烧肉、合菜、米粉丸、酸汤和鱼等菜肴，并附纸钱线香于每年农历正月初七、六月初六分别祭祀火神和水神。

祭祀神灵时乡民发现上述菜肴结构合理，色香味形较佳，加上制作简单，价格适宜，便规范其名称，增加菜肴道数，统一上菜程序，配以严谨的礼仪，广泛用作红白喜事宴席，因其始于祭祀水神和火神而被叫作水火席。

后来一次偶然的火灾加速了水火席的传播。清光绪三十年（公元1904年）距杨家滩镇仅4公里路的枫坪杨子江的谢仲斋始建名为陪本堂的豪宅。谢时任湖南省议员、省财政总长，是湖南巡抚谭延闿的亲家。一天晚上突如其来的大火将堆放在谢氏基建场地的已经加工完毕正待上屋的木材烧毁，所剩无几。乡民传说，这是谢家得罪了火神所致。它加重了乡民对火神和水神的恐惧与崇拜，每年祭祀火神与祭祀水神的活动迅速遍及杨家滩等地的涟源南部地方，与此同时，水火席礼仪更加普遍被人们认可与遵从，迅速向周围传播。

二、水火席的菜肴名称与寓意及其上菜顺序

水火席的菜肴由候客菜、主菜、加头菜三部分组成。它构成科学，寓意深刻，富有文化内涵。

（一）候客菜

候客菜在宴席开始以前的四分之一个时辰上桌，共有两道，即瓜籽与炒骨，用碟子盛装，几乎同时上桌。瓜籽量少，正如俗话说："瓜籽是轮菜，每人一对。"它寓意人丁兴旺，多子多福。炒骨寓意做人要讲骨气，要敢于担当。

（二）主菜

正餐主菜肴共10道，均用型号一致的浅蓝色瓷菜碗（俗称葵花菜碗）盛装。上菜顺序依次为：

1.合菜，又称和菜，由红薯粉丝、黑木耳、闽笋片和黄花菜合煮而成，故名，寓意合作、和谐。

2.旗帜肉，又名棋子肉，将猪五花肉切成小块平行四边形状，像飘扬的旗子，先煮熟，待水干时放少量红糖拌炒即刻而成。寓意人生在世，要有理想，有奋斗目标，此说一；其二，做人要服从国家需要，像棋子那样，摆在哪里就在哪里坚守岗位。

3.清煮瘦肉汤。瘦肉在当地称为精肉，是猪肉中的精华，表示尊重客人寓意做人要做有用之人，要立志成为社会精英。

4.猪肝拌黄花。以黄花垫底，上铺一层薄薄的猪肝片。旧时猪肝与黄花均属稀有物质，两种稀有物质合在一起更显珍贵，寓意人才，特别是优秀人才弥足珍贵。

5.酸辣猪肠汤。将猪小肠切成米粒大小，加红辣椒粉和泡菜熬成汤，待出锅时加少量红糖和生姜丝，集酸、甜、苦、辣于一体，刺激性强，寓意做人要经得起各种考验，"吃得苦中苦，方为人上人"。

6.爆炒鸡丁。将雄鸡肉切成小块，加青辣椒、生姜丝，爆炒，以佐料为主，鸡肉为辅。"鸡"与"吉"读音相谐，寓意吉祥如意。

7.麻辣肉圆子（丸子）。将粳米饭与少量芡粉拌和，然后加红辣椒粉、生姜米和适量的食盐，用手抓成不规则形颗粒，"丸"与"圆"梅山方言读音相同，寓意圆圆满满，团团圆圆。

8.红薯粉丝汤。水火席流行区域内称红薯粉丝为南粉，也有少数地方称其"难粉"，"南粉"与"难混"读音相谐，该道菜寓意要敢于克服苦难，要化难为易，要团结人、尊重人才能像汤中的粉丝一样游刃有余，否则日子难熬难混。

9.蔬菜拌草鱼块。在水火席流行地区人民视草鱼为正鱼，鲢鱼等鱼为杂鱼，宴席上上草鱼以示敬重客人，如上杂鱼则有骂人之嫌，该道菜寓意宾主共同富裕，年年有余。

10. 旗帜肉（又名棋子肉）。原料制作方法与寓意同第二道菜，区别在于前一道旗帜肉加糖，以利于下酒，该道旗帜肉加辣椒，又比前者稍咸，以利于下饭。宴席开始时与宴席快结束时都上旗帜肉，旨在前后反复强调人生要有奋斗目标，要服从国家和家庭的需要，不断发奋图强。

除以上十道菜以外，吃饭时另加时鲜蔬菜一碗或两碗不等。

（三）加头菜

加头菜是特殊宴席的标志菜，常见于寿宴和丧宴，均在主菜上桌以前上席。寿宴的加头菜为面条，俗称寿面，寓意寿星寿命长；丧宴的加头菜是水豆腐。水豆腐为白色，与白事相符。水火席礼仪流行区域现在还流行这样的讲法，即哪家的老人去世了便称"有豆腐吃了。"

此外，水火席礼仪流行区域内的个别地方的三朝宴用红鸭蛋或红鸡蛋做加头菜，每人一个，祝贺小孩出生，又有逗窠蛋的寓意，祝愿主家孩子成群，人丁兴旺。

有些人家办婚宴，在出候客菜与主菜之间，每张餐桌上摆一碟糖果瓜子花生，寓意新婚夫妇爱情甜蜜，家庭幸福，早生孩子，儿子、女儿"花着生"（当地方言，即既生儿子，又生女儿）。众客人见此说说笑笑，欢欢喜喜，喜气盈庭。

三、水火席礼仪程式

大户宴主一般在宴前一年便开始筹划，如有可能，宴席当年阴历正月初七和六月初六分别祭祀火神与水神，仪式虽然简单但不失庄重，用三牲果品纸钱线香敬奉，主家代表跪拜，司仪读文，礼毕前卜卦。

水火席礼仪有固定的程式，分为筹备与祭拜、尊席、安席与离席四个阶段。

（一）筹备与祭拜

一般宴主在办喜事前一个月左右开始筹划，物色和开始准备食材。菜肴原料务求鲜嫩、无虫伤，对祭祀用的"三牲"要求威武、雄壮，主家逐一物色，定妥供方，用时方取。同时准备桌凳和餐具，要求干净、整齐、型号和颜色相同或相近。

喜宴先一天宰牲，在大门以外设祭台祭祀禀告火神祝融和水神大禹，然后回厅内祭祀祖先。祭祀水火二神与祭祀祖先均由主家所属家族族长或其他德高望重者领衔主祭，哼诵祭词与卜卦。宴户代表放鞭炮，烧香，宴主领家人行跪拜礼。

另外，有些大户人家还在办喜事当年的正月初七在大门外朝南岳山方向搭祭台祭祀与禀告火神祝融。礼仪程序同祭水神。

（二）尊席

候客菜上了桌且酒和酒具以及饭碗筷子摆放整齐以后开始尊席。尊席又分尊宾、引宾和陪宾3个步骤，这在婚宴中尤为重视。对主宾的席位有严格讲究，旧时民间宴席常设于自家厅堂内，左右两行方桌，每桌8人，席位规矩为"面对神龛，右边为大，中间为尊"。各地普遍遵从"长者为尊，爷亲叔（伯）大，娘亲舅大，礼恭待宾，崇尚和谐，增进友谊"的礼仪原则。

1.尊宾，即家主代表（铺排师）谦恭地预先告诉主宾入座哪个席位。

按照水火席礼仪，主宾的席位分为两大类，即普通席位和特殊席位，二者均有严格的讲究，不能有半点马虎和疏忽。以新郎家婚宴为例，主宾席位座次如图示：

（1）普通席位座次

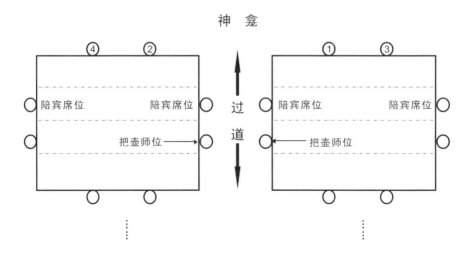

图例：

①新娘父亲或叔（伯）父、兄弟（俗称上亲或上宾）席位。

②媒人（俗称冰判大人）席位。

③新郎的舅父席位。

④新郎的家族代表席位。

杨家滩地区办结婚喜宴时称送新娘来婆家的祖父为高亲大人，其父亲被称为上亲大人，其兄弟被称为上宾大人。尊席前铺排师要将送亲代表的辈分了解清楚，防止尊席时出错。

（2）特殊席位座次

水火席礼仪中有三种特殊席位，即龙头席位、南北席位和同喜宴席位。

①龙头席位

据传说，人类是龙的传人，人们用龙头比喻最受尊敬的长者。龙头席席位为宴席中最尊贵的嘉宾席位。

假设某新郎婚宴，如果新娘的祖父，父亲同去送新娘入阁，且新娘的父亲安排坐第一主宾席位，则新娘的祖父必须入座龙头席，并由新郎家族辈分最高的德高望重者作陪。

席位如图示：

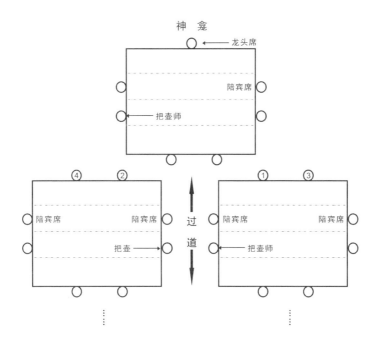

①②③④席位入座主宾同普通席位。

②南北席席位

水火席中普通席位的餐桌摆放时，桌面木板的拼缝应与神龛和大门的连接线垂直。南北席位餐桌摆放却不同。它指的是宴席厅的第二排餐桌的拼缝与第一排餐桌的拼缝相垂直，使之与神龛和大门的连接线平行，在这两张桌子邻近墙壁的一方各增加两个主宾席位，使主宾席位由普通席位的4个增加至8个，以缓解主宾人数多而主宾席位少的矛盾。

席位如图示：

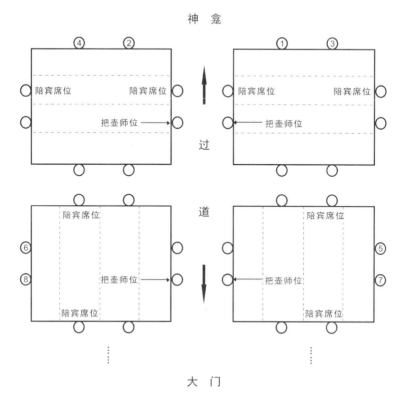

图例：

①②③④席位同前。

⑤新娘生父或养父席位。

⑥媒人二席位。

⑦舅父二席位。

⑧族亲代表二席位。

这种宴席座位之所以取名为南北席，据说是一个家庭由男女两性组成，就像地球有南北两极那样，相互吸引和依靠，显得完整、圆满。不过，另有传说，由于新娘家送亲的主宾多，使新郎家难以奉陪，因"南北"与"难陪"读音相谐而叫南北席。这也许系调侃所为。

值得一提的是，有些地方遇此情况，设主宴厅和副宴厅，以解决主宾人数较多而主宾席位较少的矛盾。

③同喜宴席席位

有些人家以一宴庆两喜，如儿子婚宴与宴主寿宴合二为一。此类宴席称为同喜宴席或双喜宴，其主宾席位设置常分两个宴厅，无贵贱之别，每个宴厅设四个主宾席位，其席位座次、礼仪程序与普通宴席位相同。

2. 引宾。铺排师站在厅堂的门槛上按第一席位至第四席位的顺序依次欢快地谦恭地按称谓高喊主宾入席，该礼貌用语常为"恭请某某大人（先生）入座"。铺排师话毕，主家的一名德高望重的代表担任的引宾师搀扶主宾至相应座位，然后由把壶师为主宾斟酒，由陪宾师陪主宾就座。这时宴厅外燃放鞭炮，既表示对各位客人特别是对主宾的敬意，也告诉众人宴席即将开始。

3. 陪宾。梅山水火席礼仪将奉陪客人特别是奉陪主宾看成头等大事，不论什么宴席，宴主家族都要委派一名辈分高且德高望重的代表担任总陪宾师，坐第四席位，奉陪众客人就餐。另外，每张餐桌都安排一名陪宾师。每一名主宾到达席位时由陪宾师奉陪入座。同时每桌安排一名族亲代表当把壶师。有人戏称把壶师为"桌长"，他负责为客人斟酒端饭，言行要谦恭礼让，服务周到。诚然，他可多得一份小礼品。把壶师用酒壶向主宾的酒杯内斟酒至三分之二满，主宾起身向陪宾师和把壶师致谢，陪宾师和把壶师免谢，宾主双方互相示意入座。

当全体主宾都被恭请入座以后，铺排师站在宴厅门槛上用欢快的韵腔高喊："主家恭请全体客人赏脸入席。"只有到这个时候，非主宾客人才从宴厅外面秩序井然地进厅入座，等候用餐。

紧接着上主菜。上菜有顺序，如前述，不能颠倒和重复。上菜师随时观察客人用膳情况，对主宾席尤为仔细，须待前一道菜基本吃完再上后一道菜，桌上还须有一个至二个空碗作陪碗。

（三）安席

这是宴席最热闹的时候。出菜到鸡丁与米粉丸之间，即俗称"鸡啄丸"的时候宴席厅外燃响鞭炮，铺排师陪同主家代表感谢主宾和全体客人，逐桌敬酒递烟，客人起立答谢，主家还向每个客人赠送欢茶、喜糖或糍粑等小礼品。有些个性大方的客人还向主家"抢"要小礼品，主家代表一一笑脸相送。宴厅内外气氛活跃，热闹非凡，其乐融融。如办婚宴，铺排师陪同新郎新娘或主家代表去厨房向厨师和其他工作人员赠送小红包和小礼品，谓之"参厨"。客人用膳时，铺排师和主家代表站在宴厅门口，细心观察客人就餐，发现有客人需要换碗筷、添饭等服务需要，及时叫行动师傅为其服务。

在有些地方的新婚水火席宴席上，出菜至丸子与鸡丁之间时，也就是安席的时候，一些喜欢挑乐的人拿媒人开心。几个小伙子趁媒人不注意，一把抱住他，并在他脸上抹锅底灰，另外几个小伙子则齐声高唱顺口溜："老公猪，拱田塍，好吃公，做媒人，田塍拱平当路踩，媒人天天醉晕晕。"小伙子们"强迫"媒人跟唱，如果不唱的话便再抹一把锅底灰，媒人只得站起来跟着唱，或笑着唱另外的顺口溜："好吃公，做媒人，天天喝酒醉晕晕。"媒人唱完以后，一些妇人唱起另外的顺口溜："媒人公，摸脑壳，嘴巴像面烂铜锣，说得公鸡能下蛋，说得石头爬山坡。"往往这时宴厅内外笑声阵阵，媒人也跟着哈哈大笑，把热闹气氛推向极致。在水火席礼仪流行区域，这种席间乐事称为"吵媒人"。

有些地方在新郎家水火席宴席上还有吵"扒火老倌"的习俗，也就是出菜至丸子时，几个小伙子把新郎的父亲"请"上来，在他脖子上挂一块写有"扒火"（湘中地区称翁爹与儿媳之间的暧昧关系叫"扒火"或"扒灰"）字样的木牌子，或吊只破鞋子，强迫他跟着别人唱顺口溜："花儿好，月亮圆，扒灰老子万万年。"这种乐事使众人笑得前仰后翻，"扒灰老子"不仅不生气，还喜滋滋地向大家敬酒递烟。

诸如此类的席间乐事在水火席礼仪区域内屡见不鲜，这可能是该地区古梅山人开朗、活泼、乐观的性格的遗存和发展。

（四）离席

坐在第四个主宾席位，特别是第一席位的客人是宴席的主宾，其他客人用餐后要等他们离席后方可离开，否则被视为对主宾不恭。诚然，主宾知道大部分客人用餐完毕时也要主动离席，否则被视为欠素养。坐在第一席位的主宾欲起身离席时，主家代表在厅堂外燃放鞭炮，以示欢送。宴席散后，主家在小客房内用烟酒糖果招待主宾，双方互致谢意。相互沟通，如系婚宴，主家还利用这一机会简明扼要地介绍自家情况，表明善待新媳妇的态度，亲家则拜托对方把儿媳妇当女儿看待，严加管教，并祝亲家发子发孙，人兴财旺。这被称为"堂中教女"。其余宴席的这一环节也都有其相应的礼仪程序。

物资生产与商务活动礼仪篇

第一章 种植业礼仪

古有谚语："春雨惊春清谷天,夏满芒夏暑相连,秋处露秋寒霜降,冬雪雪冬小大寒"来描绘中国的立春、雨水、惊蛰、春分、清明、谷雨、立夏、小满、芒种、夏至、小暑、大暑、立秋、处暑、白露、秋分、寒露、霜降、立冬、小雪、大雪、冬至、小寒、大寒二十四节气。节气是我国劳动人民在长期的生产实践中掌握农事季节的经验总结。节气在我国很早就已出现,春秋时代就已经有二至和二分四个节气了,以后逐步发展,到秦汉时期完整的二十四节气最终形成。二十四节气是农事经验的总结,很早就被用于指导农业生产活动。

湘中地区属亚热带气候,气候温和,四季分明,种植业发达,伴之出现了诸多的礼仪和习俗。

第一节 春季节气与农事习俗

一、立春

（一）节气特征

立春,是二十四个节气中的第一个节气,也是汉民族民间重要的传统节日之一。"立"是开始的意思;春是温暖,鸟语花香;春是生长,耕耘播种。所谓"一年之计在于春",中国自官方到民间都十分重视,立春之月迎春已有三千多年历史。立春这天,"阳和起蛰,品物皆春",一年四季从此开始。立春期间,气温、日照、降雨,开始趋于上升、增多,是春天的前奏。"一候东风解冻,二候蛰虫始振,三候鱼陟负冰"。

（二）主要农事及相关习俗

立春前后农民将猪栏肥、牛栏肥、土杂肥混在一起，以备春耕。出猪栏，先拿一杆秤挂在猪栏门上辟邪。赶母猪时要温和一点、慢一点，避免母猪受惊吓，让母猪有一个通风透气、干净的地方圈养。猪栏出干净以后，要用石灰水为猪栏消毒，在栏内墙壁上印五指印，并书写"姜太公在此"的字样，以辟邪。出牛栏亦如此。

以杨家滩为中心的湘中一带栽树一般在立春前后。植树品种为经济林、用材林、绿化林。经济树一般以桃树和柚子树为主。新中国成立前后，家家户户栽橘子树。多则一片，少则几棵。

观赏树一般栽柞树（成长快，四季青）、泡桐树（速生树，寓意发子发孙）、水竹。用材林以杉树、松树为主。

二、雨水

（一）节气特征

雨水，表示降雨开始，雨量逐渐增多。雨水表示两层意思，一是天气回暖，降水量逐渐增多了；二是在降水形式上，雪渐少了，雨渐多了。"雨水"过后，杨家滩地区平均气温在5℃上下，桃李含苞，已进入气候上的春天，人们明显感觉到春回大地，春暖花开，沁人心脾的气息扑鼻而来。"七九河开，八九燕来，九九加一九，耕牛遍地走"之说，意味着由冬转春的过渡。雨水期间，受北方冷空气活动频繁的影响，杨家滩地区天气变化多端，阴寒未尽，忽冷忽热，乍暖还寒。对于雨水节气，农谚云："雨水有雨庄稼好，大春小春一片宝""冷雨水，暖惊蛰""暖雨水，冷惊蛰"，人们根据冷暖预测后期天气。

（二）主要农事及相关习俗

雨水季节修缮祠堂、修整水库和道路。这个时节正处于正月上中旬，大户人家做善事，架桥修路，子孙一大路。或几户人家联合，整修或延伸道路。有钱出钱，无钱出力，以家族为单位协调，大家出义务工，大户人家管饭。这是包括杨家滩的广大湘中地区几千年的传统。

修整塘坝。首先清理淤泥，维修和加固塘基。按每家每户田的面积多少摊派相关费用。

雨水节后，杨家滩地区的小麦进入拔节孕穗期，是最需要肥料，最怕水的时节，有"尺麦怕寸水"之说。农民在此时主要是观察麦苗，排水施肥，给小麦、油菜等农作物培土施肥，防冻防水。对柑橘则要完成修剪和施肥，喷药消灭越冬病虫害，"雨水到来地解冻、化一层来耙一层"。"麦子洗洗脸，一垄添一碗""春天比粪堆，秋后比粮堆"等农谚，就是对此时农事的最好解读。

三、惊蛰

（一）节气特征

惊蛰，古称"启蛰"，是二十四个节气的第三个节气。此时天气转暖，渐有春雷，动物入冬藏伏土中，不饮不食，称为"蛰"，而"惊蛰"，即上天以打雷惊醒蛰居动物的日子。"春雷响，万物长"，温暖的气候条件既有利于农作物生长，也是病虫害产生、田间杂草萌发的时候。惊蛰时节，天气乍寒乍暖，根据冷暖预测后期天气，如"惊蛰刮北风，从头另过冬""惊蛰吹南风，秧苗迟下种"。

（二）主要农事及相关习俗

惊蛰那天不能扫地。湘中地区普遍传说，如果惊蛰日扫地，把虫窝、蛇洞扫动了，虫和蛇就会入室，影响人民生活。此节气期间主要农事为积肥，有经验的农夫到山上采集一些新绿的杂草树叶放到肥凼里，以便土肥发酵。临近惊蛰，杨家滩地区开始进入春耕农忙季节，"到了惊蛰节，锄头不停歇"就是有力的说明。此时小麦已经拔节，油菜开始见花，对水、肥的要求均很高，对防湿害至关重要。俗话说"麦沟理三交，赛如大粪浇""要想菜籽收，就要勤理沟"。惊蛰后气候逐渐变暖，是梨、桃、李等果树开花抽梢与柑橘、杨梅树的萌芽前期，农民开始清除果园内枯枝、杂草等，并集中烧毁，为果树治伤、清疤、杀菌、消毒、施肥。

惊蛰复醒了冬眠中的蛇虫鼠蚁，家中及周边的爬虫走蚁开始活动，四处觅食。惊蛰当日，人们将清香、艾叶放家中四角，以香味驱赶蛇、虫、蚁、鼠，驱走霉味。有的则用石灰散在门角外、屋墙外等地，以防蚁、虫侵害。

四、春分

（一）节气特征

春分，是春季九十天的中分点。春分时，全球昼夜等长。春分的季节现象与时空状态，可以概括为"风雷送暖季中春，桃柳着妆日换新。赤道金阳直射面，白天黑夜两均分"。在杨家滩地区有明显特征，杨柳青青，莺飞草长，小麦拔节、油菜花香、桃红李白。湘中地区的杨家滩初春时节，气温回升较快，有些年份有比较严重的倒春寒，易出现早稻烂秧。

（二）主要农事及相关习俗

春分节气一到，杨家滩地区早稻育秧已经开始，家家户户开始平整、犁耙早稻秧田。早春天气冷空气活动频繁，要择日浸种催芽。"冷尾暖头，下秧不愁"，农民根据天气变化，争取播种后 3~5 个晴天，以保一播全苗。农谚云："春分麦起身，肥水要紧跟。"此时，春芽已开始抽芽，农民对茶园施肥治虫，力争茶叶丰收优质。

一场春雨一场暖，春雨过后忙耕田。春管、春耕、春种开始进入繁忙季节。杨家滩农民讲究精耕细作，春耕开始，要对田泥进行"三犁""三耙"，至少要"两犁""两耙"。最后一次犁、耙，就叫"发插脚"，意思把这一次搞完了，就是插田了。农民信奉"三担黄土当担粪"，有条件者将黄土掺入经常耕种的熟土内，改良土壤结构，实现增产增收的目的。此时的生产活动主要有以下几项：

1. 禾种下水（浸禾种）。催芽是技术活，用温水催芽，有时晚上要起床看几次。如果时间不准，对催芽不利。催芽用旧棉絮、稻草为禾种做一个窝，也可用蒸汽催芽，即将一间比较小的房屋密封好，用炭火烧水，让水蒸气为室内增温，达到催芽的目的。

2. 窖（排）红薯种。选背风、向阳、肥沃的土地下种。窖红薯种忌讳鼠咬、鸟啄。防冻最原始的方法用山蔓、煤灰等，后来发展为盖薄膜。

3. 采茶。农历二月十九日观音菩萨过生日，要采新茶敬奉。

4. 其他蔬菜下种。如丝瓜、冬瓜、南瓜、四季豆等在此时下种。

此外，湘中地区有在春分前后有训练牛拉犁的习俗。一般的牛训练三个下午即可背犁，当地俗语云："连牛也只教三个下午就可拉犁"，以此暗喻那些思维迟钝、接受新技术难的人。

五、清明

（一）节气特征

清明节又叫踏青节，是杨家滩传统节日之一，也是最重要的祭祀节日，是祭祖与扫墓的日子。到了清明，气候变暖，降雨增多，正是春耕春种的大好时节。农谚语："清明前后，点瓜种豆""植树造林，莫过清明"。清明时节，一个十分重要的特征就是雨水天气多，阴雨绵绵，古诗"清明时节雨纷纷，路上行人欲断魂"就是一个佐证。

（二）主要农事及相关习俗

1. 单季稻禾种下水，清明下水，谷雨下泥。双季稻禾种下泥。

2. 平整单季稻秧田，双季稻谷种下泥。湘中谚语云："会种的种一丘，不会种的种一洲。""秧好半年禾。"秧田选背风、向阳、灌溉方便、避涝避旱的肥沃之田。秧田的犁耙工夫要"泥烂如浆，水平如镜"。双季稻下泥，在排水缺口要扎一个小香架，用粗纸剪人钱，备三根香，将大钱支起来，以示敬奉土地菩萨。撒稻种时不能让小孩或头脑不清醒的人到场，因为有怕说种秧谷的话被老鼠听见的忌讳。

秧田要分块，便于通行与排水。分块要拉线，尽可能拉直。秧田周围要插枫树叶，寓意丰收。禾种要撒得均匀，撒到泥面上，不能让其陷入泥里。

3. 种豆子。在田埂上种豆子，发挥方寸土地的作用。

4. 补种蔬菜。春分时下的蔬菜种子被老鼠或鸟破坏的要进行补种。

六、谷雨

（一）节气特征

谷雨有两个意思，一为播谷，预示着谷雨时节雨水充足适合谷物生长；第二个意思则与谷雨的来源有关。传说仓颉造字"天雨谷，鬼夜哭"，所以把仓颉造字这一天叫作"谷雨"。谷雨时节的杨家滩，柳絮飞落，杜鹃夜啼，气温平均达到20℃左右。天气谚语大部分围绕有雨无雨这个话题："谷雨阴沉沉，立夏雨淋淋""谷雨下雨，四十五日无干土。"谷雨节日后，降雨增多，雨生百谷。雨量充足而及时，谷类作物苗壮成长，特别对水稻栽插和玉米、棉花的苗期生长有利。

（二）主要农事及相关习俗

1. 采茶。杨家滩谷雨有摘茶习俗，传说谷雨这天摘的茶喝了会清火、辟邪、明目等。所以谷雨这一天不管是什么天气，人们都会去茶山采摘一些新茶回来泡水喝。谷雨时节，茶叶富含多种微生物和氨基酸，滋味鲜活，香气怡人。真正的谷雨茶，农家一般留下来自己喝，或用来招待客人，甚至只用来招待贵客。

2. 插秧。为了保护秧苗，绑子秧一般用笋壳，撕成条状带，以免损伤秧苗；有的用棕叶，要撕掉筋，有的用稻草。开秧田门这天，主人家要款待插田师傅。上午10点左右主人要送点心去田间慰劳插田师傅，一般有盐蛋、蚕豆、茶水等。

插田中间休息时，爱好唱歌的农友趁机高歌《插田歌》或当地流行小调，消除疲劳，激发情趣。

3.给耕牛加饲料。栏干草饱，适当喂精饲料，"喂牛要喂好，不要误阳春。"

第二节 夏季节气及农事习俗

一、立夏

（一）节气特征

立夏是二十四个节气中的第七个节气，表示孟夏时节的正式开始。在天文学上，立夏表示告别冬天，是夏天的开始，天气温度开始明显升高，酷暑将临，农作物进入生长旺季。立夏以后，杨家滩正式进入雨季，雨量和雨日明显增多，此时日平均气温稳定在20℃以上。

（二）主要农事及相关习俗

1.抢抓节点。立夏前后，正是杨家滩早稻插秧的农忙季节。插秧后农民立即进行田间管理，追肥，中耕，治病虫害等。同时抓紧中稻播种扫尾工作。此时，雨水的迟早、多少与日后收成有密切的联系。湘中农谚说："立夏不下，犁耙高挂""立夏无雨，碓头无米""立夏多插秧，谷子收满仓"。

2.吃丸子。立夏时节，冬种与春种作物进入黄熟期，对已成熟的作物，一般都要及时抢收。此时田地杂草生长很快，棉花、玉米、花生等作物处于快速生长期，农夫每天忙碌给农作物中耕，去除杂草，抗旱防渍，加速土壤养分分解。"一天不锄草，三天锄不了""立夏三天遍地锄"就是立夏期间农事繁忙景象的描述。正因为农事繁忙，农民干体力活是异常辛苦的，杨家滩有"四月立夏吃丸子"一说。杨家滩地区称"丸子"为"圆子"，取其"圆满"之意。立夏这一天，家家户户把大米磨成粉，制作"米粉丸子"。丸子里装一个鸡蛋，家里富裕的放半两肉、一点芝麻、一点糖。丸子在当时是很珍贵难得的，尽可能保证家庭成员每个人吃一个。吃丸子寓意插秧结束，圆满。同时，立夏正是强体力劳动的时间节点，吃上"米粉丸子"，改善生活，增强劳动力，特别是主劳动力的体能。

3.吃蛋。"立夏吃蛋"的习俗由来已久。俗话说："立夏吃了蛋，热天不痒夏。"夏天劳动强度大，人们只要有条件则注意补充营养素。"立夏吃了蛋，石头能踩烂"，则是指人吃了鸡蛋后特别有劲。

4. 吃笋子。立夏前后，杨家滩地区的笋子很多，特别是小水竹笋子，漫山遍野都有。笋子肉质细脆，富含维生素，营养价值高。立夏天家家户户吃笋子，说"立夏吃笋子，节节有力"。

5. 给耕牛放假。立夏那天，要给耕牛放假一天，给牛加料。如果立夏那天让牛耕田，那是不懂规矩。要给牛过集体生日。杨家滩地区人们常见特别要好的朋友之间开玩笑，说对方是"立夏日出生的"可能源于此说。

二、小满

（一）节气特征

小满在每年 5 月 20—22 日之间，太阳到达黄经 60° 时开始。小满的含义是夏熟作物的籽粒开始灌浆饱满，但还未成熟，只是小满，还未大满。从气候特征来看，杨家滩地区已进入夏季，降水量进一步增多增大，自然界的植物都比较丰满和茂盛，夏收作物已接近成熟，春插作物生长旺盛，进入夏收、夏种、夏管三夏大忙季节。

（二）主要农事及相关习俗

1. 管水。"小满不满，干断田坎""小满不满，芒种不管"。杨家滩人们把"满"用来形容雨水的盈缺。小满时田里如果蓄不满水，就可能造成田坎干裂，甚至芒种时也无法栽插水稻。此时，人们对水的管理十分看重，只要田里缺水，农民就开始忙着踏水车翻水灌田。

2. 巧度饥荒。旧时小满时节，到了青黄不接的关键阶段，荒野之地的苦菜成为穷苦人家充饥的重要来源。春风吹，苦菜长，荒滩野地是粮仓。苦菜是人们最早食用的野菜之一，可以充饥。苦菜虽苦，但新鲜爽口，具有清热、凉血与解毒的功效。

三、芒种

（一）节气特征

芒种为二十四个节气中的第九个节气。芒种字面意思是"有芒的麦子快收，有芒的稻子可种"。芒种时节雨量充沛，气温显著升高。常见的天气有大风、暴雨，是一年中降水量最多的时节之一。进入梅雨季节，雨日多，雨量大，有时伴有低温天气。有的年份梅雨过早，雨日过多，长期阴雨寡照，对农业生产十分不利。从气温来说，有出现 35℃以上高温天气的可能，但一般不会持续高温。

（二）主要农事及相关习俗

芒种至夏至是秋熟作物播种、移栽、苗期管理和夏收、夏种、夏管的大忙时期。此时中稻追肥，抢晴收麦，选留麦种，抢种玉米、大豆、芝麻等。

1. 吃杨梅。芒种时节，正是杨梅成熟的季节。梅子含有多种天然优质有机酸和丰富的矿物质，具有净血、整肠、降血脂、调节酸碱平衡等保健功能。新鲜初熟的石杨梅，大多味道酸涩，人们往往煮酒浸杨梅，日后喝杨梅酒，别有风味。杨梅一般果肉不厚不多，且与果核连得很紧，吃杨梅只有连核吞下去，才有吃到了杨梅的感觉。否则有人说："杨梅子不吃核（当地方言念 wei），呷哪个个屁。"

2. 注重养生。夏日昼长夜短，芒种时节天气开始炎热，且劳动强度大，有谚语云："芒种前后麦上场，男女老少昼夜忙。"麦收有五忙，割、拉、打、晒、藏，麦收时节停一停，风吹雨打一场空。此时农事繁忙，正是消耗体力的季节，人体新陈代谢旺盛，人们注重养生，补充水分，饮食清淡，不吃过咸、过甜、过腻的食物。

四、夏至

（一）节气特征

夏至这天，太阳直射地面的位置到达地球的最北端，北半球的白昼时间最长，越往北越长。此时气温升高，日照充足。古时候将夏至分为三候："一候鹿角解，二候蝉始鸣，三候半夏生"。在炎热的夏天，一些喜阴的生物开始出现，而阳性的生物开始衰退了。夏至时节正是梅雨季节，空气十分潮湿，冷暖空气团在中南地区交汇，容易形成阴雨连绵天气。湘中地区的人们习惯根据夏至这天的天气预测夏至后天气情况："夏至大烂，梅雨当饭""夏至无雨三伏热，夏至闷来汛来早"等。

（二）主要农事及相关习俗

夏至时节，农作物处于生长旺盛期，田间地头杂草、害虫滋长迅速。此时早春作物实施精细管理，田间杂株要拔除；夏播作物补苗，行间距间勤松榜。此时蔬菜、果树长势正酣，如遇久旱不雨，则早晚浇水；如遇久雨不晴，对菜地适时开沟排水，避免积涝成患，影响蔬菜生长。

1. 晒衣、被、龙袍。六月初一看天气，如果是晴天，六月风调雨顺，如果是雨天，六月天气干旱。"六月初一大天祥（当地方言晴的意思），皮匠师傅嫁婆娘。""六月初一落，皮匠师傅婆娘一大落。"这是杨家滩地区妇幼皆知的谚语。湘中一带还有六月初六祭水神、祭杨氏将军、抬龙王菩萨、抬药王菩萨求雨的习俗。

2. 预防中暑。夏至阳气最旺，神清气和，调息静心，顺应自然界阳盛阴衰的变化对人们的生产生活至关重要。旧时杨家滩地区人们即使农活再忙，都能合理安排工休时间。农事安排在早晨、上午、傍晚时分，一为避免炎热之势，二是恢复体力。夏至前后，苦瓜等苦味菜有解热祛暑、消除疲劳的作用，人们特别爱吃素有"菜中君子"的苦瓜，以调和脾胃，消除疲劳，醒脑提神，预防中暑、胃肠疾病。

五、小暑

（一）节气特征

每年公历 7 月 7 日或 8 日，太阳到达黄经 105° 时为小暑。暑，表示炎热之意，小暑为小热，还不是十分热。此时，杨家滩地区梅雨季节即将结束，盛夏开始，气温升高，并进入伏旱期。此时常年处于副热带高压控制下的高温少雨天气时段，平均气温在 27℃ 左右。

（二）主要农事及相关习俗

1. 小暑"食新"。小暑时节，早稻处于灌浆后期，早熟品种大暑前后要收获。农民根据经验，一般会保持田间干干湿湿，中稻已拔节，进入孕穗期，一般追穗肥，促穗大粒多。民间有"小暑大暑，上蒸下煮"之说，人们在劳作之时，注重劳逸结合，保护人体的阳气。"热在三伏"，人们度过伏天的办法就是多吃清凉消暑食品，多喝粥，多吃水果以养生。杨家滩有小暑"食新"习俗，即在小暑过后尝新米，"吃新"乃"吃辛"，时间为小暑节后的第一个辛日。

2. 吃"双谷"。旧时杨家滩地区缺粮少吃的农户不少，小暑时节，穷苦人家缺粮断炊现象尤甚。所谓吃"双谷"就是向人家借谷，秋收后要还双倍。贫苦家庭因此越来越穷，可谓竖起扮桶（打稻用的方形木桶）无饭吃。

六、大暑

（一）节气特征

大暑前后是一年中最热的时段。大暑节气正值"三伏天"里的"中伏"前后，是一年中最热的时期，气温最高，炎热至极，常年出现35℃以上高温天气。大暑也是雷阵雨最多的季节，有谚语云："东闪无半滴，西闪走不及。"意谓大暑夏天午后，闪电出现在东方，雨不会到来，闪电在西方，大雨立马来，想躲避都难。人们也常把夏季午后的雷阵雨称之为"西北雨"。杨家滩地区有谚语云："小暑南风十八天，大暑南风到秋边。""秋边"指"立秋"前的几天。如果小暑刮南风，那么它就会一刮刮十八天之久。如果大暑这一天又刮了南风，这种南风就要刮到立秋的边上了。小暑到立秋，时间跨度一个月，这年干旱就成定局了。"夏雨分牛背，落到了的是福泽。"大暑时节的雨，不仅是阵雨，而且是一小团一小团的。一头牛的背部，也是这一半落到了，另一半没落到，或者这一处落到了，那一处没落到。夏雨对于农作物来说是十分宝贵的，田土的主人们会有这样的感慨，盼望自家的田土有好运，有福泽得到这样"分牛背"的夏雨。

（二）主要农事及相关习俗

1. 搞"双抢"。"禾到大暑日夜黄"，杨家滩旧时种植单季稻，上世纪50年代开始种双季稻。此时一年中最辛苦、最紧张的"双抢"季节到来了。俗语云："插田扮禾含饭走"，是指插田扮禾的时候，工夫十分紧迫，饭还含在嘴里，就又出工了。"早稻抢日，晚稻抢时""大暑不割禾，一天少一箩"。适时收获早稻，不仅可以减少后期风雨造成的损害，确保丰产丰收，而且确保晚稻及时栽插。农民此时根据天气情况安排"双抢"工作，灵活安排，能早赶早，宜晚则晚，既保证不误农事，又保证人有充沛的精力，特别防止高温条件下因劳累过度中暑现象的发生。

2. 降温防暑。大暑时节，多为持续高温天气，又是农忙季节，防暑降温是此时的重要事项。一般家庭主妇要准备充足的凉开水，供出工的人带到田地喝，回家吃饭，饭前饭后补充足量的水分。有的家庭制作"度暑粥"，有白米粥、薏米小豆粥，以补气清暑，健脾养胃。饮食多为时鲜疏果，辅之以姜、蒜、醋，清心爽口，杀菌防病。

第三节 秋季节气及农事习俗

一、立秋

（一）节气特征

立秋，是二十四个节气的第十三个节气。"秋"就是指暑去凉来，意味着夏天即将过去，秋天开始了。从文字角度可以看出，"秋"是禾谷成熟的意思，立秋是秋季的第一个节气。立秋之后，"一场秋雨一场凉"。立秋后，一时暑气未消，还有"秋老虎"的余威，但天气总体趋势是逐渐凉爽。气温的早晚差异逐渐明显，尽管白天不逊于大暑时期，但到了晚上，不再像暑期那样酷热难耐。杨家滩地区立秋后气温仍然较高。"秋老虎"天气，虽然气温较高，但总体说空气干燥，阳光充足，早晚天气开始凉爽。

（二）主要农事及相关习俗

1.开镰准备。购买、维修晒簟，请匠人修缮、准备帐簟、维修扮桶，平整晒谷坪，提前一周左右将田的缺口打开。

2.劳动力的准备。请扮禾师傅，一个扮桶准备四个人，分工合作，割禾、扮禾晒谷等统筹考虑，如果家里没有劳动力，农民采取互助的形式。

3、尝全新。时间定在农历六月的一个卯日或第二个卯日。尝新日要煮新米饭，请家里的亲人回来团聚，欢庆丰收，放鞭炮。一个院子，如果某人家煮了新米饭，而邻居家还没煮新米饭，要送邻居一碗，但不能装得太满。尝新时饭要管够，保证每个人吃饱。这时债主和佃主开始讨债催租，佃农则"扮桶一开响，家由别人当"。如果青黄不接时借得多，扮禾后几乎所剩无几，常常是竖起扮桶没饭吃，收获季节本是开心的事，但笑不起来。

4.养再生谷与拾稻穗。再生谷，又称禾薪，有时水利条件好的田每亩可收获100斤左右稻谷。小孩子拾稻穗跟在扮桶后面拾是允许的，如果碰上要饭的，主人必须给一点谷子。

5.精细耕耘，期盼丰收。进入立秋时节，持续高温，日照强烈，伏秋连旱，间有暴风雨，农民在此期间对田间土地的管理十分精细，既要追肥除草，又要抗旱防涝，还要防止病虫对秋作物的危害。立秋对农民显得尤为重要，湘中农谚云："立秋雨水滴，农夫不用力。"如果立秋日下了雨，接下来便风调雨顺，农事不会有旱涝之忧，农作物丰收在望。立秋日如果听到雷声，则农事不妙，有农谚"雷打秋，冬半收"为证。当然，立秋后气温偏高，各种农作物生长旺盛，中稻开花结实，晚稻圆杆，大豆结荚，有足够的水分保障，此时遇旱，农作物歉收。因此，立秋后，农民希望天降甘霖，特别是离河流较远、山塘蓄水有限的地方，更是期盼老天给力，所以有"立秋三场雨，秕稻变成米""立秋雨淋淋，遍地是黄金"之说。此时对于茶园的秋耕，人们十分重视，给茶园疏松土壤，清除杂草，提高保水蓄水能力，适当施肥，使茶树秋梢长得更好，为来年茶叶丰产丰收奠定基础。

6. 度七夕。在晴朗的夏秋之夜，天上繁星闪烁，七夕坐看牵牛织女星，是人们在此时节难得的良辰美景。特别是妙龄女孩在这个充满浪漫气息的晚上，对着天空的朗朗明月，摆上时令瓜果，乞求天上的仙女能赋予她们聪慧的心灵和灵巧的双手，让自己的针织女工技法娴熟，乞求爱情婚姻的姻缘巧配。

二、处暑

（一）节气特征

据《月令七十二候集解》："七月中，处止也，暑气到此而止矣"。杨家滩地区到了处暑时节，秋天已临，但暑气依然存在，其节气特征主要表现在以下几个方面：一是气温有所下降，太阳辐射减弱，天气开始凉爽，早晚尤为明显，杨家滩一带流行的谚语"七月半，看牛伢子靠田塝（方言田坑：有高低落差的地方）"便反映这时的气候特征；二是仍出现较大的降水过程，昼夜温差较立秋时加大；三是"秋老虎"天气仍然存在，容易出现夏秋连旱的现象。

（二）主要农事及相关习俗

1. 抗旱祈雨。古代将处暑分为三候："一候鹰乃祭鸟；二候天地始肃；三候禾乃登。"此节气中，天地间万物开始凋零，各类农作物成熟。此时，农民最为关键的是做好稻田的抗旱。"处暑雨，粒粒皆是米"，就是人们对上天下雨润田的期盼。"处暑不下雨，纵然结子难保米"，就是在此时节的焦虑心结。对于旱地作物，主要为抗旱和加强病虫害防治。

2. 中元祭祀。处暑节气前后民间有祭祖的活动，俗称"七月半"或"中元节"。此时，大部分农作物成熟，用新米等祭供，向祖先报告收成。因此，每到中元节，家家祭祀祖先，供奉时行礼如仪。湘中地区有歌词云："冥辰回来领酒饭　月半回来拿纸钱。"

3. 吃鸭。处暑时节，杨家滩地区民间有吃鸭习俗，老鸭味甘性凉，利于人们滋补。

三、白露

（一）节气特征

白露是九月的头一个节气。露是由于温度降低，水汽在地面或近地物体上凝结而成的水珠。此时，人们明显感觉到炎热的夏天已经过去，凉爽的秋天正式来临。进入白露节气后，夏季风逐渐被冬季风所取代，暖空气逐渐退却，冷空气逐渐得势，往往带来一定范围的降温幅度，肉类和食物不易变质，杨家滩有谚语云："过了白露节，屠夫硬如铁。"有的年份如果冷空气与台风相遇，容易出现短时期暴雨现象。冷暖空气势均力敌，容易出现持续低温和阴雨绵绵的天气，对人们的生活和农作物的生长与收获带来一定的影响。

（二）主要农事及相关习俗

白露时节，冷空气日渐活跃，影响晚稻抽穗扬花，人们采取灌水保温的方法，确保晚稻生长。具体灌水依天气而定，晴天白天排水，晚上灌水；阴雨天灌厚水，十分讲究。诚然，这是灌水十分便利的地段，水源充足有保障。如果水源不利或欠缺，灌溉要靠人力而为，那就难度增大甚至无法实施。

对干旱地果蔬，农民因时制宜，因势利导，对蔬菜主要培肥壮苗，防止病虫害；对于柑橘，遇旱及时浇水，对挂果的弱树喷洒叶面肥。

四、秋分

（一）节气特征

南方的气候由这一节气起开始入秋。一是按我国古代以立春、立夏、立秋、立冬为四季开始划分为四季。秋分日居于秋季 90 天之中，平分了秋季。二是此时一天 24 小时昼夜平分。此日后，阳光直射位置南移，北半球昼短夜长。秋分时节，杨家滩地区与全国大部分地区一样，开始进入凉爽的秋季和降雨减少的时段，凉风习习，风和日丽，秋高气爽，丹桂飘香等词语，都是此时景象的描述。农谚云："一场秋雨一场寒""白露秋分夜，一夜冷一夜。"由于秋季降温较快的原因，使得秋收、秋耕、秋种的"三秋"显得格外繁忙。

（二）主要农事及相关习俗

秋分至寒露是秋熟作物灌浆和产量形成的关键时期。农民对稻田加强后期水浆管理，采用干湿相间的灌溉技术，在收获前 5~6 天断水，提高水稻根系活力，养根保叶；小麦蚕豆播种前做好种子精选和处理；油菜精作苗床。无论种、收，农民都精耕细作，既是对一年来辛勤劳动成果的珍惜，也是十分注重抢种秋冬蔬菜、保证即将到来的冬季有足够的准备。

五、寒露

（一）节气特征

寒露，是指此时期气温比"白露"时更低，地面的露水更冷，快要凝结成霜了。"白露"节气标志着炎热到凉爽的过度，暑气没有完全消失。"寒露"节气则是天气转凉的象征。寒露期间，人们明显感觉到季节的变化，气温降得快是寒露的一个标志性特征，一场较强的冷空气带来的秋风、秋雨过后，温度陡降。同时，昼夜温差进一步增大。

（二）主要农事及相关习俗

1. 抢晴收割。寒露到，割晚稻。寒露时节，对已成熟的晚稻等农作物抢晴收获，成熟一块，抢收一块，且及时脱粒，翻晒。寒露后进入麦子播种期。秋分早，霜降迟，寒露种麦正当时；小麦点在寒露口，点一碗，收三斗。此时，殷实农户及商人修整粮仓，整理存粮贮新粮。

2. 重阳蒸酒。民间在重阳节有蒸酒的习俗。重阳蒸酒稻花香，重阳时天气温和，不冷不热，有利于米饭加酒麴后的发酵。而且，恰巧这时也是丹桂飘香的时候，因而把酒香说成像桂花一样有清香了。

六、霜降

（一）节气特征

霜降节气含有天气渐冷，初霜出现的意思，是秋季的最后一个节气。霜是地面的水汽遇到寒冷气流凝结成的，所以霜降不是降霜。秋季出现的第一次霜称为初霜，初霜愈早，对农作物伤害愈大。"霜降杀百草"，严霜打过的植物，由于植物体内的液体因霜冻而结成水晶，蛋白质沉淀细胞内的水分外渗，使原生质严重脱水而萎缩。此时天气渐凉，秋燥明显。

（二）主要农事及相关习俗

1. 秋收冬藏。"霜降见霜，米谷满仓"的农谚反映出农民朋友对这个节气的重视。此时收晚稻，种早茬麦，栽早茬油菜，摘棉花，耕翻整地，避免来年农作物出现病虫和病菌。此时正是红薯收获季节，"霜降前，薯刨完"。红薯半年粮，好好来保藏。红薯作为当时的主要杂粮，人们对收获红薯非常重视，选取没有脱皮、挖断的红薯窖藏于地窖，以便存贮。

2.赏菊。九月金秋，正是秋菊盛开之际，旧时大户人家大多在九月中旬举行菊花会，以示对菊花的崇敬和喜爱。部分富裕人家，早在节前采集珍品菊花，搭建菊花塔，家人按长幼顺序作揖、祭菊花神、邀至亲好友来家饮菊花酒、食米糕。普通人家用土菊花，自行观赏，美化庭院，表达对美好生活的向往。

第四节 冬季节气及农事习俗

一、立冬

（一）节气特征

立冬是二十四个节气之一，也是汉民族传统节日之一。立冬前后，降水显著减少，空气渐趋干燥，土壤含水较少。我国古代将立冬分为三候："一候水始冰，二候地始冻，三候雉入大水为蜃。"对立冬的理解，不能仅仅停留在冬天开始的意思上，更要理解为秋收作物全部收晒完毕，收藏入仓入库。动物也藏起来准备冬眠，是万物收藏，归避寒冷的意思。立冬时节，杨家滩地区一般不会太冷，但气温逐渐下降。在晴朗无风之时，常常会出现温暖怡人的十月"小阳春"天气。

（二）主要农事及相关习俗

1.采果采茶采药。立冬晴一日，来年农夫不用力。立冬晴，一冬雨；立冬雨，一冬晴。人们到山里采集野果、栎子，拿回来晒干，磨成粉，用来充饥。采油茶：男女老少都上山，其他的野生果如鸡爪子、滑梨子（又称野生猕猴桃）、黄栀等都在之列。采集中草药，农民在此季节靠挖草药攒钱，有地茶子、黄荆子、青木香等。

2、巧借天时种麦。立冬前后，秋收冬种进入尾声，农民主要任务是做好晚稻收、晒、藏，抢种晚茬冬麦与移栽油菜，冬麦播种一般会巧借天时，下雨早播，不如抢晴略为迟播，保证播种质量。

3、修水利。此时，一年的农事进入收尾阶段，农家开始冬修水利、冬季积肥等活动。对山塘进行清淤，整修塘坝；对田塍边的杂草予以清除，集中焚烧，山灰就地掩埋。此时，田地较多的农家要准备酒肴，酬谢雇工们的辛勤劳动。

二、小雪

（一）节气特征

"小雪"是反映天气现象的节令。小雪有三候："一候虹藏不见；二候天气升而地气降；三候闭塞而成冬。"此时由于天空中的阳光上升，地中的阴气下降，导致天地不通，阴阳不交，所以万物失去生机，天地闭塞而转入严寒的冬天。小雪节气是寒潮和北方强冷空气活动频繁的时段，一般会出现大风降温天气，空气清冷。

（二）主要农事及相关习俗

"小雪雪满天，来年必丰年"。小雪节气下雪，来年风调雨顺。下雪可冻死土地与山间的病菌与害虫，减少来年病虫害对农作物的危害；同时，雪花覆盖土地与农作物，起到保暖作用，规避寒风冻雨的侵蚀。这是农民在长年的农作中对农事与节气关系规律的总结，也是靠天气吃饭年代人们对上苍恩赐的祈求。

小雪节气后，尽管天气寒冷，但农事不能懈怠。农民利用冬闲时间开展农副业生产、修理农具、修整山塘，做好鱼塘越冬工作。

三、大雪

（一）节气特征

大雪，十一月节。大者，盛也，至此而雪盛。此时，最低温度降至0℃或以下，强冷空气肆意，容易出现冻雨。出现冻雨天气，地面及物体上出现一层不平的冰壳，对人们的交通出行造成较大的困难。强冷空气过后，有时出现霜冻，对体弱者和老年人的健康十分不利。大雪时节，有的年份有较大范围降雪或局部暴雪，个别地方暴雪封山。

（二）主要农事及相关习俗

1. 忙冬活。大雪时节，人们抓紧冬日修整水渠，积肥施肥，尽管小麦、油菜等农作物生长缓慢，如果下雪较少年头，农民抓紧施肥，为农作物安全越冬和来年生长打好基础。农民此时修整禽舍、牲畜圈舍等，用茅草或稻草扎紧扎实通风口，确保牲畜不受风寒。旧时家庭主妇则抓紧时间做针线活，为家人纳鞋底，扎袜底，手缝衣裤，缝补衣裳等。手艺之家则在这段农活相对空闲时期磨豆腐，编织篾货、棕货，挣钱补贴家用。

2.冬季进补。大雪节气一到，稍微殷实一点的人家忙着腌制"咸货"。俗称"大雪腌肉"。同时，大雪时节是"进补"的好时节，素有"冬天进补，开春打虎"的说法，人们深信"三九补一冬，来年无病痛"，在这个时期注重吃富含蛋白质、维生素的食物，滋补助阳，补肾壮骨，养阴益精。

四、冬至

（一）节气特征

古人对冬至的说法是阴极之至，阳气始生，日南至，日短之至，日影长之至，故曰"冬至"。冬至日太阳高度最低，日照时间最短，它是一年里白天时间最短的日子。地面吸收的热量比散失的热量少，天气最冷，所谓"冷在三九"。杨家滩地区在冬至期间气温一般在6℃~0℃左右徘徊。这个时节，偶尔出现强对流天气和响雷现象。冬天响雷，预兆来时严寒，对人畜不利。谚语云："雷打冬，十间牛栏九间空。"

（二）主要农事及相关习俗

1.吃冬至米团。冬至节亦称冬节、交冬。它既是二十四个节气之一，也是一个传统节日。曾有"冬至"如"大年"的说法，人们十分重视。杨家滩的人喜欢在此节时段购五花肉熏腊肉，这时熏的腊肉通亮透明，味道好，是馈送亲友的最佳礼品，

2.冬至祭祖。冬至既是自然节气点，也是传统的祭祖节日。杨家滩自古就有冬至祭祖的传统，以示孝敬，不忘本。祭祖的同时，也要祭祀天地神灵，贡品主要有三牲饭菜、三茶五酒等，叩拜神灵，以祈福来年风调雨顺，人兴财旺。

五、小寒

（一）节气特征

小寒是干支历子月的结束以及丑月的开始，正值"三九"前后，标志着开始进入一年中最寒冷的日子。"小寒"一过，就进入了"出门冰上走"的三九天了。小寒时节，杨家滩地区的平均气温一般在5℃左右徘徊。如遇特别寒冷的年头，小寒时节，强冷空气长期笼罩，冻雨霏霏，有冰冻遍地现象。

（二）主要农事及相关习俗

1.人畜安全过冬。小寒时节，保寒保暖，人兽安全过冬成为人们的主要话题。人们对猪舍、牛舍关闭门窗以提高舍内温度。如遇天晴，放牧牛羊，一般迟

出早归。由于野生草叶枯萎，对牛羊给予人工补饲；同时，对猪、鸡的流感等疫病进行防治。

2.吃腊八粥。腊八节是腊月初八，是"新年"即将到来的信号。腊八这一天有喝八宝粥的习俗。腊八粥熬好以后，要先敬神，包括门神、户神、宅神、灶神、井神。之后要赠送邻居或亲友，一定要在中午之前送过去，最后才是全家人食用。吃剩的腊八粥，保存着吃了几天还有剩余的，就是好兆头，取其"年年有余"的意思。腊八粥在民间还有巫术的作用，假如院子中有花卉和果树，要在枝干上涂抹一些腊八粥，祈求来年多结果实。在腊八这一天，人们除了喝腊八粥外，还有吃腊八饭，泡腊八蒜的习惯。

六、大寒

（一）节气特征

大寒是二十四个节气最后一个节气。过了大寒，又迎来新一年的节气轮回。大寒时节，大气环流比较稳定，环流调整周期为20天左右。受强冷空气影响，大寒时节一般为雨雪天气，气温在4℃左右，是一年中最寒冷的时期。

（二）主要农事及相关习俗

对田地注重清沟培土，防止过冬作物遭遇水害与冻害。对于蔬菜，加强对叶霉菌、霜霉菌的防治；对于果树，主要是防冻抗寒、清园、修剪、松土、培土。此时，随着春节临近，人们开始忙于腌制年肴，准备年货。在大寒至立春这段时间内，农家院落、街头巷尾到处充满忙碌、喜悦的氛围，有很多重要的民俗和节庆，如祭灶、除夕等。小寒大寒，杀猪过年。打豆腐、做南粉、买年货、烤米酒、清债务等成为此时农家生活的主色调。

第五节 求雨礼仪

一、古代求雨礼仪简介

求雨，是围绕着农业生产、祈禳丰收的巫术活动。同其他巫术一样，求雨巫术曾广泛存在于世界各地区、各民族的历史中。从日本的原始部落到北美印第安人，从澳洲的土著到俄罗斯的先民，都有过专门的祈雨法师来控制雨水的降落。即使到了近代，一些已进入现代社会的民族中，这种巫术活动仍然存在。

求雨，早在西汉时期历史就有记载。是一种民间活动，是农民生活的真实写照，反映了人们在恶劣的自然生活环境中，渴望美好明天，创造美好生活的一种期盼行为，它真真切切地想把"地上没有天上求"的思想变成一种理想现实。在生产力低下时代，特别是自然条件恶劣、只能靠天吃饭的地带，人们为了生存和生活，就烧香祷告，祈求上天使威生云、生雨救民。

我国是一个以农牧生产为主的国度，雨水是农牧生产的命脉，影响到粮食收成的好坏，直接关系到国库的收入与王朝的稳定。所以，求雨受到了历代朝廷的重视，从皇帝到知县，每遇天旱，都要设坛祭祀。祭祀时，贵为一朝之君的天子也要向龙王下跪、并作为一种典章仪式，有专门的规范载于典籍。如山西，每逢岁旱，"设坛于城隍庙。先期，县公行二跪六叩首礼毕，复跪拈阄，请某处龙神取水。传示乡民洒扫街道，禁止屠杀活命，各铺户、家户门首，供设龙神牌位、香案。僧众、架鼓吹手，出城取水迎龙神。知县率僚属素服步行出城外，迎接入城，供奉雨坛，行二跪六叩首礼。每日辰、申二时，行香二次，乡老、僧众轮流跪香，讽经、典史监坛，利房照料香烛。如是者，三日，得雨，谢降撤坛，派乡老送水；旱甚，率僚属斋戒，出祷风去，雷雨，山川坛，进遍祷群庙。"

在民间，农民普遍认为，天旱是因为得罪了龙王爷，为求得龙王爷开恩，赐雨人间，就举行一系列形式各异的祭祀、祈祷仪式来求雨。人们为求风调雨顺，采用各种办法求助于神灵，有以牲畜供献的，有以人祷者，还有抬着神位神像游乡展示以娱神的。此外，还有专门用于惩罚旱魃的象征性表演；有求雨神的，有扎泥龙、草龙挥舞，也有在大门垂柳插技、还有的捕捉蛇、鱼、蛙等戏水动物作祈雨生物。

杨家滩地区有孙水河，沿河两岸的田地在没有大灾年份基本丰收。但周边村庄在旧时大部分靠天吃饭的时候多。特别是在旱灾严重的年头，小暑、大暑节气期间，久晴不雨、持续干旱，正是早稻抽穗、壮粒的关键时期，田地开坼，山塘干涸，甚至生活用水都出现困难，抗旱救灾成为人们生活中的头等大事。在当时生产力不发达、面对大自然的干旱灾害束手无策的情况下，祈求上苍惠顾百姓、普降甘霖救灾的心理应然而生，祭天求雨成为一种流传久远的民间习俗。

二、杨家滩地区古代求雨简说

（一）祭天求雨前期工作

求雨祭祀的牵头人一般为本地德高望重的族老、或田地大户的主人，负责召集各姓氏、各村庄有名望的人员开会，共同商议祭祀的相关事宜，如确定日期、撰写祭文、准备祭品、人员分工、经费筹措等。

（二）具体准备

1. 准备三牲：猪肉一块（3斤左右）、成年公鸡一只、草鱼一尾（2斤左右）。

2. 相关物品：米酒一斤、酒杯3个、酒壶一个、茶杯3个、果盘一个、果品、鞭炮、楮钱等。

3. 现场准备：香案一个，供摆放酒盅、果品、香炉、香茗等；食案一个，供摆放三牲等；设拜席、洗盥等。

（三）人员安排

礼生2名，负责施礼；执治2~3名，负责上酒、香茗、果品、三牲、烧楮、放鞭炮等。

（四）主要程序

1. 主持人宣布祭祀开始、鸣炮。

2. 主祭人读祭文。

3. 执治跪食案，先后献肥臀、献悍鹰、献鲜尾，一跪拜。

4. 执治跪香案，献香茗、献果品等，一跪拜。

5. 执治跪食案，二跪拜。

6. 执治跪香案，二跪拜。

7. 执治跪食案，三跪拜。

8. 执治跪香案，三跪拜。

9. 礼成、告退，化楮焚文。

第二章 养殖业礼仪

旧时杨家滩地区主要养殖牛、猪、羊、鸡、鸭、兔、鱼等牲畜、家禽及水产品，其中绝大多数家庭均养猪、鸡。牛作为农家宝，价值大，家庭困难的农户不一定买得起仔牛，普及率不高。鸭、兔、鱼等视家庭具体条件而定，养鸭养鱼必须有水塘，否则无法养殖。养兔、养蜂、养蚕等要有爱好和相关技术，只有少数家庭养殖。

第一节 栏舍的建设与配置

农家对牛栏、猪栏、羊圈的建设十分重视。一是选址，一般选择离正屋不远、背风向阳的地方进行建设，其朝向、门窗讲究通风透气。之所以选择离正屋不远的地方，主要是为了喂养方便、防止盗贼。猪栏、牛栏、鸡灶不能建在厅堂神龛的后面。兴建栏舍要请地生看日子，选择诸事皆宜的黄道吉日兴建。主人要给地生发红包，匠人在开工、竣工的时候，主人要备好酒好菜招待。特别是圆垛时，砌匠、木匠等要讲赞语，赞主家五谷丰登、六畜兴旺，主人要备小红包感谢匠人的赞誉和美言。栏舍的大小有讲究，一般家庭猪、牛、羊的喂养数量不大，每间栏舍的大小一般在8平米左右、楼高在2.5米左右，利于牲畜冬季保暖。楼层到屋顶一般2.5米高，用于存放牛、羊冬季草料，利于夏季隔热。栏舍取材方面，受"樟树引邪"迷信说法的影响，樟树不能用，俗云"樟不上床、樟不上屋"。栏舍屋面尽可能宽大，盖瓦尽可能严实，防止遭遇雨水侵蚀。栏门要设栏栅，气温较高时不关栏舍板门，利于通风透气，但需拴好了栅栏门，以防牲畜走失。

第二节 牲畜、家禽的购买或孵养

一、捉猪仔

当年杨家滩盛行养宁乡黑猪、花猪，每户人家养1~3头。买猪崽有三种渠道，一是到交易市场；二是找做猪崽生意的担着猪崽叫卖者；三是到养了母猪的人家里去购买。如果到养母猪的人家买猪仔要先约定时间，主人要以饭菜招待买猪崽的客人。买猪崽的人围着猪栏观看猪崽进食。一般买进食时不抬头、四脚张开、尾巴摇晃的猪。那种"破头猪"、多爪或少爪的猪崽买主不买或不愿买。猪买回来后，猪栏要消毒。第一天不喂食，只给潲水吃，第二天喂少量的食，以利猪崽适应新的环境。

二、购买耕牛

牛是农家宝，农夫少不了。买牛时主要看体型是否高大，毛色是否光泽。牛是否耕过田，看肩胛的毛即可以确定。同时看牛头上的漩涡，两个旋的牛最受欢迎。牛的年龄根据牛的牙齿来判定，三齿以上的牛可以耕田。牛价一般以牛的年龄、体型等情况定价。耕牛交易时，不当面讲价，买牛和卖牛通过中介人进行，中介人跟卖主、买主均以手势沟通定价，中介人的费用由买主付给。

三、买鱼苗

选择体质健壮、规格整齐的鱼苗。选择方法是：将鱼苗放在瓷瓶内，剧烈挣扎、头尾弯曲者为壮苗。鱼苗放养时，将其放入木质盆内，只放少量水，将鸡蛋黄揉碎用水稀释放入盆内，待鱼苗吃饱后投放鱼塘。放鱼苗的时间，一般在惊蛰以后，水温上升到8~12度时放养比较适宜。太早，水温低或不稳定，鱼苗成活率不高；时间太晚，耽误生长期，影响产量。鱼苗品种一般为草鱼、鲤鱼、鲢鱼、鲫鱼。草鱼吃草、鲤鱼吃草鱼排泄物、鲫鱼吃鲤鱼排泄物、形成食物生态链。为了给鱼苗良好的生态环境，在鱼苗投放前1~2个星期前，一般要清塘，用生石灰加水将塘泼洒一遍，消除塘内细菌与寄生虫。

鱼塘一般 2~3 年年底要干塘。每到要干塘的时候，鱼塘的主人就会一大早把塘涵洞塞拔了放水，直到把鱼塘里的水放干，周边的村民不约而同来主家"蹭塘儿"，实际上就是来掏点剩鱼，捞点好处，一般不会空手而归。周边的老少爷们和大一点的小孩子们挽起裤脚跳进鱼塘，在泥巴堆里摸田螺、河蚌，抓一些小鱼儿。尽管冬天寒风瑟瑟，孩子们抓鱼开心的劲头淹没了对寒风的恐惧。鱼塘主人把大鱼抓上会丢上岸，村里的乡亲们这个买几条，那个要几条，瞬间一鱼塘的鱼就被卖完了。

四、土法养鸡

养鸡：杨家滩有俗语：头春鸡，长得响；立夏鸡，死不长。禾花鸡，长难疮。预养喜事鸡，如建房上梁、养儿孙报喜用鸡等。特别是为儿媳妇、女儿生小孩坐月子预养鸡更是特别用心，一般要预养一年左右。

1. 母鸡孵蛋前的准备工作

首先，一定要有抱窝的母鸡，这是一个必要的条件。母鸡在孵化小鸡的之前，会积蓄力量，下较多的鸡蛋。然后母鸡通过调节自己体内的激素，体温就会逐渐升高，并且停止产蛋。这个时候的母鸡开始减少活动量，一直蹲在窝里，除非太过饥饿，否则是不会出来寻找食物，而且每次吃食物的时候都特别迅速，这个时候就需要给母鸡准备好充足的食物，在母鸡觅食的时候及时提供，而且要保证营养丰富，为母鸡提供能量。

其次，孵化时间为 21 天左右一般都会选择在温度暖和的春季。当发现家中的母鸡抱窝，家庭主妇就要准备鸡蛋。不要小瞧这个过程，这是孵化小鸡成败的关键，更是将来被孵化出的小鸡是否健康的保障。

一定要选择新鲜的鸡蛋，通常情况下将 1~7 天内的鸡蛋视为新鲜鸡蛋，如果不够的话可以向左邻右舍借用，待将来人家母鸡孵蛋的时候，再将新鲜的鸡蛋还回去。一般情况下，一次孵化过程需要 20 个鸡蛋左右，主要根据母鸡个头决定。最后一步便是给母鸡准备一个独立的鸡窝。

2. 挑选寡蛋

在杨家滩一直都有寡蛋的说法。寡蛋指的就是那些没有经过受精的鸡蛋，这些鸡蛋是不能孵化出小鸡的。这些鸡蛋往往在众多受精鸡蛋中间不易被发现。所以在挑选过程中一定要特别的仔细，如果没能及时挑选出来，就会影响母鸡的后续孵化过程。在挑选寡蛋的时候，老一辈的方法是在晚间，用手电筒的强光对鸡蛋进行照射，看看蛋里面有没有血丝的存在，如果没有血丝的鸡蛋，往往会被挑选出来。如果没有挑选出寡蛋的话，这枚寡蛋就会占据一个小鸡孵化的位置。寡蛋在孵化过程中，因为孵化的温度较高，会滋生一些细菌，造成腐败变质，影响鸡窝的环境。

3. 创设孵化条件

母鸡孵化期间，农家主妇将其单独隔离开来，防止其他的鸡对母鸡产生影响。孵化所用的鸡舍需要有保温透光等优点，这些都是孵化鸡蛋必须的条件，要保持鸡舍的干净整洁，给母鸡创造一个好的孵化环境。小鸡破壳而出后，及时把鸡舍中剩余的蛋壳清理出来，准备一些碎米喂食小鸡。小鸡因为个体小，非常的柔弱，很容易受到外来的伤害，所以需要特别的关心和照顾，加强看管，防止夭折。

母鸡在孵化小鸡之后，就可以恢复正常的饮食，通常母鸡会领着刚出生的小鸡一起觅食，所以不用过度限制小鸡们的活动，这样有利于小鸡的成长。在小鸡的饲料上，农家主妇一般选择营养成分高、能促进小鸡快速成长的食物。

第三章 护林与狩猎礼仪

　　我国古代已经认识到林木对国计民生及保护环境的重要作用，因此十分重视护林和造林。历代官府出台法规政令保护林木，鼓励人们植树造林，并成立管理机构以保证政令的执行。主要有三方面：首先，对砍伐林木在时间上加以限制，即所谓"时禁"，有"孟春之月，禁止伐木，季春之月，无伐桑柘，孟夏之月，毋伐大树"等。其次，制定禁止在山林焚烧的防火法令，即所谓"火宪"。《管子·立政》云："修火宪，敬山泽，林薮积草。"《礼记·月令》云：仲春之月，毋焚山林。最后，规定对幼小林木不许滥伐，目的是保证幼树生长，保护林木的天然更新。

　　旧时，湘中地区人们对森林资源的保护是十分重视的，封山育林、植树造林成为绝大多数人们的自觉行为。杨家滩的生态环境有天时地利之优势，除了大力提倡经济林木的种植用以改善百姓的生计外，也大力提倡种植行道林、护堤林及山地育林，用以固护道路、堤岸，改善环境。以法治林，即以严法规范人们的护林行为以及依法严厉打击毁林现象，体现了国家、社会的强制性，将护林造林与百姓利益相结合，即体现利益原则，百姓毁林往往与生计窘迫及用材无着有关。多植经济林、用材林，使百姓从中获益，这有利于根本解决盗伐问题，也使百姓具有了护林造林的内在动力。

　　狩猎，又称捕猎、打猎，指捕杀和猎取野生动物。农业文明之前，狩猎采集曾是全人类所共有的生计方式，至今已经有百万年的历史，可以说，人类进化的历史就是一部狩猎变迁的历史。杨家滩地区先人在狩猎的实践过程中，通过群体的联合力量和集体行动来弥补个体能力的不足，最终合作成为技术熟练的狩猎群体，形成了富有地域特色的狩猎文化。

第一节 护林礼仪

一、森林对人类的意义与贡献

森林是人类的发源地，为人类原始文化的创立提供了场地。人类发展的每一步，都与森林休戚相关。森林哺育了人类，创造了人类。森林是国家强盛人民富裕的象征，没有森林，就没有人类，更没有人类文明。从古至今，森林对人类社会和环境的影响可分为为人类提供经济效益、生态效益和社会效益三个方面。

1. 森林为人类的经济发展做出了巨大的贡献

森林是陆地生态系统的主体，是陆地上面积最大、结构最复杂、生物量最多、初级生产力最高的生态系统。森林除了提供大量木材外，还能生产1000多种具有很大经济价值的产品。森林中，既有大量的食用植物，又有很多油料植物，还有丰富的药材资源以及拥有大量的奇花异草和珍禽异兽。并且由于森林的遮阳和防风可以节省能源，成片的绿地所带来的财富增值，以及因为环境改善可以增加经济效益等。可以说，人类的衣、食、住、行都离不开森林，森林是人类重要的生活和生产资源。

2. 森林的生态功能日益为人类所重视

森林的特殊功能决定森林在生态建设，促进人与自然和谐、维持生态平衡、维护人类生存发展基本条件中起着决定性和不可替代的作用。森林有造氧和汇集 CO_2 的作用，可使温室效应减缓，对防止地球气候变暖能起一定的遏制作用。森林能对大气进行消毒，使空气清新，从而改善人类的大气生活环境质量。森林能在一定范围内起到调节局部区域气候的作用，可减低风速，防止风害和干旱风的形成，预防冷害及霜冻，减少雹灾形成，阻挡沙尘暴等。森林通过森林植物蒸腾、林地蒸发和森林植物截持降水的蒸发等将水分大量地蒸散到大气中，森林蒸散比无林地的蒸发量要大得多。森林还具有涵养水源、净化水质的功能。森林通过对水分循环、水质和防止水旱灾害等作用对人类及其环境产生影响。土壤是人类赖以生存的物质基础，是人类环境的基本要素，森林具有改良土壤、固土、防治荒漠化，保护耕地，防止水蚀和风蚀等方面的作用。森林是陆地生态系统中最丰富的类型，全世界500~1000万种生物中有半数以上的生物都栖息或生长在森林之中，森林生态系统还具有最高的生物量和生物生长量，是陆地生物光合产量的主体。因此，保护森林就是保护生物多样性，就是维持生物圈的平衡；破坏森林生态系统，就会使生物圈的存在受到威胁，从而影响人类的生存。

二、杨家滩所在地的森林资源优势

1. 森林覆盖率高

杨家滩地处龙山山麓。龙山有"四十八面龙山"之称。群山漫舞，林涛浩荡，悬瀑飞流，云雾缭绕，鸟语啾啾，山花飘香，是一个大自然的博物馆，总面积达8926.37公顷，森林覆盖率92.35%，集优良的森林资源与湿地生态环境和古老的医药文化于一体。

2. 动植物资源丰富

龙山维管束植物多达192科、762属、1672种，其中已查明的国家重点保护植物有54种，包括国家一级重点保护植物银杏、伯乐树、银杉3种，国家二级重点保护植物23种、兰科植物28种。龙山保护动物有27目、52科、143种，其中已查明的国家二级保护动物有12种，包括红腹锦鸡、白鹇、赤腹鹰、雀鹰、松雀鹰、虎纹蛙等。

三、杨家滩的护林礼仪

龙山脚下的杨家滩，背倚漫山遍野的森林，人们有一套行之有效的管护办法，那就是订立乡规民约封山育林。"每年清明前几日，若风和日丽，男女老少皆寻青上山，手执青枝，或插于头上，男壮身穿蓑衣，头戴树帽，佯为'树人'，欢乐歌舞，曰'封山日'也。"此俗一直沿袭下来，逐渐形成了一套程式，尤其是首次封山时，甚是隆重，为村中大事，族中开祠门、杀猪、放炮、设酒宴，有条件的地方还要演戏，全村男女老少皆到，族长当众宣布护林公约，还现场折断一棵树苗，意为"人树同毁"。有的地方还要打锣封山，冬令之前，村或联乡定人鸣锣，口中呼喊所封山场之地名，走村串乡，四处宣传。为了使护林公约发挥最大作用，一般情况下，一个村定约之日，除本村人必到之外，还邀请附近村庄中德高望重之人前来，以此得到周围村庄的认可和共同遵守。另外，还要在各要道路口醒目之处和山界立木碑、石碑，或系稻草，用以标明所封山的范围。嗣后，违禁者按封山之日所定，或罚款，或令其杀猪请酒，或罚戏一台。无论是杀猪请酒，还是罚戏一台，在当年的农村，都要很大一笔开支，一般百姓之家难以承受，处罚是很沉重的，大多能震慑人心，令出即止，无人敢违反。

第二节 狩猎礼仪

赶山、打猎是旧时杨家滩地区人们传统习俗之一。它既是一种具有吸引力的狩猎活动，又是一种锻炼筋骨的体育活动，深为人们所喜爱。狩猎生产，是一种古老的生产方式，开始于原始社会，有许多相应的生产方式和习惯。后世的打猎活动也有许多猎俗。这些狩猎习俗，除狩猎本身外，还反映了祭礼、禁忌、劳动组织、产品分配等许多方面的习俗。狩猎活动是在特殊的环境中进行的，在不同的自然条件下，狩猎的对象也不同。在狩猎工具十分简陋的情况下，人们都怀着一种敬畏和恐惧心理，自然崇拜观念很深。高山、岩洞、巨石、大树，常常被作为神灵崇拜，狩猎前要进行祭祀和祈祷。猎具的制作和使用，是狩猎民俗的重要内容。最原始的狩猎工具是长刀、弓箭等。为了能有效地杀伤动物，人们还在实践中发明了将毒药涂在箭头或矛头上进行狩猎。这种狩猎习俗一直延用到今天。猎网、陷阱、火药枪的使用，使狩猎技术进一步改进，而猎犬、猎鹰常被训练为猎人的助物。

一、狩猎的时机及组织

每当秋后农闲季节，山中的野猪、獐、麂等野兽已经膘肥体壮，十分诱人，这时就有人开始赶仗，直到次年的春天。严冬时节，大雪封山，正是赶仗的大好时机。这时大地冰封雪盖，自然界"坚壁清野"，野兽难以觅食，在饥饿难忍时就出来四处寻找食物，在皑皑白雪上留下串串脚印，这就给狩猎者提供了信息，为猎人们送来了希望。在赶仗前要先组织好"班子"，少则三五人，多则十余人。班子组成后，在经验丰富的权威猎手的带领下，猎犬当前导，浩浩荡荡进山围猎。狩猎一般是在近处山场进行，早出晚归，也有的远征他乡他县，时间长达月余或数月。

二、狩猎的礼俗

1. 看日子

狩猎赶山有许多禁忌，首先要看日子。如逢"戊"不赶山，因"戊"与"误"谐音，戊日赶山恐有误，故忌。

2. 祭拜山神土地

崇拜自然，敬畏自然。人们认为山中的动物属于山神管理，所以猎人们进山狩猎前都会举行祭拜山神、土地神的仪式，向山神上香祷告，摆放贡品，祈求人畜平安，有个好的收获。每次上山打猎的时候，猎户中为首的头头一定要虔诚的致祭梅山神，叫做"起神"。起神前，猎人都要换上猎服，头上包巾，腿上裹布，脚穿草鞋，便于上山，便于行走。头头则来到梅山神的神像前，所有猎人和狗都要到齐，然后默默看着头头焚香、烧纸、祭拜。

3. 主要方法

狩猎活动，针对不同的地形，不同的动物，不同的天气，狩猎方式各异。其中最具代表性的有打狗围、打遛围和下套。最具代表性和规模最大的狩猎活动，猎人利用驯养的猎狗对猎物进行侦查、寻找、围追、堵截，狩猎对象大到野猪、小到野鸡、野兔，属于综合性狩猎活动。打遛围是猎人只携带枪支，一人或几人对猎物进行围、追、堵、截，是最常见的狩猎方式，也是现代运动狩猎的前身。下套就是猎人利用绳子或钢丝制作陷阱，寻找和判断动物的足迹，确定了动物的路线后，选择在隐蔽的地方放套子，并做适当的伪装，使猎物钻进陷阱，从而捕获猎物。

4. 狩猎规矩

狩猎时必须遵循祖传的一些"内部"规矩，比如在山中不私取他人的猎具或猎物；如果两个班子不期而遇，一个班子截获了另一个班子所追捕的猎物，猎物就由两个班子平分等。狩猎活动须有序地进行。先由有经验的猎人在山上侦查"行情"，看有没有"货"，如有，就根据野兽的足迹弄清它出没的路线，在它们必经的险要路口设网，并由一富有经验的人把守，这叫"坐呛"。另由两人任"赶脚"，循野兽足迹将野兽赶出山林。野兽受惊后必沿经常出没的老路奔跑，赶脚就在后面穷追猛赶。为使猎物不另寻逃路，使之就范，两旁还安排若干人吆喝，这称为"吼野呛"。猎物一经出现，狩猎高潮开始，一时间，人吼声、犬吠声、号角声，震天动地，数十里外可闻。赶脚在后面赶，吼野呛的人左右夹攻，逼着猎物触网就擒，猎物一进入网，围捕的人就一拥而上，将猎物一举擒获。这时司号人吹三声牛角号，这叫"倒山角"，赶脚们听到号声就知道猎物已到手，欢呼胜利。野兽被打倒后，清点到场人数，每人分一根兽毛，证明是到场的人。老猎手还要在山上扯七根茅草塞满猎物口中，表示"封嘴"。然后将猎物抬起，频频鸣角凯旋。进村后，在院坝里摆上桌案，呈上酒肴，再谢梅山神。

5. 分配原则

分配的规矩是：死兽从颈项砍下，连头在内，不论多少片，都要归开第一枪或杀第一刀的猎手。打第二枪或刺杀第二梭标的，叫"二彩"，分一条腿。野兽心肺，分给猎狗吃，其他就按人均分。只要看到野兽倒地的人，都有一份，叫"沿山赶肉，见者有份"。分肉的方法是把每份肉用棕叶穿好，合着放在簸箕内，然后再盖上一个簸箕，仅棕叶露在外面，取肉时，将簸箕摇几转，谁也看不到肉的好差，每人拿着串肉的棕叶，拿好拿差，谁都没有意见。肝肺内脏及四蹄一锅煮，大家一起吃，共享猎狩胜利之乐。

第四章 匠工礼仪

古镇杨家滩，千百年来，手工业发展较快，门类众多，主要分为日常生活用品、农业生产用品和节日用品，形成了鲜明的地方特色和产业优势，特别在清朝，在湖南影响很大，部分手工业行业或产品达到了当时国内先进水平。杨家滩的手工业具有浓厚的乡土气息，并形成了以手工劳作为基础的一系列手工习俗。

第一节 拜师与学徒

旧时，拜师学艺一定要写"投师字"、办"进师酒"，徒弟出师的时候，都要举行"出师酒"，目的是向本行业宣布，祈盼社会认可。同时，通过举行拜师、出师仪式，使本行业的新成员懂得本行业的道德准则、行为规范以及职业操守、社会责任，忠于本行业的祖师爷，更好地传播手工业行业文化。

一、拜师礼仪

旧时杨家滩，为了防止手工业技艺被外人知道，工匠通常的做法是传男不传女，传媳不传女。随师学艺的时间一般为3年，民间有"徒弟徒弟，三年奴婢"的说法，不过也有一年两年的，甚至6个月的。在最初学艺的时间里，主要是为师傅打杂，包括做家务等。之后的一段时间，才能开始跟师傅学习手工业的基本技术，在技术达到师傅的基本要求时，师傅才会让徒弟独立完成一些工作。在拜师学艺期间，徒弟对师傅、师母要非常尊敬，不能乱说乱动，小心谨慎行事，否则，技术就可能学不到。一般来说，学徒在出师之前，师傅的绝好技术会保留到最后时刻，所谓师傅授徒"拳头藏在袖子里"说的就是这个意思。杨家滩传统手工业保留者，都有自己的看家绝活工具，如木匠的刨子、墨斗等，石匠的锤子、泥匠的砌刀等，师傅一直把这些"吃饭家伙"作为信笃，如同自己生命一样，时刻都在祭拜，认为它们有灵气，驱鬼制煞，保佑平安致富。拜师学艺程序如下。

1. 选择师傅

选择好师傅是拜师学艺的前提和基础。在杨家滩古镇，徒弟总是想拜手艺高超的人为师，相信"名师出高徒"。徒弟一旦认定师傅，其家人就会委托亲戚朋友和师傅商量。受托人说师傅手艺好，某某人聪明可教，要拜你为师，希望师傅收他为徒弟。从另一角度，师傅也不是随意收徒弟，要考察学徒的道德品质和基本素质。师傅在选择徒弟的时候，一般考虑一些关系的因素，如亲戚朋友有学徒的最好。当然，师傅一般不愿意收本族本村的人做徒弟，也不愿意收女徒弟。为师者经全盘考虑，一旦愿意收下某个徒弟，师徒关系就产生了。

2. 喝拜师酒

徒弟投拜师傅前，要举办拜师宴。拜师宴要隆重，徒弟家要请来家族有名望的人陪师傅喝酒。在喝酒过程中，师傅会把学徒的相关要求等告诉徒弟及家人，目的是要徒弟好好学艺。喝完酒之后，按照行业传统习俗，师徒之间要写《投师约》，一般由学徒家长者提议，当众把学徒的相关要求写进《投师约》，师徒双方、证人签字画押生效，确定正式学徒的日期。然后，徒弟带拜师礼品，拜见师傅师母，徒弟学艺正式开始。

3. 从师学艺

杨家滩古镇的习俗，手工业学徒一般为三年，头一年打杂，第二年干粗活，第三年，开始学习全套手艺，还包括为师傅家做家务等。在拜师学艺期间，徒弟没有工资，不过食宿由师傅家负责。遇到逢年过节和师傅师母生日，徒弟要带上礼品，给师傅师母拜年拜节祝寿，拜得越早，表示对师傅越尊敬。

二、出师礼仪

徒弟的学徒期满了，师傅认为可以出师了，徒弟要举办出师宴（也叫谢师宴）。传统民俗中，师徒关系中也存在一些阻碍手工业技业发展的不良习惯，那就是师傅往往会"教一手，留一手"，以免徒弟抢师傅的生意。

1. 办"出师宴"

在杨家滩，"出师宴"由徒弟家举办。出师宴非常隆重，师傅、家族中的名望老人、学徒的介绍人都要邀请出席，亲朋好友也会前来祝贺。出师宴席上，徒弟家要拿一个包封（方言，即红包）给师傅，另要准备三牲祭品和大米、果品等敬神。敬神以后，除米之外，其他祭品由师傅带走。

2. 占卦传道

喝完出师酒之后，占卦传道是徒弟出师的重头戏，邻居等都会来观看师傅为徒弟打卦。打卦时，徒弟家摆上三牲祭品，师傅焚烧线香和纸钱，就开始请神打卦。师傅一般是一次性打出来"阴、阳、圣"三个卦最好，俗称"三卦周全"。如果出现错卦，认为不吉利，师傅则要变换各种打卦说法，直到出现想要的卦为止。也有个别地方的习俗，徒弟出师打卦不允许其他人观看，因为在打卦的同时，师傅可能要传授一些行业秘密，不让外人知道，故有"六眼不传道"的说法。

第二节 开工与完工

杨家滩的手工业开张完工的传统礼仪跟其他地方基本相同，但也有自己的特色。

一、开工

古镇杨家滩各行各业的手工艺，在开工都要举行祭祀祖师爷的隆重仪式。首先要祭拜财神，然后，由资深的行业权威人士致祷告词。财神一般放在农家"家神台"上。按不同手工业的行业习俗，财神分为文财神（比干）、武财神（赵公财神）和五路财神（何五路）。据说正月初五是财神诞生日那天，手工业各行业都要举行迎接财神仪式，以争先为利。每到春节，手工业各行业要烧利市，以求第二年"让利济贫"。

其次准备祭祀财神的供品。供品一般为雄鸡一只、猪肉一块、新鲜草鱼一尾、年糕若干块等，并在酒杯中点火敬神，寓意为"火酒活鱼"。按传统习俗，正月初五子正接财神时，特别是从事手工业者，打开门窗，点香放鞭炮，摆放羊头、鲤鱼等供品，高高兴兴把财神接到家。因为羊头含有"吉祥"的意思，而"鱼"同"余"谐音，有年年有余的意思。接过财神之后，有些地方流行喝"路头酒"（传说户神、灶神、土神、门神、财神称为"五祀"），从事手工业的人坚信财神显灵，可招财进宝。

二、完工

1. 工匠的"五法"

杨家滩的先民在长期的生产实践中，出现了各种各样的工匠。多样化的工匠产生了多种技法，人们习惯于将各种工匠的基本技法称为"规""矩""绳""水""垂"，俗称"五法"。"五法"是工匠检测劳动效果的基本工具，正如俗语所说"欲知平直，则以准绳，欲知方圆，则以规矩"。同时，"五法"也是匠工基本的操作规范和匠工操作的准则，古人认为方以矩，圆以规，直以绳，衡以水，正以垂。所谓"规"是一种用来校正圆形的用具，俗称圆规，工匠用它其中的一块来固定位置，用另一块来围绕它旋转画图。还有一种用一颗钉子固定位置，然后用一根线系在钉子上并围绕它旋转画图，这种规轻巧容易携带；所谓"矩"是一种用来校正方形的工具，在梅山地区的大多数地方称为曲尺。所谓"绳"是一种平面取直的线工具，木工、石工用的"绳"称为墨斗，缝纫师傅用的"绳"的叫"灰包"。所谓"水"是一种取平的技法，俗称"水准"，师傅一般用它来打水平或打平水，现在多用水平仪，是木工、泥工、石工等工匠常用的技术，大到建房子、造田等工程，小到做家具刨木方，都离不开它。所谓"垂"是一种直立技法，在梅山地区俗称吊线砣或吊牌，它用一个较重的金属圆锥或一块较重的金属板与一根线连起来制成，常被用来测量墙壁正直与否。

2. 完工应遵循"五法"

杨家滩的工匠在为主人家做完交代项目之后，按照传统"五法"要求，都要举行完工仪式，工匠师傅要请主人家对所做的家什进行验收，如果主人家对所做家什有点不满意，这时工匠就要加以改进，直到主人满意或基本满意为止。之后，主人家要热心招待工匠师傅吃晚餐，并准备猪肉、鱼、鸡蛋、蔬菜等三至四个菜，米酒是必备的，主人要陪同师傅一起吃饭，使师傅吃得高兴。这时，主人家还要说辛苦师傅了，询问该付多少工钱。如果主人家比较富裕，就会当场把工钱付给师傅，如果主人家不太富裕，就会对师傅说，现在经济比较紧张，过一段时间有钱了，一定亲自送到师傅家，请师傅一定放心。

3. 一些特别的行规礼仪

按照千百年来的梅山"五法"行规礼仪，工匠离开主人家前，工具由徒弟收拾，并挑担子，师傅则把曲尺放在身上以求吉利；裁缝师傅则要拿"灰包"，在新衣服上"划"一下；锯匠师傅则要把斧头放在肩上，泥工师傅则要手拿一把砌刀等，按民间说法，这是为了避邪。此外，工匠师傅赞好话也是完工礼仪的一项重要内容。如木匠师傅帮主人家打制红喜事家具，他就会说"恭喜主人家，发子发孙"，这时主人家就要打发小红包；弹匠师傅在做完嫁妆棉被之后，一般不会马上折叠被子，要等吃完晚饭之后，再把红"囍"字镶入棉被中，到了这一步，主人家就要把早已准备好的红包送给师傅，其金额一般为半个工钱；修建房屋的各种师傅每完成一个工序，主人家都要饭菜热情招待，并打发红包，师傅们都会说"顺也发，倒也发"。传闻如果主人家比较小气，不发红包，师傅可能在建造房屋的过程中"做手脚"。传说主人请木匠师傅给女儿制作木器嫁妆，这户主人家礼节不周到，师傅便"要了法"，嫁出去的女儿十多年没有生小孩。后来那户人家向师傅赔礼道歉，补送了红包，师傅收回了"法"，那女儿便怀孕了。当然这是缺乏科学依据的传说，但主人家很在乎这些礼节，一般不敢得罪工匠师傅，生怕今后出一些不吉利的事。

第三节 杨家滩传统手工业例介

长期以来，杨家滩的手工业种类较多，主要有木匠、石匠、篾匠、泥瓦匠、泥工、锯匠、盖匠、石磨子、谷推子、纺线、织布、斗笠蓑衣、弹棉花匠、割猪阉鸡、面条糍粑等传统手工业。

一、木匠业

杨家滩人认为，木匠是百工之首。木工工艺是一门传统而又古老的行业，从成语"班门弄斧"可以看出中国的木工艺发展的悠久和辉煌。杨家滩的木匠有方木匠和圆木匠之分，关于方木匠已述及，圆木匠是指专门制作圆形家具器皿的木匠，此外还有雕花木匠和长生木匠。雕花木匠是专门从事在家具或屋梁房柱上用刀具雕刻各种图形图案图画，这种木匠心灵手巧，雕刻的人物形象，禽兽鸟虫，栩栩如生。长生木匠是专门加工棺材的。在杨家滩邻近邵阳的地方，还有专门制作木瓢的木工师傅，被称为瓢匠。这些不同的木工子行业都有各自的行业礼仪。因篇幅有限，恕不细述。

木匠制作家具的过程：

1. 斧头：用以劈开木材，砍削平直木料。

2. 刨子：更细致的刨平修饰木料表面。

3. 凿子：用以凿孔与开槽。

4. 锯子：用来开料和切断木料。

5. 墨斗：用来弹线与校直屋柱等。

6. 鲁班尺：丈量与校正角度等。

农村里木匠手艺可吃香了。东家请，西家敬，基本到了一个村就挪不动地方。那个时候农村人结婚，流行三转一响，外加多少条腿（指家具的腿儿）。五斗橱，大立柜，高低柜，床头柜，床，碗柜，椅子，沙发（那几年沙发也是木匠手工打制）。一般的木匠，手里都有干不完的活儿。若是木匠手艺好，必须提前预约。

二、打制石磨子

在杨家滩，石磨子是各家各户必不可少的用具，农民用它来磨制各种粉料，此外推磨豆浆、红薯粉、洋芋粉、豆花等。杨家滩的老石磨子比其他地方的石磨子大一些，笨重一些，一般是石匠师傅用较大的石头打造而成的。石磨子由石头磨槽和上下两个石头磨盘组成，上下磨盘都是圆柱体，上磨盘大约 15 公分高，下磨盘大约 10 公分高，上磨盘有两个洞孔，一个近 2 公分的浅洞孔隐蔽在中央，是用来扣磨心的，另外一个洞孔在旁边，要比下面的磨盘大 1 公分，深 2 公分，俗称磨眼。下磨盘的洞孔在正中央，与上磨盘几乎也是一样的高，大约 15 公分，用来添装正准备推磨东西。上磨盘的表面四周高，中间低凹。在推磨的时候，添到上面去东西就不容易撒下来。下面磨盘中央那个小孔俗称磨心眼，用一根与磨心眼一样大的木棒或铁棒插在里面，这叫磨心。磨心高出磨盘的距离，与上磨盘中央的洞孔深度一样。上下磨盘里面都用铁錾子打制的许多细而密长的纹理齿槽，两个磨盘上下吻合，并套压在一起，就像人的牙齿一般，把东西磨成细屑粉末。

有的石匠在打制石磨子时，在石磨子磨盘石柱体旁边的中间，有一个方形的石孔，一个长约 10 公分的木把柄，榫接到孔里。推磨子的方式方法也和前面的不一样，推磨要用"磨担"，磨子木把柄中间有一个小孔，专门搁放磨担，下磨盘与磨槽连在一起，磨槽成圆圈形状，较深，较宽，这是专门用来装推磨出来的东西。同时，磨槽前面还有一个大约长 5 公分的石头嘴子称为磨槽口，那是专门用来接装推磨出来东西。如果是固体粉屑，就用专用的磨扫把沿着磨槽扫到磨嘴口，再扫到专门盛装的器皿里，如果是流体就顺着磨槽再经过槽嘴口，流滴到下面的桶或盆子里。一般人家推磨要用磨担，还要用拇指粗的绳子，把磨担的手把两端吊在空中，人就用两手握着手把一推一来的用力。推磨的时候，可以一个人推，也可以二三个人一起推，如果是一个人，既可以双手推，也可以单手推。磨子不停地转着，发出叽咕叽咕的声音，不快不慢转来转去。

三、打制谷推子

称请人制作谷推子叫打谷推子。谷推子是杨家滩方言指将稻谷去壳为米的工具。推匠师傅打制的谷推子，基本上是按照石磨的原理制作的，谷推子比石磨大，平时搁放在碓屋里。师傅打制谷推子，一般采用竹篾条，精心编制成圆箍，里面用石灰、粘土混合筑夯实，上箍的下面，下箍的上面用最坚硬的"石株树"（一种韧性很强的树）制成1公分厚的木片，密密麻麻嵌入其中，称为谷推子"齿轮"。磨谷人顺着一个方向将谷推子推动，谷推子的"齿轮"就会将谷壳剥去。农家常把谷推子放在碓屋里。

谷推子磨出来的米叫做糙米，糙米还要通过风车去谷壳。然后将剩下的"大米"倒进用麻石凿成的石凹槽里，一块大象牙齿般的石头绑在大木头上，木头的一头绑在梁上，人们用力踏住树梢，让绑石头的那头翘起来，一松脚，"大象牙齿"就扎在糙米上了。如此反复地踩踏，擦去糙米的粗皮，让它变白变柔软，使其变为精木，杨家滩俗称熟米。旧时，杨家滩习惯把这道工序叫做"冲碓"。冲碓是个力气活，一般由男人或力气大的妇女完成。最后，冲好的米再用风车吹净谷糠。

四、弹匠业

弹匠也称弹花匠，是九佬十八匠中一种，是很古老的手工艺，是弹制棉絮（也叫棉被）的民间工匠。古时弹棉用木棉弹弓，用竹制成，四尺左右长，两头拿绳弦绷紧，用弦弓来弹皮棉。旧时，杨家滩农村有不少贫苦弹匠，因生活所逼，长年在外地为人弹棉絮，俗称"弹棉郎"。

传统的杨家滩弹棉，实际上指的是弹棉胎，也有弹棉褥（垫被）。一般来说，棉花弹去棉籽以后，再用弦弓来弹。如果用来做絮棉被或棉衣的棉，就只要加工到这一步就行了。旧时，用来做嫁妆的棉絮，就要用新棉弹制而成。杨家滩农村的一般家庭，也有用旧棉絮重新加工的，这样最实惠。弹匠用的弹棉工具主要有大木弓，用牛筋制成加工为弦，还有木槌、铲头、磨盘等。弹棉絮工程非常复杂，最先弹匠弹棉花时，要用木槌击弓弦将棉花弹疏松，才能铺成棉被的形状，然后再铺底线，之后，就能铺另面的网线了，一人或两人将棉絮的两面，用棉纱编成网状条形，以固定棉絮。翻转弹定型，拉面线后压实，再用木制的圆盘反复磨压，把棉絮贴紧，均匀的碾压成型，保证棉絮不走样不变形。最后扎角，用红线书写主人姓名，一床棉絮就基本形成了。需要说明的是，按杨家滩的习俗，弹棉匠所用的纱一般都用白色，但用作嫁妆的棉絮必须以红绿两色纱，表示将来吉祥如意。

如果把旧棉重新进行弹花，首先要先除掉棉絮表面的旧纱，弹匠用双手捧住在满布钉头的铲头上撕松，再用弓弹。即便是年头久远的又硬又黑的棉絮，一经弹匠重新弹制，可以把棉絮洁变得柔软如新。因此，传统的弹匠是用专用的弹弓先将棉花弹开，使其松软均匀，然后铺成一张棉被，用专用工具压平。如今的弹匠在弹棉花时，使用的大多是一种专门机械——弹花机。

弹匠师傅又累又脏，但在外人眼里，它是个很好的职业。弹匠所用的工具也很有特色。一把专门的弹棉花的弓，它根据个人的习惯可长可短，通过用榔头敲击弓上的弦，来沾取棉花，然后把棉花拼成长方形，平常听到弹棉花的声响，就是由弓弦发出来的声音，这就是弹棉花最基本的工具。

从 20 世纪末起，弹棉花这个老手工艺，由于工作辛苦，灰尘很重，又在露天作业，随着社会的快速发展，弹棉花技术现代化，农村家里盖的，已经不仅仅是单一的棉絮棉胎，被繁多的品种取代，弹匠收入大大减少，农村的年轻人没有人想从事这个职业了，慢慢地淡出了人民的视线。

五、斗笠业

斗笠，又名笠帽、箬笠，是斗篷的主要类型。斗笠遮阳光和雨，有很宽的边沿，用竹篾夹油纸或竹叶棕丝等编织而成。斗笠历史悠久，自古以来，竹子总是能够跟文人墨客联系到一起，故《诗经》里有"何蓑何笠"的句子，说明它很早就为人所用。《说文解字》中提到一个"簦"字，意为竹篾编的有盖有柄的遮阳挡雨的器具，而有盖无柄的则称之为笠，又叫笠帽。俗称之为"斗笠"，因其如斗大小，故名，这是遮阳光的斗笠，俗称棕斗笠。另有一种遮雨的斗笠，叫雨斗笠。雨斗笠比棕斗笠大，在上下两篾架子中间夹一层油纸，再涂上土制胶水即成。

斗笠用竹篾为原料，编织而成。斗笠形式多样，主要以有尖顶和圆顶两种形式。农民在外出中，不管天晴下雨都戴在头上，成了日常生产生活中不可缺少的必需品。同时，不少农户家把斗笠挂在墙上作为装饰，也能赏心悦目。

杨家滩有在棕斗笠上写字的习惯。农民买回斗笠以后，请人在斗笠上用毛笔写上自己的名字，有的还写上"风调雨顺"或"五谷丰登"等字样，再抹上桐油。这样可以与别人的斗笠于区分，还可以使斗笠更加漂亮。在人民公社时期，生产大队、生产队用斗笠作奖品，奖励诸如"看牛模范""护林勇士""双抢尖兵"之类的先进人物。

完整编织一顶斗笠，一般需要 3 个小时左右。篾匠在编织斗笠时，需要用木工锯将竹子锯成几节，每节 1.5 米，然后再开始剖篾。剖篾是个技术活，要剖得跟机器压的面条一样，宽窄厚薄均匀一致，编出的家什，那才好看。竹篾分青篾与黄篾。青篾编斗笠的外网，黄篾织里网，两网之间夹放棕叶或竹叶。手脚灵便的篾匠，一天可以织 3~5 顶斗笠。

编织斗笠是一个细致活，比如铺斗笠的棕叶、锁边、安帽筒。编斗笠时，需要用卡子固定篾片，将主篾卡在斗笠的卡子上，四周依满织就成。杨家滩农村屋前屋后的水竹性绵，好剖篾，竹篾细软光亮，是编斗笠的好材料。如果竹子上有麻麻点点的、颜色较深的，这是老竹子，老竹子编的斗笠耐久好使，斗笠结实、轻巧、漂亮、耐用。编织斗笠靠的是'巧'字，如编织斗笠的网眼，就要像绣花一样，讲究形状要美观，排列要整齐；斗笠边缘收口要圆正，锁边要细致。值得注意的是斗笠的帽筒，柔软舒适是主要关键。因此，编织斗笠要在里外两层网面，放上棕叶，铺放棕叶虽是个简单工序，但必须用现采的新鲜棕叶铺放，锁边就可以了。如果时间长了，棕叶卷曲就难铺平展匀。

六、劁猪业

阉割也称"去势"，指出于非医疗目的的破坏人或动物的生殖器官，使其丧失生殖功能。对于动物而言，阉割的主要目的是方便圈养和育肥，破坏的是生殖器官主要是性腺，即睾丸或卵巢。劁猪是阉割猪的睾丸或卵巢，属于"去势"手术，其原理和旧时阉人当太监差不多。

劁猪匠是一种古老的职业，历史可以追溯到东汉，劁猪据说是华佗高超外科手术的真传。也有人说明太祖朱元璋定都金陵时的除夕前一天，他命令各家各户的门上都要贴春联，表示新年要有新气象。第二天，他到民间观赏各家的春联，巡游中，他发现有一家没贴春联，便要侍从查问没有贴春联的原因，侍从回来报告那家主人是劁猪的，既不识字，也不会写，年前事忙，也没有请人代写春联。

于是朱元璋叫人取来文房四宝，挥笔写了一副春联："双手劈开生死路，一刀割断是非根。"侍从和众人见后均拍手称赞。这幅春联可以算得上是对劁猪匠的形象描绘。劁猪匠平时扛一幅劁猪担子，手里拿着一把劁猪刀子，游走在乡间吆喝，吃万家饭。

1. 劁猪求肥

猪不劁不肥。一般来说，没有劁的猪虽然吃得多，但不能长膘，因为繁殖需要积累精力，耗费了大量的营养，所以膘不起来。猪不劁心不静。猪虽是牲畜，也有生理需求。没有劁过的猪，公猪瘦长，母猪苗条，为吸引异性变得躁动不安，所以，越吃越瘦，而劁了的猪安静，贪睡，自然也就长膘了。

2. 劁猪手艺

旧时，劁猪是一门谋生的好手艺，从事劁猪行业的一般是中年男人，他们靠一把劁猪刀吃饭。劁猪刀前端呈三角形，顶尖和两个边都是锋利的刀口，用来划开小猪的皮肤，后面有个手指长的把，末端带个弯钩。当然，劁猪是有季节性的，因为农家养猪基本上是定时的。农家买来的小猪是雄性的，如果不留作种猪，必须及时把它的睾丸割掉。农家买来的小猪是雌性的，如果不留作繁殖母猪，必须及时把它的卵巢割去。劁猪的，就是一个人，带把小刀、钩子、缝针和线，在小猪的睾丸或卵巢部位用刀割开，割去小猪的睾丸或卵巢，然后缝住就算劁了，劁了的小猪就只能生长发育成肥猪了。20世纪70年代以来，农村开始发展集体养猪场，猪场都有专职或兼职的兽医，就能把要劁的猪给劁了，走村串街的专业劁猪匠就俨然消失了。

3. 劁猪过程

（1）劁猪匠在劁猪时，先把小猪摁倒在地，一般左脚用力，半跪在小猪身上，右脚用力支撑地面。这时，劁猪匠把劁猪刀放在嘴里叼着，双手抓住小公猪裆下的一副睾丸捏住，拿劁猪刀在睾丸周围处切一小口，伴随小猪凄惨的哀嚎，两个像去了外壳的荔枝果似的肉蛋蛋，落在了劁猪匠事先准备好的麻纸上。同理，劁猪匠在劁小母猪时，确定小母猪卵巢位置后，用劁猪刀非常麻利地在卵巢处轻轻划两下，并用劁猪刀钩出猪肚里的"花花肠子"。

（2）劁猪匠劁好后，在猪的伤口处涂上一把黑黑的柴草灰，或用猪毛把切口贴住，个别的劁猪匠将这一步也省略了，小猪身上只留下血糊糊的伤口。整个劁猪过程大约五分钟。

（3）劁猪匠劁下来的睾丸，有的被劁猪匠顺手拿了去，积少成多，成为一碗大补的下酒菜。有的被主人要了去，放饭甑里蒸熟给男人吃，说是吃啥补啥。更多老练的劁猪匠却是轻轻一挥手，将之抛到了猪舍的屋顶上。

七、镥匠手工业

杨家滩人称补锅匠为镥匠。补锅手工业，是手工作坊的一门职业，按锅的品种来决定工程的不同，例如，有专门补铁锅的，补搪瓷器皿的，补铝锅水壶的，技术、火候各不相同。当然，大师傅是可以"通吃"的，样样拿得起，放得下。

一些补锅匠走街串户，悠悠唱"补—锅—嘞"，挑着工具箱，晃动手中的铁板，走街串巷。让"叮叮当当"的声音回响在小巷时，村民就知道补锅匠来了。惹得一帮婆婆媳妇忙着找出破锅烂桶，锅碗瓢盆一阵乱碰乱响，十分热闹。有意思的是，把铝锅底换了，补锅匠还不让主人拿走，装一锅水，要看它漏不漏。补锅匠信心十足，漏了，我一文钱不收。攒够了钱的补锅匠，可以开一家小店，稳稳当当地吃起手艺饭。

补锅所需要的工具主要有坩埚、火炉、风箱、煤块、砧凳、小锤、钻子和棉布卷等。补锅匠补锅要安放好连着风箱的小炉子，填入焦煤，在小坩埚内放几块碎铁片，拉上几手风箱，等待铁片融化。趁铁片还没有融化的间隙，清除铁锅上的烟垢。铁片熔成铁水后，将铁水顺着裂缝一点一点地补上去。补好了洞并未算完，还得用粗砂轮将锅内凸起的补疤略加打磨，再用细砂纸擦，使之不妨碍锅铲的搅动，最后再抹上些黄泥浆，这才大功告成。如果是补铝锅则简单多了，无须开炉，先清理干净破洞处，用自制的铝质补丁铆在破洞上面，再仔细敲打，使之密合。铝水瓢，搪瓷碗，搪瓷口盅，都是用这种方法修补。

旧时，杨家滩农家使用的铁吊锅及锅盖、耳锅、大锅，都要请补锅匠补。补锅匠的主要工具有甑桩、钻花、腊座子、冲子、大小钉锤、剪子、宰子、铁巴子、风箱等。补锅的铁巴子和"眼皮"系熟铁锻造，顶端为伞状的铁巴子大如铜钱，钉脚细软；条状的"眼皮"长1寸多。铁巴子和"眼皮"由铁匠打成后放在甑子上，由补锅匠自己来取，不付银钱，民间有"打铁的不如补锅的"之说。补锅有热补和冷补之分，铸铁做的饭锅、菜锅只能热补，铁皮做的水壶、铁桶等则冷补。艺人大都采用钉子冷补的方法。即先在地上立一甑桩，将破锅反扣于甑桩杆顶上，用钻花在裂缝两边钻出绿豆大的两个小眼，钉脚从锅内向锅外穿出，其外边再套一小片"眼皮"，将钉脚钳弯，盘扭至裂缝上与另一个钉脚相叠，用钉锤轻轻敲打至紧贴贴实锅底，一个疤子就补好了，三寸长的裂纹一般补四个巴子。之后，在巴子周围抹一点湿泥巴，俗称"金木水火土，离不得黄泥巴补"。热补一般用于补锅上的小窟眼，有些铸铁锅底破面积宽，需换底，这是一项浩大的热补工程，热补是在锈孔里或连接处注入铁水，两边挤压，冷却后打磨光滑即成。

补陶质水缸、米缸时，先用绳子捆紧缸体，用冲子、钉锤在缸外裂缝两旁分别敲打出对称的绿豆大小的一个个洞眼，穿入形似钉书针的铁丝（俗称绊子），在缸内回头贴紧缸壁，用钉锤轻轻敲打平整即可。

八、织匠业

织布得先"机布"。所谓"机布"就是将纺好的棉纱一根一根穿过"经簿"与"筘"（即杼），卷在布架上备织。"经簿"与"筘"都是织布机上的主要机件，"经簿"的形状像梳子，用来确定经纱的密度，保持经纱的位置；"筘"能将纬线打紧。民间的织布机都是传统腰式机，明代宋应星著《天工开物》介绍其说：腰式机亦称小机，"织匠以熟皮一方置坐下，其力全在腰、尻之上，故名腰机。普天织葛、苎、棉布者，用此机法，布帛更整齐、坚泽。"织布匠坐上织布机后，将专用腰带套在机架上，手持线梭，一只脚一踩踏板，经线便上下交叉分离开来，于是，快速把线梭送过线隙，然后再松开踏板，拉动吊筘，打紧纬线。如此不停反复，经线与纬线就被组织成了一寸寸的棉布。在整个织布过程中，织布匠的手、脚、腰协调运动，可以说是手、脚、腰及大脑一刻都不停歇。织布匠每踩动或松开踏板，布机上方形状像乌鸦的装置就一起一伏，发出"吱—嘎—吱—嘎—"的声响，仿佛是那两只木鸦在鸣叫。织布匠手中的木梭左右飞速传递，能把人看得眼花缭乱。南北朝的《木兰诗》中"唧唧复唧唧，木兰当户织。不闻机杼声，惟闻女叹息"的诗句，描述的就是妇女对着门户织布的情景。

九、阉鸡业

雄鸡又叫公鸡，它在阉割之前很富有攻击性，活动能力很强，往往把喂它的饲料很快消耗掉，阉割过的鸡会性情大变，甚至可以代替母鸡照顾小鸡。每年4、5月份，当农家的小公鸡换出亮羽之际，阉鸡匠就会活跃在农村，或者在乡镇的市集里，为农户阉割小公鸡。这些阉割过的鸡就是阉鸡。

雄鸡一般长到一斤多重的时候会开始发情，这时就可以阉割了。阉鸡是一种古老的行当，直接的解释就是把公鸡的睾丸割掉，目的是让公鸡长得更快一些，肉质更嫩一些。在杨家滩农村，阉鸡又名"骟鸡"或"线鸡"，宋朝戴复古《访许介之途中即景》诗中写道："区别邻家鸭，群分各线鸡"。元汤式《庆东原·田家乐》曲之一："线鸡长膘，绵羊下羔，丝茧成缲"，说的就是这种被阉割后的公鸡。

旧时杨家滩古镇，农家一听到"阉鸡啊"的喊声，就知道阉鸡的师父来了，就把公鸡抱出来，请阉鸡手艺人阉鸡。阉鸡手艺人来到农家，把阉鸡的手术工具就地摆开，如阉鸡刀、镊子、棕毛线、酒精等。老师傅开始熟练地给公鸡拔毛开膛。阉割用的手术绳子，很细，和最细的钓鱼绳子差不多，熟练地掏出公鸡的睾丸。

十、蓑衣业

（一）蓑衣由来和制作材料过程

蓑衣，是我国古代劳动者用一种不容易腐烂的草（民间叫蓑草）编织成厚厚的像衣服一样能穿在身上用以遮雨的雨具，后来人们发现棕后也有用棕制作的。有文献记载，蓑衣在 2000 多年前的周代就有了，蓑衣的编织工艺也是复杂精妙的，一件蓑衣至少要经过几十道工序才能编成。蓑衣用棕编织，用棕片缝成的蓑衣，可当衣穿。它不但可以遮风避雨，也可遮羞掩丑。旧时贫苦人家，18 岁的姑娘没有裤子穿，也只好用蓑衣来掩丑避体、遮风挡雨了。狩猎时它便是最好的"护身服"。蓑衣一般制成上衣与下裙两块，穿在身上与头上的斗笠配合使用，用来遮雨。

1. 定位，蓑衣定位先穿针后引线，蓑面和蓑底要靠细线一针一线缝合连缀而成，这道工序叫"刺棕蓑"。制蓑模，要挑选棕面较宽长的棕片来制模。整件蓑衣好像一只大蝴蝶，两翼略上翘，中间用蓑骨做成圆领口。披在身上，任再大的雨，也不会让人淋湿。蓑衣分上裙和下裙两部分，上裙宽 3 尺、长 2 尺，下裙形状像"横轴"，宽 3 尺多、长 1.8 尺。"横轴"两边连着两块片裙，作为胸襟，从胸前垂下，把下腿肚围起来。

2. 缝线。制作蓑衣主要靠拼接，将用棕锁肩部、胸部、裙部拼接起来，要缝制蓑衣，一般要缝制 80~90 针，衣有表面和里面，两面都要缝线。里面间距较大，粗疏线间距 1 寸左右，蓑表面缝线却是密密麻麻，几乎没有间距。纯手工制作一件蓑衣要 2 天时间。

（二）蓑衣的文化底蕴

2000 多年来，蓑衣不仅是农家必备的生活用具，更被许多的文人墨客，诗书画家放进诗文和绘画中，赋予其丰厚的文化底蕴，成为一种传统文化的载体。柳宗元的《江雪》"千山鸟飞绝，万径人踪灭。孤舟蓑笠翁，独钓寒江雪"便是最有魅力的诠释。

十一、纺纱业

杨家滩古镇农村家家都有纺纱车，一家老小穿的、盖的全由手工纺织。集体经济的年代，生产队除了种粮食，也会种上几亩棉花地，每家分上几斤，农家妇女就去附近的弹花房，轧去棉籽，弹成棉絮。纺线之前，农家女人把纺纱车从房梁上拿下来，检修架好。纺车大多用桃木做成，由支架、锭子、中心轴和木轮组成。纺纱时，先将棉絮搓成长条，捻出一截引线，缠到纱锭上，右手转动木轮上的手柄，左手捏住棉条，慢慢向上抽动。别看小小的纺纱车，不熟悉还真驾驭不了它，这是检验女人手工活是否精致的关键时候。手艺不好会被邻里笑话，大姑娘还会影响找婆家。女人坐在椅子上纺纱，纺车"嘤嘤嗡嗡"的纺线声，右手摇纺车，左手匀速提升，拉到一定高度，一个漂亮的弧线，收放自如，动作娴熟。如果动作不娴熟，纺出来的纱就粗细不匀，甚至断线。女人纺完纱，本族或要好的近邻便合着伙儿，集中到村里的场院里摆开摊浆纱了，浆料是大锅熬制的稀稀的面糊糊，浆好纱，就等着织布匠上门织布了。

自制简陋的织布机也是技术活，其实不比纺线轻松，手脚要配合默契，梭子来回推动均匀，眼睛盯着布面，出现次品要及时修剪，那"咔嚓咔嚓"的织布声日夜不停地响着，像古老悠扬的琴弦，弹奏着人们对美好生活的向往。后来，那"吱吱呀呀"的纺线车子也被现代化的流水作业线所代替。农妇根据需要将织好的布送到染坊，染成蓝色、黑色，也有带着白色花朵儿的，工艺要复杂一些，成本也高。便宜的机织花布也叫洋布，虽然好看，其实不耐穿，不如老粗布来的实惠，结实又保暖。那时候，乡下织布匠很受欢迎。

十二、面条业

面条是我国非常古老的食物，最早的记载见于东汉年间，之后，魏晋南北朝、到后期唐宋元明清都有史料为证，因此，面条至少有 1900 年的历史。2005年 10 月 14 日，中国科学院地质与地球物理研究所的科学家在青海省民和县喇家村进行地质考察时，在一处河漫滩沉积物地下 3 米处，发现了有一个倒扣的碗，碗中装有黄色的面条，最长的面条有 50 厘米，这就是最早的实物面条。研究人员通过分析，发现这碗面条已经有约 4000 年历史。面条最初只称为"饼"。刘熙在《释名》中有"饼，并也，溲面使合并也，水溲饼、煮饼"一说，意思是用水将面粉和在一起所做出的食品均称之为"饼"；以水煮的面条或面块也可以称作"饼"。历史上对面条的称呼却不一致，除"水溲面、煮饼、汤饼"外，也有的称"水引饼、不托、馎饦"等。真正有"面条"说法从宋朝开始。"面条"为长条形，"冷淘、温淘、素面、煎面……皆属"等均属于"面条"。而制作面条方法的方法非常多，面条可以"擀、削、拨、抿、擦、压、搓、漏、拉"等。在民间，面条既可以做为饱肚的主食，也可以作酒席的佳味美食。在唐朝，宫廷要求夏天做"冷淘"，冬天做"汤饼"。在元代，民间制作了"挂面"，并可以长期保存。在明代，民间开始制作了"押面"。在清代，民间制作出了技术高超的"五香面""八珍面"和"伊府面"，这些制面技术为面条发展奠定了坚实基础。

杨家滩面条在历史发展中具有地方特色和独特风味。杨家滩的面条品种繁多，肉丝面不只是肉汤的鲜美，更是面条的细软、顺滑、爽口及面条的纯麦清香。

杨家滩的面有三个讲究和一个条件：第一个讲究就是压面次数一定是多的，把面条压的很薄很薄。第二个讲究就是面条用纯麦粉，尤其是当年新收的麦子更佳。第三个讲究就是面条必须是太阳晒干，这样一来，面条的麦香更加浓烈。但更重要的是一个条件，很多地方形容面条的词语是筋道，但杨家滩的面条是细软、顺滑、爽口，这一特点最重要的还是离不开杨家滩的水质，独特的水质孕育了独特的味道。

第五章　商务礼仪

　　商务是指一切与商品买卖相关的商业事务。商务活动是商品交换活动的总称，是一种人类交际活动。我们认为，商务礼仪是商品交换过程中的一种双方或多方的人际交往的实用艺术，也可以说是商品交易时处理人际关系的交际方式或交际方法，它是交易双方实现双赢的润滑剂和粘合剂。

　　根据 1984 年在杨家滩枧埠氹出土的铁器文物分析，该地在秦汉时期就有了商品交换。西汉时期朝廷在该地设立了连道县，据专家论证分析，县治很可能在现杨市镇金盆村、梅林村和洞水村一带的孙水两岸。这里当时是重要的商品交换处所。这个地方在漫长的商品交换历程中，形成了相应的商务习俗和商务礼仪。历史进入到清朝末期和民国时期，杨家滩凭借其地理优势成了方圆百余里的商品集散地，市场繁荣，经济发达，赢得了境内外"把把戏戏南岳山，花花绿绿杨家滩"的广泛赞誉。与此相联系的是，内容丰富，特征鲜明的商务礼仪也随之形成、发展，并且传承至今。

第一节　商品种类、价格与商务特点

　　据地方史料记载，明思宗崇祯八年，即 1635 年，赣人周商臣在杨家滩开设了第一家商店——周宏发国药铺，名医坐堂，生意兴隆。这是该地有史可查的最早商务活动。从那时开始，经过清朝前期和中期的发展，至清朝晚期和民国时期，杨家滩成了湘乡、安化、邵阳和新化四县交界地商品集散地，经过调整和改革，市场日趋繁荣，经商质量日益提高，形成了远近闻名的商业特色。

一、商埠方正，出入方便又安全

历史发展至民国时期，杨家滩境内的商业区，即现在的杨市镇中心城区有389个店铺，已形成了六条街道，八个城门，两个家庭宗祠，八个殿庙，两个石阶码头，一个炼锑局的整体布局，街道南北纵横，东西连贯，北部交易区方方正正。孙水河由西至东流经全境，胜梅桥把南北两区连成一体。八个城门又宽又高，白天人货流通方便，晚上关门小人难进，安全有保障。据说，民国初年，益阳、新化等地派员前来参观考察，以此借鉴建镇。

当时，处于孙水北岸的东西向街道有上新街、下新街、上老街、下老街、河边街和俗称亭子里的复兴街，以及孙水河南岸的七家铺。上新街、下新街与上老街、下老街有老横街、新横街南北向街道连通，商业区内的街道宽约6m，全是青石板路，街道平整，店面整洁，店外整齐划一，店内货架上的商品摆放整齐，层次分明，各有特色，琳琅满目。

二、商品种类齐全，价廉物美

晚清民国时，杨家滩商品交换种类繁多，当地群众日用品齐全，质量可靠，价格合理。商品主要有以下几类。

1. 粮油类

稻谷、黏米、糯米、小麦、面粉、大麦、荞麦、玉米和粟米等。

2. 豆子和豆制品类

黄豆、绿豆、豇豆、豌豆、蚕豆、菜豆、水豆腐、干豆腐和油炸豆腐等。

3. 酒类

米酒、甜酒、高粱酒、红薯酒和米醋等。

4. 小吃类

油锅粑、油锅片、桐叶粑、煨红薯、告子糖、红薯干、糯米粑、粽子、包子、卷子和馍馍等。

5. 肉食水产类

猪肉、牛肉、羊肉、鱼类、泥鳅、黄鳝、龟、鳖、蛙类、鸡、鸭、鹅等禽类及蛋品等。

6. 南货、日杂、日用百货与小农具类

油、盐、酱、酱油、红薯粉丝、酱菜、挂面、花生、茶叶、乔饼、片糖、桂圆、荔枝、红枣、黄花、木耳、餐具、饮具、小型农具、鞭炮、铁丝、圆钉、蜡烛、钱纸、线香、檀香、洋油（煤油）、洋火（火柴）和祭具等。

7. 棉布丝绸类

绸缎、香园纱、印花布、士蓝布、直贡呢、府绸布、卡其布、灯芯绒、平板绒、各种颜色的花布和土布等布类。

8. 棉纱鞋帽类

山花、铺花、棉线、单鞋、棉鞋、木屐、木拖鞋、童鞋、有沿帽、无沿帽、围巾等。

9. 雨具类

棕斗笠、雨斗笠、蓑衣、纸伞、布伞、套鞋、套靴、油鞋等。

10. 大型农具类

犁、耙、蒲滚、扮桶、扮折、帐簟、晒簟、风车等。

11. 耕牛禽畜类

黄牛、水牛、菜牛、猪、羊、活鸡、活鸭、活鹅等家畜家禽。

12. 寿用品类

垫尸被、寿衣、寿帽、寿鞋、棕袋、功据袋等。

13. 饮食、服务和住宿类

饭店、面馆、客栈、旅社、理发、照相、化妆、搬运、挑夫、看相、看地、择日、说媒等。

14. 手工业类

木工、石工、篾工、漆工、铁工、铜工、织布工、染坊、缝纫匠、皮匠、秤匠、刻字、钟表匠、纸马匹、弹匠、阉匠、织鱼网匠、盖匠等。

15. 宰杀和交易牲畜类

宰猪场、宰牛场、仔猪交易、耕牛交易等。

16. 医药类

中医门诊、西医门诊、中药店、西药店、水师（即民间骨伤科医生）、喉鼻耳眼科门诊、草药郎中等。

17. 图书文具类

印刷、书画、装裱、图书、文具、纸张、笔墨等。

18. 典当与寄卖类

家具、饰物、房屋、田土等典当和寄卖。

19. 民间音乐、民间体育类

笛子、胡琴、箫、打击乐器、梭标、短棍、大刀、标杆、杠铃、铁球、篮球、排球、羽毛球、乒乓球、铁钗、银耙、舞龙舞狮用品等。

20. 借贷与中介类

高利率借款、贷款和钱、粮、物的买卖中介等。

据笔者回忆与调查，晚晴民国时期杨家滩的交易商品主要有以上 20 类。诚然，因回忆不全，调查不细，肯定还有多类被遗漏。

杨家滩地区因气候温和，土地肥沃，境内农民广泛采用当时较为先进的种植技术，带来了数量多、质量优和价格较低的农产品以及以农产品为原料的商品。境外商品因为有了孙水运输的便利条件，比起那些全靠肩挑手提的地方来，降低了运输成本，使商品价格低，吸引着境内外广大消费者，或零售，或批发，人来人往，车水马龙，热闹非凡。

三、上世纪四十年代杨家滩部分店铺

前已述及，据不完全统计，旧时杨家滩有店铺 389 家。这些店铺一般是两层三进，集经商门面与业主、店员住房于一体，楼下做生意和仓库，楼上住宿，门面一般是拼板式木板门，早拆晚合。另有十来家石拱门商铺。

商铺讲究装潢，八卦图、狮面、虎头等画刻于木门框，墙垛和屋檐都仿照江浙建筑，造成卷角型，雕凤塑龙，比较精致，既吸引顾客，又彰显店主的富有身份。

笔者走访了 6 位 80 岁以上的老人。据他们回忆，在 389 家商铺中，老字号名店有下面 66 家。

1. 粮油类 6 家：朱泰和号、颜兴号、协记号、春茂店、鸿胜号、永胜号。

2. 肉食类 4 家：长春富店、复茂店、谢泰昌号、利盛号。

3. 酿酒类 3 家：鸿兴祥号、裕顺通号、裕顺恒号。

4. 豆腐类 3 家：德泰祥店、天发庆店、李田四号。

5. 南货日杂类 21 家：正丰泰号、曾丰泰号、振昌和号、李和泰号、阜昌和号、德泰祥号、信义和号、周日新号、颜裕隆号、吉生泰号、宝树荣号、庆丰誉号、荣和斋号、吉庆斋号、裕群号、庆发号、积玉铺、洪泰铺、久中斋号、民生号、玉庆祥号。

6. 绸布类 8 家：周宝源店、汇丰长号、周人益号、黄福兴号、华丰裕号、裕大店、大雅店、谦泰店。

7. 织染类 5 家：德兴顺店、甲丰店、彩和号、大生号、鼎隆号。

8. 伙铺类 9 家：余泰华号、胜美和号、正湘福号、同德号、悦来号、福来号、东来号、春意茶庄、宾贵客栈。

9. 文具图书类 4 家：大同铺、锦泰店、元庆号、建成号。

10. 国药类 5 家：周宏发号、金珍堂、太和祥号、裕丰厚号、天寿康号。

以上 66 家名老商店都有几十年，甚至逾百年的经营史，一直到上世纪 50 年代中期工商业公私合营时才被改造、合并，走上了集体化道路。上个世纪四十年代以前出生的杨家滩人都还记得或部分记得它们。

四、杨家滩商务的主要特点

在 20 世纪 50 年代初期以前，杨家滩与全国各地一样，商业私有制。由于市场竞争激烈，各个店铺不断调整商业布局与行业结构，改善经营环境，提高经营质量，尽最大努力实现买卖双方共赢。它们在长期的商务活动中形成了自己的特色。

1. 本地商品传统化

粮食产品和其他农副产品以及小手工业产品绝大部分由本地生产，走入市场，继承质量第一、价格合理、服务优良的传统的商务理念，在继承中发扬光大，不论是家族化的行业和商店，还是祖传手工专业作坊，都严格遵循原配方和加工制作程序，形成传统产品。如梁氏米酒，采用自制酒曲和独有的酿造方法，酒味醇正清香又甜爽，喝了不上头，几十年供不应求；又如面条、馍馍、包子、油饼、豆浆等小吃商品虽然不是独家经营，但从业人员共守行规，保持和发扬传统工艺，使本地顾客把上街小吃看成乐事，外来客人视没吃到杨家滩小吃为憾事；还有宝珍堂药店自制的各种内服、外用的中成药，如膏、丸、散、丹、液等的配方和制作方法长期不变，药效显著，成为品牌，誉满三湘四水；还有牛皮雨鞋（当地称油鞋）、棕斗笠、油纸伞和杆秤的制作技术均系几代祖传，质量上乘，通过孙水河船运至湘潭、长沙、汉口等地，颇受青睐。

2. 经营单位家族化

旧时杨家滩的商铺基本上由家族经营，父子店、兄弟铺、夫妻馆占多数，如万姓铁货，周姓雨具、梁氏酒业、李氏茶楼、姚氏南货、刘氏缝纫、萧氏跌打损伤诊所均系多代相传。这些店铺家族色彩浓厚，产生了店铺兴旺，家族增光；店铺衰败，家族丢丑的社会效益，故常听人讲"做生意要为本姓人争光添彩，不要现丑丢人"。在姓氏意识浓厚的旧社会，家族经营除了接受国家和地方的监管以外，还要受行规和族规的约束，使得其服务质量、服务态度和服务礼仪自觉和不自觉地巩固和升华。

3. 经营地点集中化

旧时杨家滩的商品销售，种类相对集中，即哪条街道以经营哪几类商品为主，如上老街以住宿、小吃和南货及日用杂货为主；下老街以粮油、食品和酒类为主；上新街以手工业产品、文化用品为主；下新街以百货布匹和医疗药品为主；河边街以南货和小五金为主；七家铺以铁货铜货为主；复兴街以牲畜交易、农具、茶叶为主；老横街以秤类、雨具、篾货为主；新横街以草鞋、鞭炮、寿用品、看相、择地和中介为主。

商品按种类经营地点相对集中，既方便顾客选购，又增加了店家的竞争压力，各店铺自我加压，不断完善和改进经营。这种现象在临近乡间小镇较少见，不能不说这也是杨家滩商务的一个特点。

第二节 店铺室外布置

以杨家滩为代表的湘中生意人信奉"好的开始是成功的一半"，为了求吉利，发大财，人们在长期的买卖活动中，形成了一些独特的民俗习惯。

一、店铺的取名

无论是开店铺，或是办实业，首先要取个好名字。杨家滩过去图吉利，希望招财进宝，有用吉祥词语或字眼作店名的风俗。

1. 以吉利字词取名。过去杨家滩的店名常在义、盛、福、利、祥、丰、泰、顺、春、吉、德、厚、永、和、昌等吉利字眼上翻花样。涟源市杨市镇，现在仍可听到商人背诵那首将店铺字号的吉利字汇成的七律诗："顺裕兴隆瑞永昌，元亨万利复丰祥。泰和茂盛同乾德(得)，谦吉公仁协鼎光。聚益中通全信义，久恒大美庆安康。新春正合生成广，润发洪源厚福长。"

俗语云："莫丑了自己的招牌。"商人给店铺取名，常讲究吉利，如旧时的"广福"饭店、"洞庭春"酒家，"老万全"酒家，"永盛"米店，这些字号念起来十分顺口，顾客过目不忘。

2. 以自己的姓名取名。这种以店主姓名命名的店铺，如果经营有方，声誉很好，时间一久，这店铺就成为"老字号"，就会成为真正的"金字招牌"。

此外，有的店铺或更换股东，或改换经理，为避免办手续的麻烦，往往在原来的字号上加"某记"二字，某记多取自姓名中之一字，如杨家滩下新街的"刘记服装店"表示所有权已转移给刘老板。

3. 按行业特色归类取字号。如茶坊、酒肆，一般都叫某某"居"，某某"楼"；书坊、菜馆，就用某某"斋"，某某"阁"；药店，爱用某某"堂"；批发店俗称"栈房"，故有些做批发生意的多用某"栈"或某某"栈"，但有的旅店也爱用某某"客栈"。还有的店铺喜欢称某某"号"，有的则爱用某某"行"。

二、店铺幌子

在涟源杨家滩、新化城关镇、双峰永丰镇一带，店铺除使用店名之外，还通常用幌子招徕顾客。所谓幌子，就是挂在店门外的一种标识性物象。店铺用幌子起源很早。《韩非子》上说，宋人有沽酒者，悬帜甚高。可见春秋时已用酒旗。清朝晚期，杨家滩城区大一点的酒店都用考究的酒帘、酒旗。酒帘一般都挂得很高，随风摇曳，使人在远处就能看到，所以又叫"酒望子"。最简陋的酒店幌子，是在檐下挑出个草帚儿来。财力大的，就像一部文学作品中描述的"快活林"酒店那样，在酒店门前竖起一根旗竿，上缚酒帘，飘飘摇摇，煞是气派。此种历史传统现象在湘中的一些市镇仍依稀可见。如20世纪90年代初期新化县城青石街就有一家酒店挂了幌子，那幌子约1.5米长，1米宽，黄底蓝边，四周缝有小彩旗，上书一个黑色大"酒"字。

商店的文字招牌十分常见，它主要用来表示行业特征和经营范围。如当铺墙上写一个大大的"当"字；茶馆悬挂一个"茶"字；酱油店的墙上写一个"酱"字，使人一望便知。还有许多店铺将文字匾牌高挂在门楣上，或悬于店内醒目处，如酒店的"太白遗风""陈老酒"；药店的"丸散膏丹，参茸饮片"等等。这种招牌在湘中各地颇为常见，尤以县城居多，如双峰县城有多处"酱"字招牌，娄底城区"茶"字招牌更是随处可见。

三、店铺楹联

为了图吉利，为了增添气氛和色彩，便在店门店里贴上一些对联。在杨家滩和涟源、娄星区、双峰及临近的湘乡、安化、隆回、新邵、邵东的一些地方，商业对联文化很发达。清朝末年，随着湘军的解散，一些文人墨客回到杨家滩，店铺楹联有了更多的讲究。现分门别类将一些行业对联选登如下。

1. 集贸市场联："一店佳品，四时鲜货"（卖水产品）"斤两不失一刀准，肥瘦可匀千客夸"（卖猪肉）。

2. 百货店联："万民便利，百货流通""一点公心平似水，十分生意稳如山"。

3. 日杂店联："休嫌生计小，聊备不时需""零零碎碎分南北，七七八八是东西"。

4. 副食商店联："调和五味，福利万民""甜酸苦辣都是味，腌酶酝酿却有情"。

5. 旅馆客栈联："小住为佳客来则喜，引人入胜宾至如归""相逢本萍水，小住胜亲朋"。

6. 酒店联类："座上客常满，杯中酒不空""沽酒客来风亦醉，卖花人去路也香"。

7. 茶馆联类："客至心常热，人走茶不凉""窗外看山风生七碗，楼头近水春满一壶""香分花上露，水吸石中泉""雀舌未经三月雨，龙芽先点一时春"。

8. 药店联类："有药皆称妙，无丹不显灵""但愿世间人无恙，哪怕架上药生尘"。

9. 书店联类："为善最乐，读书至佳""翰墨图书皆成风采，往来谈笑尽是鸿儒"。

10. 当铺联类："南北客商来南北，东西当铺典东西""以质理财亲疏无异，因资生息尔我相安"。

11. 布匹店联类："云锦天上织，霓裳巧妇裁""丝纶阁下文章静，罗绮丛中花样新"。

12. 服装店联类："男添庄重女增俏，夏透风凉冬御寒""冷暖随人意，缠绵动客心"。

13. 缝纫店联类："一寸布一寸丝物尽其用，不论男不论女量体裁衣""剪绿裁红妆春色，挑花绣蕊美仪容"。

14. 字画店类："翰墨为华堂增色，丹青使雅室生辉。"

15. 理发店类："新事业从头做起，旧现象以手推平。"

四、接财神

财神，即掌管钱财之神，在湘中地区俗称赵公元帅。湘中民间一向有信仰财神的风俗，在有些县市，供奉"招财""利市"两神。前者即财神，后者称"利市仙官"或"利市婆官"。由于商民笃信财神，城乡各商家为求财源广进，多设财神堂。如新化的横阳、白溪，涟源的杨家滩、桥头河等地有些商家在堂内供木雕或泥塑财神菩萨偶像，他们一般在偶像背孔内悬挂一只银菱，意作财神菩萨之"心"，也有的用活的癞蛤蟆，放入背孔，用牛皮纸封口。后逢财神日或营业不佳时都要进行烧香礼拜，祈求保佑。

店铺开张，设了财神堂，还要祭财神。一般人家都烧香上供品（糕饼、膀头肉、花生米、瓜子之类）；有的人家献盘供外，加献铜钱、纸币、绫绢、布帛等供神，特别讲究的人家还有献元宝、银元的。祭祀进行之时，有些商家边行礼祷告，边口诵"香红灯明，尊神驾临，体察苦难，赐福万姓，穷魔远离，财运亨通，日积月累，金满门庭"等歇语。有些地区则诵标"招财童子至，利市仙官来，穷神永离去，富贵花常开"的吉词。

店铺开张，送财神的也接踵而至。在杨家滩，一家新商店开业，常可见到几个衣着不整、蓬头垢面的人放一小挂鞭炮，棒敲小铜锣，唱起送财神的民间俗歌："店开张，喜临门，红绿对子两边挂，一个福字挂当中，恭喜老板生意兴隆，财神进了门，送来聚宝盆。"所送财神，一般是纸印的赵公元帅像。商家接了财神，要给送财神的发红包，并致谢意。

五、店铺开张

设店开市对于店家来说是一件大事。开业的第一天，民间称"开张"。开业要燃放鞭炮，目的是辟邪和招徕众人，以图个大吉大利。

商家都讲生意经。为能开张发市，各行业老板都极为重视开张大吉，这天必择定吉日良辰。有些地方查阅历书"开市开工营商吉课"，从中选定吉日。而杨家滩则流行选择有"八"的日子，如初八、十八、廿八，因为"八"与"发"谐音，然后向亲友和有关方面重要人士发出开张请柬。

开业的第一天，按照俗规，亲友们都要前来祝贺。亲友们要送店主"开张志喜""永兴大业""大展鸿图""万商云集"等匾额。这些匾额都是用红绸、黑绒绣在或写在红彩上。老板们要把这些礼物都挂在店内的墙壁上，以壮观瞻。

许多商店开张之日，还有大减价三天之俗，即现在的"优惠酬宾"三天，一般为九折，目的仍是招徕顾客。在杨家滩一带，过去还有一个押俗，开张那天如果顾客用红纸包一点钱去买东西，并讲一些吉利话，讨店主高兴，可以买到平时要付出代价几十倍的东西。一些叫化子也乘机前来助兴，拿着铜锣敲几下，讲出许多吉利话，或唱出几支歌，店主十分高兴，定会给酒饭吃，甚至还打发一些钱。

古往今来，店面开张乃为一件大事，店主定会大请宾客，之前总要广发请柬。开张请柬，格式大体如下：

○○○先生：

为谋蝇头，新张小店，谨于 × 月 × 日薄酌候光

○○敬约

○○○先生：

我行定于 × 月 × 日上午八时正式开业，届时敬请光临赐教。

此致

敬礼

○○○○○行

地址 :×× 街 ×× 号大店

第三节 商务礼俗

以杨家滩为代表的湘中地区与全国各地一样，商业从农业和手工业中分离出来以后形成了独立的行业规范。湘中地区的商贾风俗与商业礼仪作为商业活动的行为规范的重要内容，特色鲜明。

一、贾商类型

一般来说，商贾分为坐商、行商与中介商三大类。

（1）坐商。坐商是市场固定的交易形式，有固定的店铺或摊位，有主营商

品和一定的营业时间。前述的杨家滩 389 家店铺就是坐商。坐商是商业发达的产物，一般集中在城镇的商业区。在娄星区和双峰县等地则可听到"诚招天下客，诈则门难开"的谈论。这说明坐商非常注重店子的信誉，注重招牌、幌子、牌匾、店联的制作和商品包装。这是旧时湘中地区商业特色的民俗传承。

（2）行商。行商是从商贸交易中发展起来的流动性商贸交易形式，是坐商的补充。行商可分为两类，一类是挑担背筐上山下乡的货郎和从乡村贩运蔬菜水果土特产进城销售的小商贩。另一类是从甲地采购大量商品，然后长途辗转运输到乙地销售的做大宗生意的人。后者精明能干，本钱也多，一般进行联手合作。有一个故事就是讲的这类行商：在湘中娄底、邵阳一带，一直流传着"毛板船"和"宝庆码头"的故事。相传新化、冷水江商人（原属宝庆府）每逢春夏之交资江涨水之际即驾着毛板船，运载煤炭等物，沿资江直下益阳，终至汉口，在汉口的码头卸货销售（因汉口有一个码头为旧时宝庆人专运货物码头，故称宝庆码头），以价廉物美饮誉武汉三镇。像新化的毛板船一样，杨家滩的木排船，竹排船也载货往返于杨家滩、湘潭、长沙之间。这些故事流传至今，许多人仍津津乐道。

（3）中介商。中介商，就是旧时湘中城乡市场中，专为买卖双方说合交易并获得报酬的中间商人。中介商熟悉买卖双方心理，善于在讨价还价中搞折衷调和，圆满地将生意做成，从而收取"口水费"（手续费）。

二、典当与借贷

旧时商贸交易中，典当与借贷是普遍的民俗事象。市井设有当铺，随时可拿物品去典当现金。"当字千年转，卖字不回头。"典当的物品，日后有钱可去赎回。典当有当契，上面写典当时间和物品所当金额等项。物品所当金额大大低于物品的原值。典当物品甚至典当房产的人，大多是遇天灾人祸或疾病缠身的不幸者，无其他办法可想才被迫典当。

旧时的杨家滩和湘中其他地方一样，城乡都盛行高利贷的恶习。高利贷，重利盘剥，贫苦人偿还不起，则背起利滚利、息起息的重负，久久偿还不清"阎王债"。许多人被逼得妻离子散，家破人亡。农村有一种叫"放新谷子"的高利贷，每年青黄不接的五六月，贫苦农民无米下锅，被迫向地主富农借贷稻谷，到七八月田里收获新谷时偿还。借贷时间仅一二个月，偿还的息谷高得惊人，即借一石（十斗）要偿还一石五斗，利率高达 50%。旧时双峰、涟源、娄星区常可听到这样的怨言："高利贷，活棺材，害农民，富老财。"在旧社会，杨家滩地区流传这样的谚语："新谷子像把刀，架在穷人的脖子上一世伸不起腰。"在如此沉重的剥削下，广大农民终年辛劳不得温饱，只得吃粗糠野菜和树皮。

三、隐语暗码

旧时湘中商场无论坐商或行商走贩，对购进卖出和批发零售货物的价钱普遍对外不明说，均以隐语暗码代之。其中以一至十这十个数字的隐语暗码最多，许多行业都是用不同暗码代替一至十这十个数字。如涟源市的杨市镇、蓝田镇，新化的上梅镇、安化的梅城镇、东坪镇，双峰的永丰镇等地的商人的一至九的数字是用"页台歇盘查劳桥敲烧"来替代，流传久了人尽皆知，就改用"丹泽川线雅巴见眉湾"来替代。也有用生活中常用的用具、工具或常见之物来替代的，如"扁担、筷子、撑脚架、耙头数、抓老子、两头翘、小弯钩、眉毛数、大弯弓"。湘中商贸市场在交易记帐时，也采用暗码替代。如有的将大写的"一"至"九"字，写成"土、贝、乡、长、仁、耳、木、另、王"。这种采用暗码记帐的方式流传很广，连农村也采用。如以杨家滩为中心的涟源市南部和娄星区、双峰县部分地方的乡村，也是采用这种方式，"一"至"九"字的汉码是"Ⅰ，Ⅱ，Ⅲ，乂，8，亠，二，三，乂"。

商贸隐语大多是从上辈承袭下来的，不少商贸隐语难以探究其根源。使用商贸隐语是为了信息和行情的保密，为了生意的垄断和利润的获得。新中国成立后，商贸隐语逐渐消失。

四、商贸信仰倾向

商场的竞争是异常激烈的，从事商业经营要承担一定的风险。以杨家滩人为代表的湘中商人深恐自己走"背时运"倒霉蚀本，虔诚地祈求神灵和祖先保佑。逢吉日开店和过年过节及生意告成，都要祭祀财神。每年春节当民间贫困者将财神的版画像送进门，并念诵"财神菩萨到你家，全家富贵享荣华。时进千乡宝，日招万里财。男子穿绸缎，女子插金花"等赞词时，人们无不笑容可掬，恭恭敬敬将财神像迎进，并给上门奉送者以钱米酬谢。

湘中商业店铺为图好运早日发财，有不少信仰倾向，其中尤以数目和行为两方面为多。

杨家滩古属梅山腹地，民间信仰多，迷信观念重，在商务活动中有一些明显的地方特色。如数目方面：出外联手做生意，一般为三人，认为"四六不扯伙"，忌讳去四人或六人。购物忌讳称三斤六两，认为这是给死者烧纸钱送终的重量，也忌讳购物称五斤四两，认为这是人的脑袋的重量；若遇到这两个重量，一般都要避开。卖货收款，宁可少收一点，也不收这个数字。因为过去湘中巫风盛行，巫师常用巫术给患者驱鬼收魂治病，病人家送给巫师的酬金正是这些数字。

行为方面：进店铺买货或卖货有十个忌讳，一为忌讳脚踩店铺的门槛；二为忌讳在店铺门槛上久坐不走；三为忌讳外人坐在柜台上；四为忌讳店铺伙计脸朝外边背向店铺坐；五为忌讳在店铺内玩弄算盘珠子；六为忌讳将算盘反扣；七为忌讳敲打账簿账单；八为忌讳扫地从里向外扫将"财运"扫出，而要从外向里扫表示将"财运"扫进；九为忌讳在店铺内营业时打呵欠、伸懒腰、剪指甲、挖耳屎、挖鼻孔；十为忌讳店主和店员衣冠不整。认为这些都是不符合经商民俗礼仪要求的。

此外，开药铺和棺材铺的禁忌比一般店铺的禁忌有所不同，药铺、棺材铺和寿用品花圈店非常注重语言方面的禁忌，开这两种店铺的商人说话很小心。如顾客离店时，不能说"恭候光临""欢迎下次再来"等语。若这样说，顾客认为对他不怀好意，是在诅咒他，预兆不好。传说清代杨家滩有一年老者为其病危亲属去买棺材，买妥棺材离店时店老板对他说："随时恭候光临。"买卖双方即大吵起来，凑巧，那年那个买棺材的除那个病危亲属去世外，他的老婆不久也掉进河里淹死了。那人将棺材铺告到商业行会，使棺材铺停业六个月。

五、商贾的祀仪、岁时活动

"贾"，古时是指"坐商"；"商"，古时候是指"行商"。现在贾商合用，常讲"商贾"，统称商人。湘中商贾多崇拜财神，店内多设财神堂。杨家滩一带俗以正月初五日为五路财神诞生日，各店都要实行迎财神祀礼。初五后便开市，名曰："烧利市"。

仓神也是湘中民间奉祀的神明。正月二十日为"小填仓"，二十五日为"老填仓"。各家都要焚香供神，尤以粮商粟贩最为虔诚，均在仓尾或米囤旁焚香设供，祭祀仓神。

与其他各地风俗相同，以杨家滩为代表的湘中商贾一般以端午、中秋、除夕为三节，按节索欠，称为"三节账"。南货店老板称欠债人为"人昔"（人昔合为"借"字，指借钱人。）欠债人前来买东西，老板叫一声"人昔"，账房先生便出来算账。

六、行业禁忌

行业禁忌是指按当地风俗习惯，生产经营中不应该做的事或不应该说的话，属一种亚行为规范。禁忌的产生，主要体现于从业者在总结风险教训时的错误观念和方法。杨家滩与邻近的涟源市其他地方与娄星区、湘乡、安化、隆回、新邵、邵东等地的行业禁忌主要表现在以下三个方面。

第一，生产和经营行为方面的禁忌。如木匠做工受伤时忌将血滴到木材上，据说血有人的灵气，木头吸收了人血便会成精为祟；石匠凿孔时忌打空锤，以免生意落空或制品不成形；演员化妆后，小憩等待上场时，切忌入睡，以免灵魂出窍后，认不得真身而不能返回。旧时，造船业有"上不顶桑，下不踩槐"之说，因桑与"丧"谐音，槐与"坏"谐音不吉利。木匠亦忌用桑木槐木作房梁和家具。"缎"与"断"谐音，故不可做寿衣。医药业不可将药方折叠起来交给病人，以免药方上的药品间相反相克，对病情不利。煤矿、陶瓷业在出窑时，不准孕妇在场；赌场开业前，不要洗澡理发，以免输光，等等。这些忌讳，有些虽有保护劳动者和产品完好的用意，但许多是迷信，不可取。

第二，语言上的禁忌，主要是称谓语、凶险语、破财语三类。称谓语一般指名讳，如对父母长辈不可直呼其名；当着和尚的面前不要说秃驴、光、亮，要尊称方丈；对道士，不可当面说到牛，以有影射牛鼻子老道之嫌，要尊称仙翁。凶险语禁忌，是指涉及破财以外的不吉语言的禁忌。危险行业如矿业等忌言"四""十"，因它们与"死"谐音；戏曲业忌说"伞"字，因它与"散"谐音，又忌说"塔"字，因它与"塌"谐音；商船业忌说"帆"，因它与"翻"谐音。有些礼貌语言，亦不可在任何场合都说的，如前面所述，医药业、棺材业、寿衣业等，不能对顾客说"大驾光临，有失远迎""欢迎下次再来""再见"等。破财禁忌语，各行业都有。过年时，小贩、乞丐送"财神"到家门时，不能拒神于门外，要出钱将财神"请"下（不能说买）。若财神多了，也忌说不要财神了，只能说："已经有了"，而且要和颜悦色，不可撵走送财神的人，否则会影响一年的财气。

第三是时空禁忌。时间上以正月为甚。正月乃一年之始，凡影响正月喜庆气氛的行业，都要暂时停业。如屠宰业，有些地方在正月全月停业。因正月见血，恐有血光之灾。《荆楚岁时记》载，天地首先生鸡，次狗，次猪，次羊，次牛，次马，然后生人。现在新化、冷水江和隆回三县（市）的农村，有些地方，正月初一不杀鸡，初二不杀狗，初三不杀猪，初四不杀羊，初五不杀牛，初六不杀马。初七是人日，亦不便见血。其他月份也有些禁忌。空间禁忌是指方位和地点方面的禁忌，如戏曲业有"要想发大财，最忌白虎台"之说。白虎台，就是朝西的戏台。一说西方是上方，当尊重，一说西方是凶方。因西方属金，象征秋天，为肃杀之气始发的季节，此季万木开始萧条、凋零。

第六章 住宅建筑与居住礼仪

　　住宅是人类文明进化的产物，它作为人类生活的基本依托，是人们进行家庭生活、繁衍生息和从事相关社会活动的基本场所。因此，进入文明社会以来人们对住宅建设高度重视。中国是一个文明古国，又是礼仪之邦，历来注重住宅建筑与居住礼仪，形成了蕴涵以阳宅风水及儒家伦理、民间信仰、风俗习惯为主要内容的住宅建筑与居住礼仪文化。湘中腹地杨家滩同样非常注重住宅建筑与居住礼仪，从住宅的选址定向、择日开工到奠基开砌、圆垛上梁，从乔迁过伙、居室布置到居住规制、行为习惯，都有一整套完善的礼俗。

第一节 住宅的选址定向及礼俗

　　中国建筑文化源远流长，有着丰富深远的文化意蕴。例如重情知礼、以人为本，创作思维上崇尚"天人合一"的精神，注意环境与建筑交融，崇尚自然美和人性文化所演绎的悟性共鸣的美学原则和建筑形态的构成原则等，而中国人深层的世界观、自然观等民族意识也常通过传统建筑空间特性的塑造反映出来。住宅，风水学称之为阳宅，它是人类的生活依托及其栖息之所。古人云："人生最重是阳基，却与坟茔福力齐。宅气不宁招祸咎，骨埋真穴贵难期。建国定都关治乱，筑城置镇系安危。试看田舍丰盈者，半是阳居偶合宜。"旧时杨家滩农村俗话说"人生一世，日里半世，夜里半世，夜里半世还要紧些"。正因为如此，杨家滩人非常注重住宅建筑。

一、阳宅风水与住宅的选址

　　住宅的选址，是住宅建筑首要的基础性工作。它与阳宅风水紧密相关，是在中国几千年流传下来的风水理论指导下进行的。"风水"又称"堪舆",是相地、相墓之术。人类对居住环境的选择,最初是为生存的需要,带有很强的实用性原则,多少包含一些感情经验的积极成分。但是受"天人感应""阴阳五行"等说的影响,人们把天体运行、宅地方位与人事相对应,认为地理环境、山川形势与人的吉凶祸福乃至子孙的命运前程相关,使风水理论带上了很强的神秘色彩。中国建筑民俗讲究风水,无论是建住宅还是选墓址,都要请地理先生看风水。

"风水"一词,最早见于晋代郭璞所著的《葬书》。其云:"气乘风则散,界水则止;古人聚之使不散,行之使有止,故谓之风水。"这部著作还提出了住宅风水的要旨:"风水之法,得水为上,藏风次之。"清人范宜宾为《葬书》作注云:"无水则风到而气散,有水则气止而风无,故风水二字为地学之最,而其中以得水之地为上等,以藏风之地为次等。"风水学的根本基础和核心思想依据来源于《易经》。潘谷西教授在《风水探源》一书的序言中指出:"风水的核心内容是人们对居住环境进行选择和处理的一种学问,其范围包含住宅、宫室、寺观、陵墓、村落、城市诸方面。其中涉及陵墓的称阴宅,涉及住宅方面的称为阳宅。"[1]阳宅风水,是中国历史悠久的一门玄术,也称青鸟、青囊,杨家滩一带民间称为相地、看屋场。

中国民居在选址上按风水的基本原则和格局,是以负阴抱阳背山面水为最佳选择,即所谓"前朱雀,后玄武,左青龙,右白虎"之格局。具有上述自然环境和相对封闭的空间,有利于形成良好的生态循环的小气候,背山屏挡冬季北向寒风,面水迎来南向季风,朝阳具有良好的日照,缓坡避免淹涝之灾和保持水土,并易在农副业的多种经营下形成良好的生态循环。

杨家滩人兴建住宅,也要先请风水先生(地师或地仙)看风水。这一带的风水先生看阳宅风水都注重龙、山、砂、水、向,其基本理论和方法与看阴地风水大体相同。但建造阳宅,所追求的是四周山水结构和自然环境的协调和谐,以能蓄气、藏风、得水,适合人类居住或工作为最佳环境,以营造适合人类长久栖息居住又能平安健康和对人有利的气场。同时,还要根据居住人的阴阳五行生克制化,合理选择方位和时间,以达到趋吉避凶、安宁福寿的目的。

风水最看重"气",一切风水格局的追求都是以"聚气"为准则。风水学认为,气为万物之本原。阴地乘地气,阳宅收天气,因此坟墓以气立向为基本原

---

①何晓昕.风水探源[M].南京:东南大学出版社,1990.

则，阳宅则以局立向为基本原则，根据形峦局势来立向。同时，风水学又认为，
"气遇水则止"。所以，阳宅选址，要以四周山水的天然形势为主，首重得水，
根据自然环境，再结合与人的生存发展，采用合理的外部建构和内部布局，以达
到蓄气、藏风、聚水的目的，有利于人的居住，使人们获得心理和生理的健康。
这里，外部自然环境是至关重要的。如果四周环境不理想，外界条件不好，内部
结构再怎么好也好不了。

风水首先以水法去判断吉凶，怎样让大自然的水为我所用。风水先贤杨救贫
云："未看山先看水，有山无水休寻地。"阳宅对得水尤为重视，建筑阳宅首先
要选择近水的地方，正面朝向水源，以背后的座山为靠山，形如围椅的地方最为
理想，所谓"屋起凶坟葬坡"，这样就后有靠山、前有明堂、左有青龙、右有白
虎，外局强盛，环境清秀；然后，再根据大局而定立向，结合大局取强盛之势，
最理想的是选旺财旺丁之向；最后是房屋的结构和室内格局的安排。

阳宅风水特别注重自然环境的山水配置。明朝刘基《堪舆漫兴》中有云：
"寻龙山水要兼论，山旺人丁水旺财；只见山峰不见水，名为孤寡不成胎。"所
以古人在阳宅的地址选择上，把水作为第一选择条件，通过对环境的仔细勘察，
利用大自然中明净秀丽的水，选择依山傍水，水环山抱的环境建造阳宅，营造人
们的理想福地，让人们能趋吉避凶，从而达到造福人们的目的。因此选择居址，
往往是在依山傍水，在河流边的台地上。依山，可以取得丰富的物质生活资源，
并且还可以防止水涝；傍水，有利于人们生产、生活用水。

自然环境，大环境以百尺为形，千尺为势。形于内，势在外；形得应势，势
得就形；形不欲行，势不欲止。小环境以水口、明堂为要。水口是指水流入或流
出的地方，要"天门开地户闭"，即来处无阻隔，去处有关拦。另外水质也非常
重要，《博山篇》云："寻龙认气，认气尝水。其色碧，其味甘，其气香，主上
贵。其色白，其味清，其气温，主中贵。其色淡、其味辛、其气烈，主下贵。若
酸涩，若发馊，不足论。"这与现代科学对水的认识是一致的。明堂有内外大小
之别，太宽则旷荡不藏风，太窄则局促不显贵；不欹侧，不卑湿，不生恶石，有
群山聚绕，众水朝拱，生气聚合为佳。

在杨家滩一带的风水先生认为，阳宅风水认为，阳宅建筑必须避讳以下几
种情形：房屋地基的地势不能低于门前地势，也不能在水坝附近建房，否则易生
病痛和突生凶灾；建过砖瓦窑或被大火烧过的地方，不宜建宅；断崖陡壁、山势
陡峻之地，也不能作宅地；宅地周围皆山坡凹地，唯中间独起者，为"星落孤

村"，不宜建宅；住宅后面没有主屋，而两边房屋又过于高大，或两边龙虎砂不关锁且高大逼近，为客来欺主。俗话说"宁可青龙高万丈，不可白虎高一尺"。

二、住宅的定向

在选定住宅地基之后，接下来还要由风水师决定住屋朝向，称为"定向"或"向法"。其操作步骤如下：首先是"丈量"。即将"屋基"及"层数"（此层数是住屋院落的进数）逐一量明丈尺，然后根据"八卦九宫""二十四方位"，以推断房间吉凶。然后根据自然地形、地貌、水流方向、气候特征等决定"大向"，即大致朝向。一般规则是坐北朝南的"负阴抱阳"格局。一些特殊的村落则因禁忌、避煞、自然条件的限制以及礼制上对方位的要求而朝东或西。较少有朝北的村落。最后用罗盘"格定"准确方位。随着住宅朝向的确定，宅的一切属性也被确定。根据《八宅周书》或类似的方法便能推导出住宅的平面布局、门的方位乃至空间组织如主厅、卧室、伙房、厕所的位置。

湘中地区传统民宅的朝向，一般以坐北朝南为佳。因为中国地处北半球欧亚大陆东部、太平洋西岸，为典型的大陆性季风气候区，春夏盛行源自太平洋湿暖的东南季风，秋冬流行源自西伯利亚干冷的西北寒流，按中国传统阳宅风水格局，背北靠山，朝南开阔，既可以在冬天获得充足的阳光，避免寒冷的北风，又可以在夏天获得凉爽的南风，以取得冬暖夏凉之效果。此所谓"得山川之灵气，受日月之光华"。但因为地形地势，有些村落民宅的朝向也是坐西朝东、坐东朝西甚至坐南朝北的，因为传统阳宅风水原则必须背靠山，而山的方位是不一定的。

阳宅朝向要和大门面向一致，以收水纳水为第一要务。大门是阳宅风水的一个重要关节点。古人云"千斤门，四两屋"；又云："宅龙动地水就裁，尤重三门八卦排。只取三元生旺气，引他入室是胞胎。一门乘旺两门囚，少有嘉祥不可留。两门交庆一门休，大事欢欣小事愁。须用门门都合吉，一家福禄永无忧。三门先把正门量，后门房门一样装。别有旁门并侧户，一通外气即分张。设若便门无好位，一门独出始为强。门为宅骨路为筋，筋骨交连血脉均。若是吉门兼恶路，酸浆入酪不堪斟。内路常兼外路看，宅深内路审门阑。外路迎神并界气，迎神界气两重关。更有风门通八气，墙空屋缺皆难避。若遇祥风福顿增，若遇杀风殃立至。"

大门为人出入居室必经之处，是风水的"气口"。因此，风水对大门朝向有许多要求。如：开门不能见山阻，因"开门见山"阻挡视野，会给人的心理造成不良感受，不利于住宅主人的运势发展；大门不要正朝直路或直水，这会引起意外伤害；大门不要朝交叉路；大门不要朝反弓水和路；大门不要正对怪石、尖山和崩破；大门不能朝古庙、寺、观；开门不能近山坡，而使进出有迫压感，前途受阻，甚至破财；门前要有一定的空地——前坪，还要有相应的水塘（池塘），池塘不能太小；两户之间的门尤其是大门不可相对，因为"门冲"或"斗门煞"，主家庭争吵，不聚财源；大门不可正对屋脊尖角。

阳宅的结构布局，要求宅地和房屋不能缺角、凹陷或凸出，要像一颗印，以方形为好。不能前宽后窄，因为前宽后窄示意没有后福，后代也不强盛；而前窄后宽则可以，示意后福大、后代强。房屋的大门不宜过于高大，要大小适宜，屋小门大，不聚人气。房屋一面墙上不宜开两个门，主家庭不和，夫妻争吵。大门与后门不可直通。阳宅如果受地形局势和其他因素的限制，大门收纳不到水，就用槽门来收纳吉水。所以槽门的建造风水，讲究的首要因素就是"得水"。

第二节 住宅的建造过程及有关礼仪

杨家滩民宅的建造过程包含择日开工、下脚、开砌、安门、上梁、圆垛等程序，也流行一整套纷繁复杂的礼仪。

一、择日开工

兴建住宅在选址定向后，接下来就要选定日子动土开工。杨家滩人动土兴建住宅，必须择日，以免犯煞、犯忌。

住宅的择日动土开工，亦是请风水先生来确定的。择日先要"合日把煞"。风水先生根据住址风水，结合户主即修主的年命，分别选定一个吉利的时间来下石脚和砖脚。风水先生把罗盘上的八卦二十四方位称为二十四山（一卦管三山），根据十天干和十二地支排列组合而成的历法，结合住宅的方位朝向，运用五行生克的原理，来确定某年某月某日在某处修房是否"合山犯煞"。

住宅动土修造择日，要避开五黄、三煞和戊己都天及岁破。戊己都天只忌讳于修造房屋；然后不要犯修主年的煞，以修主的禄马贵人为利，时辰尽量不要用子午两时。在古时，阳宅的修造往往不是一两天的时间就能完成的，一般至少是几个月，甚至长达一年左右。所以，一般大煞以避开为妙，所谓"大煞避之，中煞制之，小煞纷纷"。风水先生葬坟择日首重来龙，修造择日则以扶山为主，兼顾来水方。

二、下脚

在选定开工日子以后，就要在选定的日子打桩、放线、下脚。打桩、放线要根据风水先生选定的住宅基址和朝向而定，然后在房屋的四个角放线打桩确定。放线打桩后，开始下石脚、砖脚。

杨家滩人在住宅动土修造动工下脚时，仪式隆重，要放鞭炮，还要请为主的建造师（当地称"包头师傅"）祭地（土地神），陈设各种匠工的住宅建造工具，备三牲、大米等物烧香敬祭，要给包头师傅、木匠、石匠、砖匠师傅准备红包，还要准备一只威武雄壮的公鸡来敬祭。

三、开砌

住宅动工下脚后，开始砌墙。砌墙要从墙角开始，一般要由经验丰富、技术精湛的砌匠老师傅用墨斗、曲尺斗线挂角，以保证砖墙砌得方正。

四、安门

墙砌到一定高度，随后开始安门。门是内外空间分隔的标志和进入室内的关口，它是住宅内外气流动的必经之地，是与外界联系的咽喉和屏障。风水学称之为"气口"。风水学认为，"宅之受气于门，犹人之受气于口也。"宅之吉凶全在大门。因此，人们历来重视门的设置，特别是大门。杨家滩人建造住宅安门的高度一般不超过地面六寸。他们对安大门很是讲究，大门高度一般是七尺二寸左右，宽度一般为四尺二寸八分；大门设置上下两闩，一般是上闩往左方开，下闩往右方开。安大门时，要在大门上方用红布包一方铜钱钉上，或挂上其他镇邪物；还要放鞭炮。修主给包头师傅和其他师傅，以及当天参加做副工的人发红包，钱币数额不等，包头师傅最多，其他师傅次之，副工师傅最少。包头师傅和众师傅诵赞语，唱赞歌，祝主家兴建华堂，人兴财旺。

五、上梁

杨家滩地区建民宅，圆垛时接着上梁，圆垛仪式与上梁仪式合二为一。

在杨家滩民居建造过程中，"上梁"是一件大事。俗话说："房顶有梁，家中有粮，房顶无梁，六畜不旺。"又说："上梁不正下梁歪，中梁不正倒下来。""上梁"是民间建房的一个习俗，也称"升梁""上大梁"，指的是建房竣工前安放屋顶最高的一根中梁的过程和仪式。这其中的意义，除了作为建筑结构实用上的重要性外，同时兼有民间信俗层面的意义。

上梁整个过程和礼仪可分为备梁、画梁、披红、择日、祭梁、上梁、抛梁、待匠等程序。

备梁。上梁之前，首先必须准备梁木并精心制做。要挑选一根好的梁木并非易事，首先主人要亲自去山上物色梁木，选梁木的条件可谓苛刻，一是梁木应选择杉木、椿木、梓木，且笔直参天，枝繁叶茂；二是树龄不长不短，树形要从下到上大小尽量一致；三是树的四周要长有许多小杉木，越多越好，寓意多子多孙。如果是独木一根，就不能选用。砍伐梁木的时候，不能破坏周围的小杉木，梁木伐倒时的方向要朝南，不能朝其他方向。旧时，杨家滩建造民居，流行"偷梁木"的习俗。即为了避开民众看见，以免犯忌，晚上偷偷摸摸去山上砍下事先选好的树木抬回藏好。动工制梁的那一天，要挑选吉日，木匠师傅要先点三支香，再放二响鞭炮，然后开始制作。

画梁、披红。梁木做好后，还要装饰。梁中央要做梁盒，装上米、红枣、花生、万年青、铜元或银元等物，用红绸或红布包裹，画太极图，梁上要做"双龙"，梁之两端要写上乾、坤二字或画乾、坤二卦，并挂上红绸，红绸下垂铜钿一枚，取"平安和顺"之意。

择日。梁木制作完成之后，主人便选定吉日良辰上梁。为图个吉利，一般都选在农历含六、九的日子，时辰在接近中午时分。上梁时如家人生辰时刻与上梁时辰相冲，必须避讳。按传统习俗，上梁这一天不能和房主一家任何一个人相冲，否则会产生不利影响。另外，其他人的生肖如果与上梁的时辰相冲、相克，也要回避。

祭梁。上梁前祭梁是必不可少的一道程序。正式上梁以前，房主要进行祭祀。首先在房梁和门窗上贴上用红纸写的对联，房梁上一般贴的是"青龙扶玉柱，白虎架金梁"。横批为"上梁大吉"。然后在正门前设立香案，人们将贴上红纸或红绸的正梁抬进新屋堂前，在供桌上摆上猪、鱼、鸡、蛋、香烛等祭品，由瓦匠、木匠等边说好话边敬酒。房主毕恭毕敬地燃香、叩拜、燃放鞭炮。

上梁、抛梁。祭梁结束后，正式上梁的时候，全体工匠和施工人员一定要集中精力，全身心投入。一般用绳子绑住大梁的两端，几个人站在墙上拉，几个人站在地面往上送。在上梁的过程中，要求将正梁平平稳稳往上抬，忌讳一前一后，高低倾斜。梁上到固定的位置后，匠师手提一只大公鸡从梁上走过，并念赞语，高喊："上啊，大吉大利！"同时鞭炮齐鸣，匠师站在房上向围观乡邻民众抛撒糖果、花生、瓜子、圆饼等物，地上众人争抢，人越多东家越高兴，此举称为"抛梁"，意为"财源滚滚来"。在"抛梁"时，匠人还要说吉利话。

待匠。上梁结束后的当天中午，房主要宴请有关工匠、施工人员及乡亲。在旧时一般要摆上好几大桌，好烟好酒好菜的招待，一起庆祝房子上梁及即将完工。酒席上，木匠师傅等工匠坐头席（一席或上席），房主要给匠工分发红包。酒席结束，整个上梁仪式也就结束了。

第三节 新居过伙礼仪

新居落成后，房主即着手准备乔迁和新居的布置。旧时，杨家滩人对乔迁新居十分重视，形成了一整套完整的程序和风俗礼仪，称之为过伙。

一、乔迁新居前的准备工作

入住新居前先要将房子打扫一番，门窗打开两三天，使空气流通，引进吉气。还要"拜四角"，意思是礼貌地向新屋的土地神明打个招呼，驱走蛇虫鼠蚁，清理环境，或是赶走不洁的东西，以期除避邪祟。过伙前一天将家里盛水的器皿装满水，如洗手盆、水桶等。还要装一桶水放在厅中，然后开窗让风吹着，代表风生水起。还要准备一些旧屋的泥土带到新屋去，以防到新居水土不服。具体来说，乔迁过伙前要先准备下列六类日常生活必须品。

（1）米：用米桶装八分满的米。米桶里放一个红包，内藏纸币、茶叶及九个铜钱（或硬币）；

（2）水：用水桶装七分满的水（水要从"旧居"处取）；

（3）碗筷：为家中每人准备一套新碗筷，双数为吉；

（4）簸箕、扫帚一对，上面绑红布；

（5）为家中每人准备一套新的内衣裤、枕头及床单；

（6）原有火炉、锅子。

搬家时将上述六类日常用品于择定的吉时先搬进新居的厨房，然后其他物品才可搬进新宅。

二、乔迁择日

杨家滩人都重视过伙日子。在入住新居前，要请风水师或八字先生选择一个黄道吉日过伙。进入新宅是否开个吉利兆头，或将过去的霉运甩掉，住进后又是否能平安等，这些是人们普遍的要求和良好的愿望，有的希望在平安的基础上，令宅运兴隆，功名事业如愿能出人头地，子孙健康聪明有出息。

如何选择乔迁过伙的黄道吉日呢？一般而言，选择过伙日子首要的是不能冲坐山，不犯命主；其次再考虑丁、财。入宅时间应该在早上、中午之前，避免午后特别是夜间入宅。依择日学原理，迁移入宅择日应考虑：家人（尤其屋主）的生肖，生日干支（日柱），新宅坐向，天罡四杀及回头贡杀等因素。现将乔迁过伙选择吉日良辰之要点简述如下。

（1）乔迁过伙的日子不可与家人的"生肖"及"日柱"（生日之天干地支）相冲，尤其忌与屋主之"日柱"相刑冲。（子午冲，丑未冲，寅申冲，卯酉冲，辰戌冲，巳亥冲。寅巳申刑，丑戌未刑，子卯刑，辰辰，午午，酉酉，亥亥自刑。）

（2）乔迁过伙的日子尽量选用"水日"为佳，少用"火日"。

（3）新宅坐向：朝东者忌在巳，酉，丑（三合金）日子乔迁过伙；朝西者忌在亥，卯，未（三合木）日子乔迁过伙；朝南者忌在申，子，辰（三合水）日子乔迁过伙；坐北者忌在寅，午，戌（三合火）日子乔迁过伙。

（4）屋主之"日柱"（农历生日之天干地支）为阳干（如甲、丙、戊、庚、壬）者，宜选"阴时"（如：丑、卯、巳、未、酉、亥时）乔迁过伙为吉；屋主之"日柱"为阴干（如：乙、丁、己、辛、癸）者，宜选阳时（如：子、寅、辰、午、申、戌时）乔迁过伙为吉。

（5）要注意"天罡四杀"：屋主之"日柱"地支为申、子、辰命者，忌用未日未时；"日柱"地支为寅、午、戌命者，忌用丑日丑时；"日柱"地支为亥、卯、未命者，忌用戌日戌时；"日柱"地支为巳、酉、丑命者，忌用辰日辰时。

（6）乔迁过伙当天吉时的四柱八字（日课吉时），四柱见三柱"寅、午、戌"三字全，其"回头贡杀"在"丑"，所以，丑（牛）年生人不可用"寅、午、戌"三字全之"日课吉时"；四柱见三柱"巳、酉、丑"三字全，其"回头贡杀"在"辰"，所以，辰（龙）年生人不可用"巳、酉、丑"三字全之"日课吉时"；四柱见三柱"申、子、辰"三字全"回头贡杀"在"未"，所以，未（羊）年生人不可用"申、子、辰"三字全之"日课吉时"；四柱见三柱"亥、卯、未"三字全，其"回头贡杀"在"戌"，所以，戌（狗）年生人不可用"亥、卯、未"三字全之"日课吉时"。

三、乔迁过伙

乔迁新居。搬家时要把所有家具定位，床、书、衣服、锅碗瓢盆等整理好；离开旧宅之前，应在房间留一个"旧的钱包"，内放五枚硬币；在厨房留下两个鸡蛋及一封红包袋；最后一件物品或最后一个人离开旧宅时，要在旧宅之门前撒一些米，然后把门关好。搬家时，新宅要移出之物，最好由他人经手。搬进新宅之物，最好亲自动手。搬进新宅时全家不可空手而入。如要远距离迁移，可携带一块旧居的泥土及姜入新宅，认为对克制水土不服有灵验。

乔迁新居，需要过火，也叫进火，即把火种从旧居转移到新居。过火必须在选定的吉时进行。过火时房主必须亲自将火种从旧居转移到新居，中途不能熄火。火到新居进火时，要放鞭炮。进火后入宅时，应先用盐调和清水，清洗净化宅子。乔迁新居过伙，还有一系列相伴活动如安神（也称安香、安灵），即入宅安奉祖先福神香火等事，通常称为归火。即在选定的吉时上香祭祖，再用香烛金银拜天公、土地公。

在搬家入住的当天，一家人开伙做第一餐饭吃。接着，中午办乔迁喜庆酒，宴请亲朋好友和乡邻。亲朋好友和乡邻要送一定的礼品以表祝贺，一般送锦屏、字画、礼包等。古时祝贺乔迁新居进火，亲戚要送些粮米。

乔迁新居过伙当天，应尽量说些吉祥话；当天家人不可哭哭啼啼，不可乱发脾气，不可打骂小孩；搬家时尽量避开众人，不可和别人打招呼；搬家当天不可午睡，也不可在新宅午睡，否则相信日后易生病；搬家当天晚上，就寝前，应先躺下五分钟左右，随即起床再工作一下，表示"睡了还要再起床"（平常小孩睡新床亦然，先躺一下，就要其起床，不可直接入睡，表示"躺下还要再起来"），否则相信日后易生病；乔迁新居当晚宜煮些甜汤圆、甜品，全家共食，表示一家团圆，甜甜蜜蜜之意；乔迁搬家时要严防"动胎"，家中妇女有身孕时，尽量不要参与搬家。搬入新宅后，当天黄昏时分，依习俗通常要祭拜"土神"或"宅神"，以保家宅平安。

四、住宅的结构与居室的安排布置

中国的民居建筑，汉族以四合院最为广泛，一些少数民族地区也部分流行。四合院是中国最典型的民居建筑，因为它比较充分地体现了中国的传统观念。四合院的第一个特点是封闭性。院落四面均有墙壁，墙壁没有窗户，只有大门与外界沟通，一家之活动，均在院墙之内，与外边不相沟通，这是封闭观念的符号。第二个特点是房屋布局与家庭成员的住房安排有严格的规定。一般是正房高于侧房，一般是家长住正房，即住堂屋之右侧。兄弟子侄住侧房或耳房。家长支配全家的地位在住房位置上有充分体现，这是家长制的符号。第三个特点是专门设有堂屋。堂屋犹如中国古代的明堂，堂屋中有"天地君亲师"之神位。中国的堂屋，融汇民族文化精神于家庭之中，是神圣化了的家庭。所以，四合院是中国人伦理的符号。第四个特点是四方房屋之下皆有檐下回廊，檐下回廊的恬静成为各房成员交融感情的场所，所有四合院又可以成为融汇亲缘感情，增强内聚倾向的符号。干栏式住房是另一种广泛流行的民居建筑，南方亚热带地区的民族多采用这种建筑形式。

中国的民居建筑，还具有一些共同的民俗特点：一是聚族而居。一个家族居住在一起，安于本乡本土，不愿轻易移居他处，是农耕经济在居住上的表现。聚族而居有两种形式，一种是全族聚居于房屋互相通联的村落之中。房屋相连的程度达到"下雨不湿鞋"。另一种是全族居于一村，但住房并不通连。二是房屋式样大体相同。中国各地的民居建筑，是同一伦理文化观念和地域文化的产物。因此，同一地区住宅建筑结构、建筑风格、房屋式样基本相同。

在同一处聚居的各家邻里，建房的高度按习俗应大体一致，忌南邻和西邻的房子高过自己的屋子。俗传"北高不算高，南高压断腰，东高不算高，西高压断腰"。如果一家的房子比另一家低了，那么就要在中间的房屋顶上多筑一砖高，或修筑一个小小的类似庙宇的亭子，以保持平衡。居高不让者，显然有居高临下之势，以势压人，据说会压了别人的运气和吉利，甚至风水。这种风俗在农村会导致邻里纠纷，甚至会结下世代怨仇。

堂屋的布设。堂屋也称厅屋或厅堂，是房主一家的主室和家庭聚会的重要场所，也是接待客人和祭祀祖先神灵的场所。杨家滩人都重视堂屋的布设。首先，堂屋的大门上方挂设吉祥物或镇邪物，如红绸包铜钱、镜子等；大门两边贴上一副对联；年关时在大门中上方贴门神。其次，在堂屋进大门的正对面的墙上设神龛。神龛分上坛和下坛两个，上坛为正坛，是祭祀祖先神灵的，正中书"天地国亲师位"，两边书上敬祖的相关对联；下坛也称地坛，是敬土地神的，一般设在上坛的左下方，中书土地神位，两边也要书上相应的对联，如"土能生万物，地可发千祥"及"土中生白玉，地内产黄金"之类的。再次，在接近神龛的堂屋上方中间摆设八仙桌，用来待客喝茶、就餐。最后，堂屋中不能堆放杂物，必须保持整洁。只要有人在家，堂屋的大门一般必须开着，以便于来客随时进门，以示好客。

卧室的布设。卧室为家人或客人休息之所。卧室的布置，一般要求幽静舒适，实用大方。杨家滩礼俗一般是长辈老人住左边（东边）正房，其余按辈份分别安排住房。如果是大户人家，一般长辈住左边（东边）正房，同辈中的长兄住前进正房，其余同辈兄弟住后进正房或厢房，姐姐住西厢房。卧室一般设置床、梳妆台等。卧室是家人的私密空间，客人一般不进入家人的卧室（特别是女人的卧室）。

书房的布设。杨家滩为学风纯正、人才辈出之地，历来重视读书和教化。因此，旧时家境较好的人家一般设有书房。书房一般设有书桌、"文房四宝"书柜、书架、茶桌、椅子等，有的还设有专门题诗作画的案板。墙上挂贴文采雅致的字画。书房的功能除读书习字之外，还是会友谈心之处。因此，必须设置茶桌、椅子、茶柜等家具。

伙房和餐厅的布置。伙房（灶屋）是烧火做饭的专用房子。伙房不宜设在南面，南方属火，火火相加，不吉。且向南方食物易腐。东方、东南属木，与水、火能共处。伙房的布设主要是灶、火塘、餐具架、洗漱台和餐柜的设置。餐具架用来放置锅、鼎等炊具。餐柜用来收碗筷、食品。旧时的伙房灶一般都是烧柴火的灶，必须设装柴灰和烤火用的火塘、放柴草的柴角。火灶设有大灶、小灶，两个灶相连设置，大灶用来办酒席、烤酒等。炉灶不可正对大门，否则有损女主人健康，"开门见灶，钱财多耗"；炉灶不可正对卧室门，油烟熏冲，脾气暴躁；炉灶不可正对厕所门，厕所为不洁之地，且代表水，与伙房（火）不容。此外，伙房地面不可高于厅、房地面，否则易污水倒流，主次颠倒。

旧时一般普通人家客厅餐厅并用，就餐就在客厅；大户人家则有专门的餐厅。餐厅设置餐桌、餐椅、食品柜、食品架等。餐桌忌三角形和菱形（尖利易伤人），可选用圆形或方形的餐桌。餐厅应创造整洁、优雅、能诱导食欲的环境，必须经常保持清洁卫生。

厕所的位置，也是要慎重考虑的。一般安置在西南角，有"五鬼头上安茅房"之说，排水沟也不能通过别人家的宅院，更不可正对别人的家门。邻家屋檐的水也忌滴在院中，认为是污水，影响自家运气。此外，房屋顶上如修建吉兽猛兽者，也不能让脊骶吻兽张开大嘴面对人家，有吃掉别人之嫌。

五、居住礼仪

杨家滩人非常注重居住礼仪。旧时晚辈早晨起床后，要洗净正妆恭敬地向长辈请安；在家中行走要端庄稳重，碰见长辈、兄嫂要打招呼问好；外出要打招呼告知家人，回家要及时报告家人；吃饭时要等全部家人到齐一起吃，长辈座上席，吃饭时长辈先动筷，其他人才能吃；吃完饭后，主妇必须及时收捡碗筷和剩下的食品，然后清扫干净；睡觉前要洗漱干净才上床，不要睡得太晚，要早睡早起，起床后要把被子整理好；有长辈客人在家，必须在早上向其请安问候。

对于远道而来作客的亲戚朋友，主人一定要热情招待并留住客人。主人要安排客人住家里最好的房间，为客人准备好干净舒适的被褥；尽家里所能照顾好客人的衣食住行；对长辈客人要多陪其说说话；尽量不要客人为家里做事，特别是干重体力活。客人住在别人家里，也要懂礼俗，言行举止得体，端庄大方，礼貌待人；客人睡觉前要洗漱干净，起床后要穿戴整齐，把被子按原样整理好；客人不要睡得太晚，起床不要太早，以免打扰主人的生活规律；客人不能进入主人家的卧室（特别是女人的卧室）；客人不能夫妻同睡一室；如主人家有事繁忙，客人要主动帮助主人家做事；如果主人不让帮忙做事而又没时间陪客人，客人则不要久住，适时辞行。

社会生活礼仪篇

第一章 生育礼仪

生育包括了人们的孕育、抚养、教子等整个过程。生育礼仪文化便是对这整个过程的膜拜、崇敬、阐释的表现形式，如拜神求子、巫术求子、孕育禁忌等方面的仪式、仪规。

湘中地属古楚国。《汉书·地理志》云："楚有江汉川泽山林之饶。江南地广，或火耕水耨，民食鱼稻，以鱼猎山伐为业。……信巫鬼，重淫祀。"清代顾炎武《天下郡国利病书》亦云："湘楚之俗尚鬼，自古为然。"对神鬼巫道的迷信，使得湘中的生育礼仪独具特色。

第一节 传统生育礼仪的思想基础

生育礼仪是梅山文化的重要内容，理所当然地打上了鲜明的梅山烙印。

一、传统的生育思想观念

旧时杨家滩及周边的广大湘中地区经济落后，经济以小农生产为主，伴以少许手工业、作坊，人们的劳动强度大，这从客观上迫使人们渴望生男孩，加上只有儿子才能传宗接代旧习俗的影响，更加固了人们多子多福的心理。

（一）多子多福

追求多子多福是中国传统生育观念的核心内容。"五子登科"是我们前人在生育上梦寐以求的理想境界，"'五男二女'被视为理想的生育数"。多子多女者人丁兴旺，让人崇敬，更让人羡慕。相反，不能生育或纯女户，则让人怜悯，或受歧视。

多子多福的观念还反映在我们生活中的一些俗语谣谚中，"多生儿子多享福"是千古以来的流行语，湘中地区这类俗语也多有存在。如杨家滩一带的"多崽多女做神仙，没崽没女喊皇天"，如新化、安化等地的"少年没崽漂呀漂，老年没崽煞坏交"（"煞交"：新化方言，谓终结、死亡；"煞坏交"即死后无人收尸、安葬）。多子多福的生育观念之所以产生并长期流传下来的原因是多方面的。

首先，多子多福的观念与中国的氏族宗法血亲传统密切相关。以农业为基础的中国新石器时代延续极长，氏族社会的组织结构发展得十分充分和牢固，产生在这基础上的文明发达得很早，血缘亲属纽带极为稳定和强大。西洋民族以个人为本位，中华民族以家族为本位。宗族意识使人们把生儿育女看成是对本家族应尽的义务。多子多孙、人丁兴旺，既能使祖宗的香火延续，又能扩充本家族的势力，使本家族免受外人的欺侮。所以宗族主义要求人们多生子女，尤其多生男孩。人丁多了，宗族势力大了，族人在求生立命的竞争中就能占据上风。这种氏族传统的遗风余俗、观念习惯长期地保留、积累下来，成为一种极为强固的文化结构和心理力量。直到现在，杨家滩地区的一些比较偏僻的村落，以人丁多寡来评价势力强弱的现象仍然存在。在一些关系到宗族荣誉、尊严或利益的重大问题上，例如个别地方争坟山、宅基地等，往往是整个家族联合起来对付另一个家族，口头商讨、争吵达不到结果时，则大打出手，以至本应是人们沉痛悼念先祖的清明节前后，倒成了公安政法部门平息家族械斗最为紧张的时候。

其次，落后的自然经济也必然要求多子多孙。男耕女织的小农生产方式对劳动力的需求量是很大的。多生一个儿子，就多一个劳动力，生活资料的生产就多一份产品。直到现在这种思想在少数人身上仍然存在。杨家滩地区多属丘陵地形，大规模的农业机械化生产无法推广，这样，在农忙季节，子女多的家庭就显出了优势。

再次，传统的反哺式的养老方式也强化了"多子多福"观念。儿子多意味着养老保险系数高，如果每对夫妇只生一个孩子，势必会出现一对夫妇供养四个甚至更多的老人的情况，这在自然经济较差的条件下是很困难的。

最后，多子多福的生育观点与儒家提倡的"孝道"的教化也有关系。"不孝有三，无后为大"，与好多地方一样，杨家滩地区旧时无儿的夫妻死后因"不孝"被罚葬在乱坟岗，不能葬其家族的主坟山。而以"父为子纲"为思想基础的孝道要求子女像奴仆一样，那当然多多益善。

按旧俗在传承方面，杨家滩一带是儿传代，女不传，家庭财产由儿子继承，女儿无继承权，父母过世也由儿子负责丧葬，女儿只是吊孝。因此，无儿子的家庭，为解决这些问题，往往采取抚子（或称招继）的办法，即到别的家庭过继一个儿子。抚子有几条原则：首先，血缘关系由近及远，先从本姓兄弟处过继；其次，如本姓兄弟处不能过继，则从外姓家庭过继，一般是同宗姐妹的儿子，过继时要改姓；第三，不能隔代抚子，即无子者如想抚孙必先抚子，办法是找个名义上的抚子，将孙寄在名义抚子名下，其实是父子关系松散，祖孙关系强固；第四，有生前没有履行抚子立嗣手续者，去世后，为行丧葬礼仪时有人为其跪拜、端灵牌，其族亲可为其补办抚子手续，指定继承人，这种被指定的继承人一般是其侄子。丧事完后，死者财产也由其族亲为主分拨一部分给那个被指定的继承人；也有被继承人生前没有正式履行抚子立嗣手续，却自定继承人的（继承人一般也是本族侄子），在征得继承人的同意后，被继承人立下遗嘱，身亡后继承人履行一定的义务，享有财产继承权。

抚子是极其严肃、庄重的事情，涉及多方面的权利与义务，为公示族里乡邻，也为避免日后因责权不明引发矛盾，必须履行一定的手续、仪式并写明抚纸（即订好契约）。具体做法是承抚方和出抚方共同选定好日子，届时请族亲和当地有名望者举行比较隆重的家宴，谈妥双方的权利与义务，立字为据。在杨家滩一带称为写抚纸，其内容主要是承抚方与出抚方双方的权利与义务，如抚养义务、赡养义务、宗嗣继承权利与义务、财产继承权利，等等。

抚子一般有两种形式：一是半抚，只表明抚崽（过继的儿子）是承抚人的继承人，承抚的父母亲在世时，抚崽可不尽儿子的赡养义务，但承抚的父母去世时，必须履行儿子的义务，即安排丧葬、跪拜送葬等；二是全抚，承抚的父母亲要把抚崽当亲生儿子一样看待，即负起亲生父母的责任，抚崽也要完全履行亲生儿子的义务。无论全抚半抚都要写明抚纸，双方签字画押，有的还请证人签字。

有的承抚方过继了一个儿子后，自己又生了儿子，仍照抚纸内容履行义务、享受权利。

现在提倡男女平等，这种意识在抚子一事上也反映了出来，除抚儿子外，还有抚女儿的现象，旧社会无此先例。抚女儿者都因自己没生女儿，为老年常有女儿嘘寒问暖、互通往来起见，举行抚女仪式。一般所抚之女儿为本族侄女或是内侄女，因为血缘关系近，可靠性大。

（二）早生儿子早享福

在我国，早婚早育习俗悠久。春秋战国时期，各诸侯基于生聚政策，都提倡早婚，这可以说是早婚的肇始。其后，各朝代都把人口的增长作为社会繁荣的标志，历代帝王都重视生育，提倡早婚。汉代惠帝六年规定："女子年十五以上，至三十不嫁，五算"，以加重赋税的办法推行早婚。皇家婚配年龄相当幼小。汉昭帝始立时年仅 8 岁，上官皇后也才 6 岁；平帝继位时年仅 9 岁，王莽以 9 岁女儿妻之。到魏晋南北朝时期，因为经过连年战争及瘟疫，人口锐减，国家用行政措施强制人们早婚，规定"女年十七父母不嫁者，使长吏配之"。因而社会上普遍早婚。以后历代封建王朝都有类似的政策颁布，在这样的政策鼓励下，中国人有早婚早育的观念就不足为怪了。

早婚早育观念，既是国家政策鼓励影响的结果，也是多子多福观念影响的结果。可以说，早婚早育是实现"多子多福"理想的一条途径，它可以充分利用个人的生育时机。女性从开始进入青春期到绝经，生育时间大概有三十至四十年，以古时女子 15 岁结婚与现代的女子 20 岁以上结婚（实际结婚年龄更晚）相比，古时女子的生育时间便要多出 5 年以上，生育机会便多得多。这种由多子多福观念影响形成的早婚早育观念至今仍然存在。尽管国家法律规定男、女结婚年龄分别为 22 周岁和 20 周岁，但是在农村，仍有一部分人认为，婚姻关系的建立以举行结婚仪式为准，而那纸结婚证倒不重要，这就导致农村早婚早育现象仍然普遍。

早婚早育也缘于古时幼儿成活率偏低的现实。湘中地区多山地，山村偏僻，生活条件恶劣，小儿体质弱，抵抗力差，患病时又不能得到及时医治，因而成活率不高。解放前，在涟源一个山村中，有兄弟两人一共生过二十四胎，最后只存活两个女孩。如此低的幼儿成活率，也促使人们充分利用生育机会，早婚早育，以图多子女，防不测。

（三）传宗接代和养老送终

中国的氏族宗法血亲传统，要求宗族成员以光宗耀祖为责任和义务，把成家立业、兴旺家族作为人生的主要目标。在宗族主义条件下，"孝"是处理家族成员关系的一大基本原则，最大的"孝"则是能延续父母祖先的血脉，使家族绵延不断。孟子曰："不孝有三，无后为大"，这在旧时被奉为伦理准则。据南宋朱熹诠释：不孝有三，一是不为仕禄，二是陷亲不义，三是不娶无子。没有子孙后代是其中最大的不孝顺。这说明旧时生育不是夫妻爱情的必然结果，而是延续宗族、扩大宗族的手段，是为了家族的兴旺发达、香火旺盛、后继有人。所以，对女性来说，生育就是孝，孝的程度如何，以生育的数量，特别是以生男孩的多少为衡量标准；对男性来说，生育是"上以事宗庙，下以继后世"的大事。从祖宗承传下来的血缘，如果在某个人身上中断，那就是最大的不孝，所以妻子没有生个儿子，在古时被列为"七出"之条，只得忍气吞声地任由丈夫纳妾。即使到了现在，在杨家滩一些偏僻落后的山村，一些无儿无女或有女无儿的夫妻，还被人恶毒地骂作"绝代牯""绝代主"。值得悲哀的是被骂者往往不敢理直气壮地批评这种落后思想，却咽声叹气，自以为耻。

"养老送终"也是传统生育观念的一个重要缘由。那时"养儿防老、积谷防饥"是人们的共识，它明显强调了生育的经济效用。生育子女意味着老来有依靠。在生产力水平低下的中国封建社会，一夫不耕，必有饥者，一女不织，必有寒者，社会保障系数基本上等于零，人们最靠得住的还是家庭保障。一对夫妇成家后，便承担起赡养老人的人生责任。赡养父母是儿子的事，而女儿供养父母只是道德要求，并无赡养的职责，赡养父母，操办父母的后事，主要是儿子的义务。

（四）重男轻女

《诗经·小雅·斯干》云："乃生女子，载寝之地，载衣之裼，载弄之瓦。"意为，生了女孩，要让她睡在地上，表示她的卑贱；仅给她裹上褓布，戴廉价的饰物，说明她将来要干侍候人的事。又云："乃生男子，载寝之床，载衣之裳，载弄之璋。其泣喤喤，朱芾斯皇，室家君王。"由此可见，从降生的那一刹间开始，男女就分别贴上了尊卑、贵贱的标签，享受着不同的待遇。

《诗经》反映的是周代时期的社会生活，说明重男轻女的观念很早就有了。以后几千年来，这种观念又广泛流行，人们普遍以生男为荣，生女为耻。这对湘中地区影响很深，比如涟源的古塘、伏口一带，如生男孩，则放鞭炮以示庆贺，并骄傲地宣告四邻；而如果生女孩，那么准备好的鞭炮也会收起来，一因失望，二因耻于告诉其他人。这种重男轻女的观念在湘中的其他地方也普遍存在，如新化白溪、圳上一带，生了男孩，不仅爷爷奶奶这一方兴高采烈，即使外公外婆也骄傲无比，会四处通知亲友，谓之报喜，而如果是生了女孩，做外公外婆也觉脸上无光，以为是自己的女儿没本事，肚皮不争气，别说去报喜，即使亲友主动来询问，也不高兴，甚至还认为是亲友寒碜他们。这种现象在旧时的杨家滩地区也同样存在。

养育同样重男轻女。旧时在杨家滩农村，人们对于儿子，即使家境贫寒，都要送他们去读书或学艺。而女儿则不一样，古时是"女子无才便是德"，只要让她们学会针线活、学习操持家务就可以应付以后侍候人的生活了。即使是现在实行九年制义务教育，在一些经济欠发达的农村，仍有不少父母不愿为女儿读书花过多的钱。根究其因，大都是"嫁出去的女，泼出去的水（或是差出去的兵）""反正是别个屋里的人"，是"赔钱货"，不愿把本折大了。

婴幼儿、少年时男女待遇不同，长大成人后，社会风俗、观念也同样给男女不同的待遇。旧时包括杨家滩在内的梅山农村，在家族正式聚会时，女人不准进祠堂，在家族的喜宴中，女人不能上桌，办酒席时厅屋中不给女性安席，即使辈份尊贵，也只能坐在偏房。既然整个社会对女性都持歧视与偏见的态度，也就难怪天下"只重生男不重生女"。

二、祈男礼仪

在男尊女卑社会现实的压力和重男轻女生育观念的驱使下，中国民间产生了种种祈男礼仪，杨家滩地区的祈男形式也多种多样。

（一）祈求观音赐男

杨家滩地区对于观音的崇拜和信仰十分盛行。据传说，每年的农历二月十九、六月十九、九月十九是观音菩萨三姐妹的生日，其实，这分别是指观音的生日、成佛日和涅槃日。在这三个日子里，各地乡镇的公路上，来来往往去观音殿还香许愿的善男信女往来不绝：有三五一队年龄相当的妇女，有挂拐携孙的老人，也有正上着学的少年，还有风华正茂的青年，男男女女，老老少少，倾巢而出。

在人们的心目中，观音是一位既法力无边，又大慈大悲的菩萨，只要你心诚，则有求必应，不懈追求生男的善男信女便很自然地把希望寄托在观音身上。因而久婚不育或有女无儿的家庭，无论其成员间平时有无矛盾，在求子这一点上都是同心协力，带着共同的心愿走向观音殿，献上丰盛的供品：香、纸、蜡烛以及各色斋果，然后跪在观音大士的脚下，许上自己的心愿，再拜三拜，并给观音挂上一块求子红布，红布越长越好，谓之披红挂彩。这是去观音殿许愿的。还有的则把观音菩萨"请"到家里的神龛上供奉着，每年的农历二月十九日、六月十九日、九月十九日这三日，便放上一挂鞭炮，在供桌上成一字形横摆三盘供果如瓜、果、糖，并献上香茶，点上长香，祈求观音大士送子，祷词一般为"善男（或信女）×××祈求一男，倘遂所愿，将以×××许愿"。还有人在祝祷时也能体贴观音的"忙碌"，因而在后边还会加上几句："如果我××时运未到，没能遂心愿，我也不怪您，还会一如既往地给您烧香礼拜。"

在观音大士前许下心愿，一旦遂愿了，即求男得男，一定要去还愿，而且还愿时不能打折扣，只能加红利。"许愿不还愿，菩萨不灵验"，一旦欺骗菩萨，则会遭到菩萨的怪罪，会有灾祸降临。这种祈求观音赐子习俗是人们强烈的生男愿望与虔诚的观音崇拜相结合的产物。

（二）向其他神祈子

湘中地区，人们信仰崇拜的不只一、二个神灵，信仰多元化，特别是新化、安化一带，人们的生育崇拜对象除了观音外，还有太阳、太阴、天公、地母、王母娘娘以及各种地方神如南岳圣帝、娘娘神等，佛、道、巫各方神圣都是崇拜的对象。

结婚逾一年未生子女的夫妻，便会到能掐会算的巫婆（俗称"娘娘婆"）处"看水"。这当然是一种迷信活动。据说"看水"时娘娘婆用碗盛上清水，报上祈子夫妇的生辰八字，经过一番巫礼后，娘娘婆便能在那碗水中看出菩萨旨意，也就是祈子夫妇命里是否载喜。如果载喜，祈子者便回家准备好供品去庙宇处求拜圣帝爷爷或送子娘娘。因为这些是地方神，没有佛、道两路神仙那么多清规戒律。向送子娘娘祈子的仪式程序与向南岳圣帝祈子一样，不过因为娘娘神只吃素，所以不必供三牲。遂愿者，尤其是求男得男的，一定要去庙里还许下的愿，即放炮、挂红及放阳钱。如果是向送子娘娘许的愿则将红布写上自己的名字，挂在到送子娘娘身上，如果是向圣帝爷爷许的愿，也须如此给圣帝挂红。许的阳钱一分都不能少，许一千便要还一千，许一万便要还一万。当然，菩萨在人们心中也没有那么"贪财"，一般认为许上几十块钱或几百块便会显灵。"许愿不还愿，菩萨不灵验"是鞭策善男信女还愿的警语。

（三）婚礼中的祈子仪式

家庭的组合是宗法血缘关系延续的一个环节，其终极目标还是求得种族的繁衍，所以在婚礼中，自始至终都贯穿了对子孙繁衍的强烈祈求。

一旦定亲之后，女方家便为准新嫁娘准备嫁妆。旧时在包括杨家滩的涟源市南部一带，女方家无论经济条件怎样，嫁妆少不了马桶、大木桶、小木盆、提桶，桶内装满娘家打发的喜糖，如花生、瓜子、冰糖、爆米花等，取其"生子""发子"之意，以兆新娘"早生贵子"。经济条件宽裕的家庭，还会给女儿准备"排橱"（即衣柜）、"困橱"（即货柜），排橱、困橱的门、屉上须请漆匠绘上一些吉祥如意的图案，如鲤鱼、鸳鸯或瓜藤等，取其多子多福之意。

男方准备的新房内必有一张崭新的双人床，老式双人床四围都有柱栏，旧时条件好的人家会请木匠在四围的柱栏上雕刻一些龙凤呈祥、鲤鱼跳龙门、葫芦等图案，祈祝夫妇和谐、多子多福。在杨家滩一带，青年夫妇结婚喜日那天铺好床后，还要请一相貌清俊、身体健康、聪明伶俐且父母健在、家庭兴旺的男孩到床上躺、坐、玩上一会儿，预祝新婚夫妻来年也能生个好儿子，而这个男孩被人很形象地称之为"逗窠蛋"。

为了营造喜庆气氛，人们还用剪纸、彩图张贴于新房窗、壁上，图案常为男孩手持莲蓬骑在鲤鱼背上，或是花开富贵，表达对新婚夫妇早生贵子的祝愿之情。婚礼当中，亲朋好友向新人的祝辞，也都是祈祝其"早生贵子"。如：

"夫妻饮过交杯酒，红光满面进洞房。

双手放下红罗帐，齐心生个胖儿郎。"

"飞来鸾凤结成双，诗咏关雎第一章，

自是洞房花烛后，必然生个好儿郎。"

（四）其他祈子礼仪

1. 中秋送瓜

生育不仅是一己之大事，也是关系到整个家庭、整个家族兴旺的大事，因此当人久婚不育时，一些好心的邻居也会为他们求子做些力所能及的事。旧时杨家滩一带有中秋送瓜之俗。中秋夜，或一二人或三五人一起到别人的南瓜地里"偷"一个又大又红的成熟南瓜，"偷"时不能让其他人发觉，而主人家开门看到门口的南瓜及上边的红椒，定会欣喜万分，认为天赐吉兆，来年定会生个胖儿子。之所以送南瓜，是因为南瓜多子，上加红椒，也因红椒多子，又像男孩的生殖器。如果这家人以后生了孩子，一定要答谢送瓜之人，设盛宴待之。

2. 摸秋

在杨家滩一带，旧时还有八月十五"摸秋"之俗。中秋夜，几个人一起偷偷地到别人的瓜地里"偷"回一个又大又胖与婴儿身长相似的冬瓜，以及一个成熟的红南瓜，偷时不能被其他人发觉，然后给冬瓜穿上小孩衣服，用南瓜刻画头脸，用两根藕做成一双手，在冬瓜下部挖个小洞，内贮满水，然后用南瓜叶柄（为空心）一小截，插入冬瓜内，外端用棉花塞住，并留一寸长左右，算是男孩的"雀雀"（生殖器），再敲锣打鼓一同送到没有生育的人家，并把冬瓜和南瓜放到他们的床上，用被子盖好。主人家看到有人送瓜，定会热情款待。而这些送瓜人在吃了东西后，临走时说忘了一件东西在孩子身上，乘机把塞在南瓜叶柄空心处的棉花团取下来，让水流到床上、被上，说是"孩子射尿"了。这种玩笑往往让参与者及主人家都笑得前仰后合。

第二节 孕育与接生礼仪

古代杨家滩巫文化盛行。巫文化与重男轻女的落后思想相结合后，便形成了一些独特的孕产期禁忌、占卜男女和接生礼仪。诚然这些习俗中也不乏积极的内容，但缺乏科学依据的居多。

一、孕产期禁忌

（一）孕期禁忌

为预防孕妇流产、早产或胎儿异变，杨家滩一些地方在孕期对孕妇本人甚至其家人有多种禁忌，不能违犯。

1. 饮食禁忌

民间相信，孕妇的饮食对胎儿的发育、成长，以及日后的形象、禀性都会产生影响，因此有种种禁忌。这些禁忌，历史悠久，有的至今仍在民间流传。

孕妇的食忌，有些是人们长期生活经验的积累，有的是考虑到孕妇吃了难消化，容易患病，有的则是考虑到食物的性能。中医认为某些东西性寒，某些东西性热；某种水果补养，某种蔬菜破气；某几种食物会相克，对人体有害，应当禁食，具有一定的科学依据。而更多的禁忌则毫无科学根据，只是民间相信"同类互感"，担心有些食物会给胎儿或孕妇带来不良后果，形成禁忌。

①禁食兔肉。有些地方的孕妇禁食兔肉。民间深信，孕妇若吃了兔肉，胎儿会像兔子一样生一张"豁嘴"，孩子产下后就会长个三瓣嘴，即兔唇。这一食物禁忌，流传范围甚广，年代也十分久远，它至晚在汉代已成为民间俗信。东汉王充在《论衡·命义篇》中有"妊妇食兔，子生缺唇"的记载。这一俗信形成之后，流传不衰。尽管现在医学发达，大多数人的知识水平也能认识到婴儿的兔唇与孕期吃兔肉并无必然联系，甚至科学知识告诉人们，兔肉内含丰富的蛋白质，是孕期妇女的较好食品，也仍然不能破除这一禁忌。对于生子添丁这件关系到家族兴衰的大事，人们是不希望出一点差错的，所以对这种不科学的禁忌，仍是

"宁可信其有，不可信其无"。

②禁食龟肉。这种禁忌产生的原因与禁食兔肉相似，也是担心孕期吃龟肉会将龟性传给胎儿，导致孩子生下后长豁嘴，还有乌龟的头部经常缩在龟壳中，人们也害怕这种特性会使得孩子的脖子会很短。

③忌食蛇肉。忌食蛇肉的原因有很多方面，一是蛇是人梦中的吉祥物，尤其是对于生育来说，梦见蛇则是好兆头，因此人们又认为梦中被蛇咬住则一定会有喜，而梦中将蛇打跑或打死则不利生育。因而由梦及实，孕妇本人绝对不能吃蛇肉。而且孕妇的家人也不能打蛇、吃蛇。二是蛇总是吐舌子，将舌头长长的吐出来捕食，因而害怕吃了蛇肉后，生的孩子也像蛇一样经常吐舌子。

④忌食异常鸡蛋。鸡生蛋与人生子都是种类繁衍的方式，人们根据联想，认为孕妇吃了"软壳蛋"，或是杀鸡时从鸡腹中取出的未成熟的小鸡蛋，会有流产的危险，孕妇是万万不能吃的。此外，忌食双黄蛋，据说孕妇吃了双黄蛋，可能生连体婴儿。

⑤忌食坛子菜。杨家滩人喜食腌菜、咸菜、干菜，因而一般家庭都会有两三个甚至多达十几个腌菜坛子。但是孕期妇女是忌食这些坛子里的菜肴的。旧时民间对于这种禁忌没什么科学依据，只是因为坛子菜外形不够美观，且还常有粘性，因此说孕期吃了坛子菜，孩子生下来会是个"豆豉坛子"，意即眼屎多、鼻涕多，且娇嫩的皮肤上会生出难看的疙瘩。现在人们已普遍认识到孩子的眼屎多与鼻涕多并非是坛子菜上的黏乎东西导致的结果，但是坛子菜吃多了易上火，致使胎儿肤质差，且又不如新鲜蔬菜营养丰富的客观事实，使孕期忌食坛子菜这一习俗一直流传下来，至今都为孕妇所遵守。

⑥忌醋。在杨家滩及其邻界区域，农村人家有自酿米醋的传统。但是米醋放置的时间一长，表面上会浮起一层白皮，因而这些地区忌孕妇食醋，认为孕期食醋孩子生下后起醋皮痂。

⑦忌姜。人们把孩子生枝指、骈指（六指）的情况与姜的外形联系在一起，因而忌孕妇食姜。现在人们随着认识水平的提高，不再认为这二者之间有因果关系，但姜吃多了易上火，对胎儿不利，因而现在也还是禁忌孕妇食姜的。与此相似，现在有的地方忌孕妇吃菠萝，因菠萝外表疙疙瘩瘩，怕胎儿长疖子。

另外还有忌吃辛辣食物，如辣椒、花椒、胡椒，忌吃煎、炒、炸食品等饮食禁忌，怕孕妇吃了上火，对胎儿健康不利。

2.行动禁忌

行动禁忌既包括孕妇本人，也含有对其周围环境、家人活动的限制。这些禁忌是从孕妇和胎儿的安全、吉祥方面考虑的预防措施。由于古代巫文化的影响，以及科学文化知识的欠缺，旧时杨家滩各地的人们对孕妇的行动禁忌较多，主要有以下几种。

①忌夜间外出。民间认为，鬼魅多在夜间出现，因而室外多鬼祟，如被孕妇撞见，胎儿就会被鬼煞的邪气伤害，对胎儿不利。这种想法在如今看来是无稽之谈。但是由于夜间光线暗淡，孕妇外出容易受到惊吓，因而影响到胎儿的正常发育，所以忌夜间外出也有一定的道理。与驱邪、避邪心理相关，杨家滩有些地方有为孕妇打喜符之俗，即根据孕妇的生辰八字测算画符，并将符贴于孕妇住房的门、窗、墙壁等处，以防鬼魅作祟。

②忌洗冷水澡。据说孕妇用生水、冷水洗浴，会伤胎气。现在医学也表明，孕妇妊娠期内洗澡时，水温不宜过冷、过热，而应以体感舒适为准，目的是不对孕妇及胎儿造成刺激。

③忌接近丧葬，否则犯了"四眼煞"，会诸事不吉利。因此孕妇也不能端酒菜敬菩萨，不然，则神鬼不受，降灾于其家人。

④忌钉钉子。孕妇卧室的任何一处，诸如门、墙、床板、家具等处都禁钉钉子。这一忌讳不仅孕妇本人不得犯，且其家人也不能犯。杨家滩地区的民俗认为在孕妇房间钉钉子，可能使孩子生下后会有豁嘴、无耳朵等生理缺陷。另外，孕妇本人无论是在何处都忌钉钉子，原因同前。

⑤忌搬动室内家具。孕妇在孕期内需要安胎、护胎，随意搬动室内的家具，尤其是床，则会冲犯胎神，导致流产，或生下的婴儿五官不全。

⑥如果两个孕妇在一起，忌并排而坐，怕两者之胎神互相攀比，相持不下，造成难产。

⑦忌孕妇跨牛绳。因为牛要怀胎十二月，怕物物感应，也像牛一样怀胎十二个月。

⑧忌钥匙吊于门上。孕妇及其家人在开门、关门后一定要及时将钥匙取出，怕胎儿也被吊起了，因而生产时，慢腾腾的，造成难产。

对孕妇的禁忌总结起来，其目的有三：

一是为后代，这是中心和重点；

二是为孕妇，这是赖以繁殖种族、添丁旺家的依靠；

三是为家人，此乃中国传统的牺牲个人保全家人的家族本位思想的反映。

（二）产期禁忌

产房一定要选背风、干爽之处，最忌当北风的房子，因为月子里的产妇、婴儿身体都较弱，不能当风吹。

一般人家忌讳女儿在娘家生产，因为出了嫁的女儿是别人家的人，其生产的血污、脏物会给娘家带来不利。因而如果有女儿在娘家生产的，则安排在偏房，并且生产过程中所弄脏的衣、被、布单必须用木盆装好，以免污染地面。

生产时，男人不准进产房，怕"难产"。这是由"男""难"谐音造成的禁忌，其实也是怕产妇因丈夫在场不能集中精力。

生产后，外人不得随便进入产房。因此产妇家会在产房门上挂物以示注意，如生男孩，则在门的左上方挂一把剑，如生女孩，则在门右方挂一束鲜花，如生双胞胎则门的左、右两方都挂以标记。

产妇产后需好好调养，以利于身体的恢复。因此产后三天内产妇不能食油腻食品，不能吃盐，怕患子宫炎，而要吃用黄糖甜酒冲的鸡蛋，一是有利于活血和扫除淤血，二是催奶。三天后产妇便可开荤，吃炖鸡、炖猪肚子等营养食品。

月子里产妇忌食凉食。俗以为产妇生产时，整个身体都牵动了，其骨骼都处于松弛状态，易受凉。所以不仅水果不能吃、凉开水不能喝，连刷牙也不行，怕刷动牙齿，老了后牙齿容易脱落。忌食辛辣，以防引起炎症；忌食蔬菜，因蔬菜凉性重，会淘虚身子；忌食红枣，以防退奶……饮食方面的诸多禁忌，有时令产妇觉得产后的"月子"比"十月怀胎"还艰难。行动上，月婆子的禁忌也多种多样，其禁忌的目的大多是为了爱护产妇。如忌洗澡、洗头，怕以后得风湿、头痛病；忌下凉水，怕患风湿、妇科病；忌久坐久站，怕以后腰痛；忌外出，认为产妇阳火矮，阳虚，身体与精神都弱，抵抗力差，易惹病上身，等等。但是，也有的禁忌是对产妇的歧视，如忌空肚月婆上门，怕其带老鼠去，主人家不兴旺，纯系无稽之谈，有的甚至嫌月婆身上不干净，连阶基都不准月婆坐。

孩子在月子里时，称为"月毛子"，其家人忌"四眼人"即孕妇来看望，否则婴儿会生疖子、疮疤，身体不舒服，如果"四眼人"不慎见了"月毛子"，要主动给孩子喂点糖水，以示友爱无犯。

（三）占卜胎儿性别

一旦身怀六甲，腹中胎儿是男是女，是人们特别关心的事情。这种关心源于对男孩的渴盼。而在这种关注当中积累的一些预兆胎儿性别的经验，也世代相传，习以成俗。在杨家滩及其周边地区，通过孕妇的身体反应、变化和他们的行为方式来判断胎儿性别的方法多种多样，大都没有科学道理。

1. 从孕妇肚形判断

通过孕妇肚形来判定胎儿性别的方法在古老的湘中地区比较流行。普遍认为如胎儿为男孩，则孕妇的肚形高而圆。从背后看，孕妇体征并不明显，腹、腰处无明显的变化。而如果胎儿为女孩，则孕妇的肚形呈放射状，宽而鼓，从身后看时孕妇体征十分明显，腹、腰处都明显宽大。还有的认为女孩一般怀得靠上，男孩相对则靠下。

除了从肚腹处的整体变化判定外，还有从细节处的不同变化来判定的方法。那就是通过孕妇肚脐的变化来预测。老接生娘认为妊娠期妇女肚脐爆鼓、往外凸出的，则胎儿为男性，反之，如肚脐往里凹陷的则胎儿为女性。尤其是妊娠期达到五六个月后，有经验的产婆能从孕妇肚脐眼正上方是否有根一寸来长的血丝断定胎儿性别，如有，则断定胎儿是男孩，如没有，则为女孩。据说，此种方法准确率相当高。

2. 通过胎动来判断

因为男孩好动、女孩温柔的性别差异，而带来的判断胎儿性别的方法，认为胎动频率高的为男孩，胎动频率低的为女孩。到了妊娠后期，则根据胎动感觉的细微情况来判断：一般经验是因为男孩喜欢拳打脚踢，所以从那种此处打一拳，彼处踢一腿的胎动方式，预测胎儿为男性，而那种感觉整个肚子都在颤动的胎动方式，怀的大多为女孩。有些地方又有以"男左女右"来区分的方法，认为在腹中女儿靠右，而男孩靠左，因而怀男孩者则腹左侧动得多，怀女孩者腹右侧动得多。

3. 根据孕妇饮食嗜好来认定

根据孕妇的饮食嗜好来判定胎儿性别的习俗在杨家滩各地都有，但方法多有区别。一些地方有"酸男辣女"之说，即孕妇腹中怀的是男孩喜食酸味，而若怀的是女孩，则喜食辣味；还有"男荤女酒"的讲法，即驮的是儿子的话，孕妇会喜欢吃肉。驮的是女儿的话，孕妇会喜欢喝酒。另外一些地方，认为驮男胎的孕妇喜欢吃清淡的茶水饭，驮女胎的孕妇喜欢吃甜味的糖拌饭。

4、从梦的预兆来断定

包括杨家滩的涟源市南部普遍流行通过梦境来预测孕妇腹中胎儿性别的习俗。人们普遍认为梦见蛇便有喜。大概又因为蛇与男性生殖器在外形上有某些相似之处，蛇的游动与精子的游动也比较相似，所以很多地方都认为，妇女在妊娠期如梦见蛇的话，则胎儿为男孩，而如果梦见乌龟、团鱼（鳖）的话，则胎儿为女孩。有些地方与此不同，认为梦见蛇咬是受孕的提示，如果梦见黑蛇追着咬，一定会怀儿子，而如梦见花蛇，多半会生女儿，这大概是以男女两性的衣饰习惯作为依据。

5、以卦象占卜胎儿性别

通过卦象占卜男女，也是杨家滩地区的通行做法。打卦（即卜卦）之前一定要恭请菩萨通过卦象告知卜卦人答案。请来菩萨后，便将孕妇的名字及生辰八字予以报告，如果孕妇怀的是男孩，那么一卦打下去定是阳卦（相合面朝上），如果怀的是女孩，那么卦象为阴卦（相合面铺地），而如果卦象为一阴一阳也即俗语所说为胜卦，不能判断时，则要向菩萨请罪，并说明："我们是不分崽女（即不区别对待男孩女孩）的，不过是想知道是个伢子还是妹子，还请菩萨明告。"于是再卜一卦，当然方法如前，阳卦为男，阴卦为女。这种方法纯系迷信，因此一般人的经验都是："问菩萨是难以问到结果的。"

二、接生礼仪

十月怀胎，一到临产时，孕妇家人则紧张忙碌起来。产妇一旦有阵痛、见红或破水的现象时，其家人便赶紧煮些鸡、肉、蛋给孕妇吃，毕竟生孩子对于产妇来说，既是喜事，同时也是与痛苦甚至是与死神搏斗的过程，需要消耗很多的热量，因而产前适当补充些高营养、高热量食品是必要的，以免生产过程中产妇体力不支以至昏晕甚至休克，这对产妇及胎儿都是极为不利的。

旧时，湘中地方的产妇生产一般都在自己家进行。产妇有临产征兆时，要及时将包婴儿的包被、包裙、衣裳、带子准备好，并去请接生婆来接生。接生前，家人要准备好开水、桐油、消毒剪刀、脐带布等生产用品，并在孕妇头上剪一点头发。

对于初产妇和胎位不正的产妇来说，生产的过程痛苦而又漫长，充满危险。旧时农村医疗条件差，遇到阵痛时间长却没有出生迹象的情况，接生婆无能为力时，杨家滩的习俗是弄些大米，摆碗水到神龛前，烧香念咒请神，向送子娘娘、王母娘娘、报世仙娘讨催胎水喷在产妇的肚子上，帮产妇用力催产。这种方法也有见效的，大概是因为产妇受到凉水的刺激，身体与精神又恢复紧张，便再接再厉产下孩子。但是对于胎位不正的产妇来说，这种方法并不见效，因而旧时，死于难产的妇女明显高于现代。

在杨家滩及邻近的一些地方，旧时生孩子时，家人到处搜罗烂油纸用以驱邪、辟邪。这种方法没有任何科学依据，纯系迷信，现在已基本绝迹。

在杨家滩地区的南部，即现在的白马、茅塘一带偶尔有蛇出没其间，甚至在一些阴暗角落蜕皮。一些有经验的民间接生婆便将这些没见过日头、没经过风雨的蛇皮收集好，用纸包妥。一旦接生时遇到难产现象，便用蛇皮在产妇腰间围三圈，民间迷信事物之间有相互感应的现象，蛇蜕皮很轻松。产妇围上蛇皮后生孩子会像蛇蜕皮一样既不费劲，而且安全无事。以唯物论观点分析，一般人尤其是女人都怕蛇，而痛得发晕或疲劳的产妇在迷迷糊糊中看见蛇皮还以为是一条蛇，自会吓醒过来，而一旦看见"蛇"缠在身上，精神一紧张，子宫猛一收缩，胎儿便也呱呱落地。

民间的催产术既有唯心成分，也含有一定的唯物成分。例如在生产过程中，遇到胎儿久不落地，不管产妇痛得如何厉害，接生婆也会和她的家人拉着她走动走动，认为产妇活动，胎儿也在腹中活动，因而生得快；禁止产妇盘着身子睡觉，认为不利于胎儿出生。这些做法现在也是人们提倡的。

婴儿出生后，便要剪断脐带。现在产科医生在剪脐带时往往留一寸甚至更短的脐带，然后用酒精消毒便可，这在民间接生婆眼中看来是"招摇了事"（即马虎）的做法。在旧时农村，剪脐带时，要为孩子留一拳加一指长（约四寸）的脐带把（即脐蒂），然后捂些桐油到脐蒂断口处，拌着早准备好的产妇的些许头发一起烧一下，经过烧烙后，断口处自然消毒，头发烧成灰后又捂在了烧烙处，不易发生感染，经过这样的处理后接生婆便将脐带把打个结，然后用脐带布绕婴儿腹部将脐带把包裹起来。民间认为，这样处理后，孩子的发育要良好一些，且以后不会犯"脐带风"，不肚子痛，因而认为医生贴身剪断脐带的做法不妥当，致使孩子易犯"脐带风"。

接生的过程，对于产妇本人来说，是一场生死较量，对于接生的人来说，也是充满紧张、焦急、喜悦等复杂情绪的一场考验。孩子顺利出生后，自然是喜悦万分，但是如果胞衣（胎盘）迟迟未下时，接生者及其家人又会重新陷入紧张、焦急之中，怕胎盘被产妇"吸了进去"，留在子宫内对产妇的身体造成极大伤害，甚至引发产后大出血造成生命危险。民间自有应付这些情况的一些土办法，有些接生婆会在剪断脐带后，将胎盘那端脐带绑一净物，以免缩进子宫后胎盘难下，或用筷子或一绺头头发放在产妇的喉咙里，逼使产妇有呕吐感，呕吐时肚子会自然收缩并往下用力，这样呕得几下，胎盘便很容易滑了出来。如果接生婆的经验不丰富，在这样的情况下不能采取这些紧急措施，误死人命，不光产妇家人谴责、索赔，她的接生生涯也大都在此终结。

杨家滩人对胞衣与产后血污的处理也很有讲究，胞衣要用瓦坛装好，埋置离屋较远的偏僻处或山边棘蓬下，以防被狗叼走，不利孩子生长。掩埋时，掩埋者不能因为看见胞衣上的血污而呕吐或吐痰，如呕吐、吐痰，则孩子容易倒奶。

第三节 出生与抚育礼仪

旧时，杨家滩地区与全国各地一样，人们缺医少药，儿童死亡率高，严峻的客观现实迫使人们非常关注和重视小孩的成长，很多关于庆贺孩童生长和培育小孩的民俗礼仪也伴其形成和传承。

一、生长过程中的庆贺礼仪

（一）庆生

人口的增加象征家族的兴旺，是一件令人高兴的事情。旧时在杨家滩地区，有些人家毛毛（指婴儿）一落地，特别是生了男孩，家里放鞭炮以示庆贺，并通告乡邻，亲戚邻居也前来道喜。生男孩是件值得骄傲和炫耀的喜事，恐人不知，而生女孩则是件羞愧与不光彩的倒霉事，羞于人知。

旧时，杨家滩有些地方毛毛出生时，如有不知情者走进家门，则谓之踏生，主人家对踏生的人会热情款待。

有些地方，还有"打喜"的风俗，即孩子（一般是男孩）生下三天之内，其乡邻间血缘关系相近者、平日关系较密切者，三五成群，相约结队买上鞭炮、婴儿衣服、喜联，现在经济条件宽裕了则加送六十个鸡蛋、六十元钱，以示"六六大顺"，到家里来放炮贺喜。并且，为了制造喜庆气氛，打喜的人还用准备好的锅底灰给毛毛的爷爷、奶奶等人抹花脸，图个热闹。对于"打喜"的乡亲，主人家要拿出家中珍藏的美味招待，以示感谢，并要打发他们放鞭炮的花费。此习俗有些地方称之为道喜，庆贺方式同上。

（二）报喜与倒媒树

孩子出生，对于整个家族，以及外祖人家来说都是件喜事，因而要向亲人们报喜。对于本族和本村的亲邻，毛毛落地的鞭炮声便已告诉了大家这一喜讯，重点是要给外祖人家报喜。

在杨家滩地区有第一胎必须报喜的习俗，报喜人一定要是孩子的父亲，如果父亲不在家，也可由叔父代替。报喜时，报喜人携鞭炮、雄鸡、猪肉、鱼和几包糖果糕点等物去毛毛的外祖父家。

报喜人到了外婆家槽门时，便边放鞭炮边往家里走，并大声喊道"贺喜您老人家做外公、外婆"，或"恭贺您老人家当了公公、奶奶"。外婆家人听到炮声，便知是女婿报喜来了，欢天喜地地将女婿迎进家门。外祖父接到报喜以后，要准备打三朝的礼物，一般破费远远超过女婿所花的开支，所以民间常说："报喜报喜，虾公钓鲤。"

给外婆家报喜后，还要向毛毛父母的媒人报喜，报喜的人一般是婴儿的父亲，也可以是婴儿的叔叔，此礼仪谓之为"倒媒树"，意即感谢媒人之意。

（三）三朝礼和满月礼

"三朝礼"，在杨家滩有两方面的内容，即俗语的"洗三朝"和"打三朝"。先谈"洗三朝"。整个湘中地区都有为婴儿洗三朝的风俗，当然，杨家滩也不例外，孩子出生后一般是用包被包起来，到第三天，要给他洗澡，请接生婆或请夫妇儿女齐全的所谓有福气的妇女，帮小孩洗全身。洗澡用水比较讲究，首先必须是新鲜的泉水，加五种具消毒解热祛火功效的中草药，如松柏叶（祈祝万年长青）、大蒜秆、艾蒿叶、枇杷叶、田螺草叶、金银花、橘子树叶、清凉丹等，另外再放些鸡蛋一起烧煮。据说用五味药草水洗过三日澡后，小孩不会有狐臭。洗好澡后，用"黄打粉"或"爽身粉"涂在婴儿身上（起爽身消毒作用），便给小孩穿上衣服、众人唱赞语，如"宝宝洗个澡，身体健康财运好""宝宝穿花衣，聪明、勤俭成大器"等，婴儿家自然是以红包或衣料感谢，把煮好的鸡蛋在毛毛头上或屁股上滚三下后，要送给邻居的孩子吃，意即毛毛与邻居的孩子们关系和睦，互相友爱、照顾。据传说，这样做了之后，大家都会"扶他的身"，帮助他健康成长，少病少灾，这种蛋称为"和气蛋"，产妇在这天也可以吃有盐的菜了。

"打三朝"，即做三朝酒，也叫"庆三朝""贺三朝""三日酒"，是亲戚、朋友一块相约来贺喜、庆祝之礼。有些地方在毛毛出生后的第三天，与洗三朝同时进行。有些地方，则不一定是第三天，而是毛毛出生后的十天之内。还有些地方有打满月三朝的习惯，即有些外婆家因短时间内难以筹足打三朝的费用，或其他原因，在毛毛满月那一天打三朝也可以。更有些地方，要请算命先生占卜择时打三朝。在打三朝的日子，产妇娘家人要用皮笥（竹篾编成的板皮笥）担上给婴儿做的新衣裳和鞋、袜、帽子（帽子钉有银制的小菩萨，如观世音或八路神仙之类）、小围布（梅山方言"口水裙"，它呈半月形，上绣花，用来围在婴儿胸前以防口水、汤水弄脏衣服），还要担上粮米（称"坐月米"）一斗左右即九升半或一斗零一升，以及月婆坐月子吃的鸡和鸡蛋。外婆家还要带些现金，用来给婴儿"挂红"、讨彩，俗语叫"抱毛毛"。总之外婆家"庆三朝"所送的吃、穿、用俱全，取富贵双全之义。在杨家滩一带，打三朝时，外婆家还要送摇篮。看得出，外婆家三朝的礼品价值远远超出报喜时女婿所费开支。这大概是"养女是赔钱货"的一个缘由吧。其他的亲朋来庆三朝，多送猪肚子（据说吃了能收缩子宫）、鸡、红糖等。现在仪式简化，一般是直接送钱的。在这一天，主人家要准备丰盛的酒席招待外婆家及众亲朋。

旧时杨家滩一带办三朝喜宴，普通人家常用水火席，礼仪严谨，待客要谦恭礼貌，厅堂内设四个主宾席位，即第一席位为外公外婆，第二席位为婴儿的宗族长辈，第三席位为婴儿父亲的外婆家人，第四席位为媒人。

席位图如下：

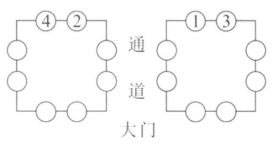

席间一般要尊席。在丸子这道菜上桌时由媒人或接生婆或请夫妇儿女齐全的有福气且会说话、会讨彩的妇女怀抱婴儿从上席开始依次向外婆家人打拱作揖，被尊者要向婴儿挂红，挂红最多的通常是外公外婆。其他被尊者依自身经济条件和关系亲疏程度决定红包多少。"打三朝"规模大小一般视家庭经济条件而定，也有一些视婴儿性别而定的现象，一些山区，生男孩的无论是第几胎都要打三朝，生女孩即使是头胎也不打三朝。

杨家滩有些地方，"坐月子"之"月"并非三十天，而是四十二天，还有四十九天的。到了这一天，便称做满月或弥月，产妇可以随意行动，饮食也可稍加口味，而婴儿也不再是难以喂养、不能见风的"月毛子"，可以抱出房外走动走动。因而到了满月时，也有做满月酒的习俗，但是一般来说，做了三朝酒则不做满月酒，做满月酒则不做三朝酒，程式上满月酒与三朝酒相似。

（四）百日礼

孩子满百日，则又是其生长过程中的一个里程碑。婴儿百日时要请人理发，称之为剃百日头，或称剃胎毛。剃发时要在其顶心或后脑留上一小撮，称之"聚始毛"，为"身体发肤，受之父母，不敢毁也"之意。胎毛剃下后，用红纸包好，用三根红线捆住，挂到房子梁上或高不可攀之处，以利其安全长大。

在满百日这天，要为婴儿开荤。开荤物一般是要猪全身，即猪舌子、嘴、头、脚、尾、心、肝等每样一点，总共二三两即可，切成碎末，用文火熬汤，喂点汤和肉给孩子吃后，就叫开了荤，意即以后可以适当加以辅食如肉、蛋、鱼之类，以使孩子的营养全面。据说，开荤时吃了猪尾巴，则毛毛不流口水；吃了猪嘴巴，以后会说话，聪明伶俐；吃了猪耳朵，则听父母的话、孝顺；吃了猪脚，则孩子脚劲好，身体健康……并认为不开荤则孩子只会吃奶，不会吃其他东西，如果开荤开得好，毛毛吃得多，便证明他不挑食、不厌食，以后爱吃东西，好带养。

（五）周岁礼

在杨家滩地区孩子的周岁生日是很隆重的。这一天孩子从婴儿进入到了幼儿阶段，这是一个很大的飞跃，各地很重视孩子的周岁礼。这一天，家人要为其举办热闹的周岁礼，亲戚、朋友、乡邻都会带礼品前来祝贺，礼品一般为小孩的衣、鞋、帽及幼儿食品，外婆家则要安排丰富的礼品（现时约值现金四五百元钱），众亲友基本到齐了时，主家便开始设家宴款待。

在周岁那天，旧时普遍有"抓周"的礼仪。所谓"抓周"，是指在小儿周岁这一天，将各种小玩物和文具、书本、食品、劳动工具等摆放在小孩面前，任其抓取，以试其志趣、前途。"抓周"盛行于古代。在《红楼梦》中，就有贾宝玉"抓周"的情景，当时小宝玉抓了脂粉钗环，其父贾政便说他将来长大后不会有出息，是个贪恋女色之徒。在杨家滩地区，这种礼仪直到现在仍然流行。"抓周"这一习俗虽没什么科学根据，却也不伤大雅，又能为其周岁之日带来欢乐和热闹的气氛。人们沿袭这种风俗主要还是为了增添乐趣，即使他一把抓住食品，他的父母也不生气，只会又惊又乐地抱起他，既喜又嗔地说上一句："哇，你这个好吃鬼，馋猫。"再狠狠地亲上两口，绝不会像贾政那样一见宝玉抓了脂粉便气得脸色大变。

周岁一过，孩子开始断奶，开始学着说话、走路，慢慢地摆脱对于母亲、对于怀抱的强烈的依赖性，开始想要找伴玩，并且也能够和其他孩子一块玩耍、作伴，因而也就少了0~1周岁中那些繁琐的仪式。

二、抚育过程中的常见礼仪

（一）婴幼儿时期

有的婴儿生下来就爱哭，一般是两个原因，一是肚饿了；二是身体不舒服。有经验的人很会料理，肚子饿了则喂奶。如果是身体不适，如肚子痛或脐蒂发炎、收缩不好，则拿勺盐炒热，用纱布包上，在孩子的肚子处来回揉搓，或以桐油用食指沾在灯上烧热，揉摸肚脐；如发烧，则喂黄连甘草水退烧，或取燕子窝用温开水发湿，贴到肚脐眼上；如果孩子消化不良，拉稀屎，则用鸡胗皮（即鸡内金）焙干、磨碎、泡水喂食。这是带养一岁内婴儿常用的土方法。

旧时湘中地区人们信鬼好巫，在小孩没有满月时，如果亲戚送东西去，怕在外边附了些鬼魅邪祟，要在月婆的房门或厅屋门顶上，横挂一条十六两的大秤，把送来的东西在秤上挂一下，把"产难鬼"和邪祟鬼魅吓走，也有的在礼品内加放生铁或剪刀等以避邪。

杨家滩地区，对于数术测算八字命运的迷信至今仍有遗存。孩子生下后，要请八字先生"看八字"。八字先生根据孩子出生的年、月、日、时，从一岁起一年一看算到十六岁，谓之"排四柱"，算中哪岁命运不佳，会有灾病，则谓之童关，一般一个孩子有几个童关。如果流年不利，有犯"将军箭"的，孩子的父母请石匠打一小石碑，碑上写着"弓开弦断，箭来碑挡"，并写明左右路的去向。石碑做好后主家请石匠和迷信从业人员将其竖在交叉路口，让人一看便明了去向。这叫"分路碑"。分路碑碑面上刻上箭、弓、弦，正中刻上"将军箭"三字，左边刻"左走×××"，右为"右走×××"，用红漆描字、画，碑的中央刻"信人×××立"字样。

有些地方，家有婴儿、幼儿夜不安睡，爱哭闹时，则用红纸写上："天皇皇，地皇皇，我家有个夜哭郎，过路诸君念一遍，一觉睡到大天光。"孩子的父母或其他长辈将其贴于路边显眼处，以祈求孩子身体健康，睡觉安稳。在杨家滩及其域内的枫坪、斗笠山、水洞底、荷塘、金石的一些地方有在抚养婴、幼儿时"封禁"之俗，即小孩生病、爱哭闹、食欲差时，民间疑其灵魂逃亡，便准备一个小陶瓷坛子，一块红布，些许大米，三个古铜钱，请巫师使法术，将其魂魄收回来，并将鸡蛋和些许米、古铜钱一起放进陶瓷坛内密闭封好，以使魂魄不再失散飘游。

三岁内的小孩如果不好带的，父母便请巫婆把他寄到一些儿女多且身体好的人的名下，"寄"给男人则称其"寄爷子"，"寄"给女人则称其"寄娘"，小孩则是他们的"寄崽"。对于寄娘或寄爷，寄崽要一生铭记，时时看望，交往密切者，甚至不亚于生身父母。有些人家则干脆"寄"给一些八字先生或寄到庵堂寺院，但每年的供奉也一样要上。有些没钱的人家，就把孩子寄到村外的某个大岩石上，备好香纸爆竹，请巫婆报上孩子的生辰八字，再念念有词地念一通咒语，然后就烧纸钱，跪拜之后，算是完成了寄养。从此，小孩就叫所拜石头为"石寄娘子"。

在离杨家滩约 80 公里的韶山也有这种习俗，毛泽东小时候便被寄给一块大石头为子，故别人称他为"石三伢子"。

（二）儿童成长期

孩子到了七八岁开始换牙，掉下的乳牙，上面的要往下处如床底或河里水深处丢，如果下面的则要往屋顶上扔，以祈出牙长牙又快又好。

为了好带养，在取名时，有趋贱的习惯。一些地方很盛行给孩子取贱名的习俗。小名为"狗伢子（妹子）""猫伢子""石伢子""草妹子""树兜根""铁柱子"的人多得很，即使有的父母不愿喊这等粗俗名字，而另择雅字，也会在喊孩子时取其名中任意一字再加"伢子""妹子"，如"×伢子""×妹子"，以示并不娇养，这其实也是趋贱心理的反映。这种取名的趋贱习惯，源于古时科技水平落后，医疗条件恶劣，孩子成活率不高的实际情况，因而用一些贱生贱长但生命力、繁殖力强的动、植物或日晒雨淋仍不变色的石头，能久经摔打的铜、铁等为孩子取名，以祈求孩子能健康平安地成长。

在为孩子取名时，杨家滩地区的人往往把名字与三魂七魄联系在一起。有了这种原始信念，便产生了喊魂、收魂的民俗活动。据考证，这是受古代巫术的影响使然。《楚辞》中的《招魂》篇就体现了楚地的这种巫术。旧时，在杨家滩和涟源南部的其他地方，如果孩子在玩耍中不慎掉入河、塘或山沟，经救上后，可能还因受惊吓而精神恍惚、烦躁难安时，其父母或祖父母便疑其魂魄丢在了失事处没有跟回来，因而拿上一些渔具、农具如网、箕等到失事处捞三下，然后边走边喊："××伢子（妹子），我们回家了。"即使在医药条件明显改善的今天，民间仍有老人信奉此法。

以前，山间乡人患病时，如果吃过多种药方仍不见好转，或家中有人运道不佳，气运不好，便请巫（女性）觋（男性）做法，"念咒画水""杀鸡画符"。古时之人，尤其是一些巫人平时并不讲究卫生，念完了咒后总要用手指在头上抠两下再在茶碗中划两下，再让病人喝下去。有的因为病人并不在场而是远在他乡，画水不方便，因而画符，符纸是黄色纸上用红色笔画一些巫术符号，画符后要杀雄鸡敬神，并将雄鸡的鲜血洒落到符纸上。有的要求求符之人将符纸吃下去，吃时将符烧成灰，泡水连灰末一起喝下；有的人可能难以吞咽灰末，便需将灰末高高地撒到屋顶或树上等别人脚踩不到的地方。还有符要放在求符之人的枕下或随身携带。有些嫌麻烦的人便简化程序，生病了不去请医生，而在自家神龛前的香炉里抓点香灰泡水喝。有的病人经这么一弄，也有病愈的，不过今人想来，起作用的并不是那碗水和那道符，而是因为极端信仰迷信产生出来的精神动力和战胜病魔的信心。尽管如此，民间的这些方法偶尔可见。还有很多身在山村的父母为远在他乡工作、求学的子女所求，而早受文明熏陶过的子女面对父母殷殷的目光时，一般也不会拒绝。

第二章　婚姻礼仪

　　婚姻礼仪是各种社会礼仪之首，它关系到家庭与社会稳定，家族兴旺。同时也反映着社会各个历史时期发展的文明程度。传统婚礼有纳采、问名、纳吉、纳征、请期、亲迎，谓之六礼。旧时杨家滩境内以古婚礼"六礼"为蓝本演变而成，通过传承、创新和发展，形成了独特的杨家滩嫁娶礼仪，即请媒、察垱、订婚、择期、亲迎与庙见。

第一节　请媒与察垱

　　《周礼》云：媒氏掌万民之判。凡男女自成名以上，皆书年月日名焉。令男三十而娶，女二十而嫁。凡娶判妻入子者，皆书之。因此，古代男女婚姻，媒介起着很重要的作用，没有媒氏，也就没有婚姻，也没有人类社会的延续。旧时杨家滩境内，男女婚配，一定要有媒人，"男不亲求，女不亲许"。境内都有"天上无云不下雨，地上无媒不成婚"的说法，即使双方情投意合，也要请媒人出面才能举行婚礼。如无媒自婚则要受到社会的谴责和歧视，可见媒妁之言举足轻重，且都约定俗成。因此，在杨家滩境内把"请媒"看得很重，是缔结婚姻的第一步。而"察垱"是确保婚姻质量的重要环节，如察垱到位，是美满婚姻之开始，为建立一个幸福的家庭打下了一个好的基础，也是兴家旺族的重大事项。因此，杨家滩境内非常重视"察垱"，视其为议婚成功的关键程序。

一、请媒

　　1.职业媒人说媒。职业媒人是指以做媒作为职业，依靠谢媒酬金，解决生计之用的人。因此专业媒人一般能说会道，懂得婚姻礼节，很有经验。他们广通人脉，信息灵通，会及时了解当地及周边适婚青年情况，如有合适的男女青年，主动与男方主人或女方主人沟通，尽量介绍双方的优点，只要双方基本情况相符，门当户对，就力促婚姻成功。因旧时男女授受不亲，女孩一般社交很少，只能听父母之命，媒妁之言。专业媒人如碰到合适的青年男女，主动与双方家长试探、沟通。

2. 请信得过的人做媒。男女双方有意，或自由恋爱，双方父母均又认可，但在境内"天上无云不下雨，地上无媒不成婚"的社会习俗面前，只有明媒正娶，才被公认，才符合规范及社会风俗，否则得不到社会公认。一般是男方家长请信得过的人说媒，及时沟通男女双方家长不便面谈的想法，这样显示对女方的尊重。

3. 说媒三步曲。专业媒人不管晴天或雨天，都带一把纸质长把伞，一般晴天左手夹伞，除了遮阳避雨外，还用来传递信息。据境内一些老者介绍，旧时媒人第一次去女方家，将伞撑开倒立于门外，并给女方主人说一些客套和隐语。如女方主人有意向说亲，女方家长便将雨伞顺立于门外，媒人领会后离开。媒人第二次到女方家，媒人仍像前次那样放置雨伞，媒人继续说一些客套和隐语，如果女方主人把伞拿进厅堂左边顺立，表示所说的亲事得到了女方家的基本认可，媒人领会后离开。媒人第三次到女方家，媒人仍像第一次那样放置雨伞，媒人继续说一些客套和隐语，如果女方主人把伞拿进了姑娘的闺房，则表示完全同意此门亲事，但女方主人口头上仍不答应，有待媒人多次求说方应允，以示"好女多求"和对女儿婚姻大事的重视，提高其身价。

二、察垱

察垱俗称"看地方"，在境内非常重视，是男女双方主人基本认定婚事后所必须经过的一个重要仪节。女方家长为了对女儿的婚姻大事负责，要对男方及家庭进行比较全面的调查、了解。"察垱"分为两种主要情况：第一种是在媒人的引领下，女方家长及家族代表去男方家进行调查了解，对这桩婚事是否可行进行确认，也表示女方主人对女儿婚事的高度重视。如成，提醒男方家不要看轻。第二种是在男方家长不知情的情况下，女方家长为了女儿的幸福，对男方家进行全面的调查了解，以确认女儿婚事是否有必要进入下一步。此种情况视女方家对女儿婚姻的重视程度而定，一般会选择第一种情况。

考察内容有男方家庭所在地的自然条件、男方家庭经济状况、男方本人人品、男方家长的有关情况及其家族的基本情况等。去男方家察垱时，一般由媒人通知男方具体时间，由媒人引领，女方家长或兄长去男方家，到达男方家的时间应在中餐以前。男方事先会准备宴席，若女方家长愿留下来吃饭，即相中了，若坚决不肯吃饭，标志着这门婚事告吹。女方家长在吃饭以后，男方须向女方家长一行送"打发"。

第二节 放茶钱、订婚与结婚

在湘中境内，"放茶钱"、订婚与结婚是办理婚姻手续中的三个重要阶段，具有丰富的地方特征，有经久不衰的传统礼仪。

一、放茶钱

通过"请媒""察垱"，男女双方家长基本确认婚事后，为了进一步确定婚姻大事，对是否订婚作进一步的认可，由媒人引领男方去女方家相亲。由媒人先与男女双方家长商定时间和地点，再由媒人带领男方去女方家，随行的有男方家长及家族有威望的代表，到达时间一般在中餐以前。媒人和男方到达女方家后，应先在厅堂就坐，此时女方会偷偷地去观察男方是否符合自己的要求，或由女方家代表进一步参谋，如基本相中，女方家代表用茶盘端茶招待男方家长一行。如男方接茶喝完，便放红包于茶盘内表示男方相中了，此谓"放茶钱"。放了茶钱，这桩婚姻也就基本有谱了。

二、订婚

在杨家滩境内。"订婚"是三书六礼中保留下来较为完整，同时也较受重视的传统礼节，此举代表了男女双方各自约束与彼此爱护与尊敬，这种习俗延至现在仍是嫁娶礼仪中重要环节之一。

旧时在杨家滩境内，一般在通过请媒、察垱、放茶钱以后，双方家长会尽快为儿女订婚，其目的主要有三：第一，为了约束双方；第二是将婚姻事告之双方亲属；第三，使男女双方家长心安。

（一）订婚选择日期

订婚日期，一般由男方提出建议，委托媒人征求女方家意见后确定，它不像结婚日期那样受重视，无需占卜、看八字，只要选择习惯上认为吉利的日子就行，如逢六、逢八、逢九均可，或只要是个"双日子"就行，即偶数日期就好。但一般避免在逢三的日期订婚，因为"三"与"散"谐音。

（二）送"订婚礼"

男女双方家长通过媒人洽商妥了婚事的一切条件后，男方家会依照议定的条件送聘礼（俗称定礼）到女方家，当日男方家会请全福之人，即是既有丈夫、儿女，且公婆、父母皆在者会同媒人，带礼金及礼品、聘书、礼书到女方家中。礼金和礼物数量均用偶数，即取成双成对之意。大家互相祝贺道喜，增加欢快喜气的氛围，女方家设宴招待男方家代表和媒人一行，这样订婚礼便算完成。

（三）订婚习俗

1. 启程与双方代表见面

在杨家滩境内，传统的订婚仪式是女方去男方家。订婚当天，媒人按男女双方约定的日期赶早来到女方家，再陪女方及家长代表在午餐前赶到男方家，男方及其长辈代表在大门口恭迎。女方和家长代表进入男方家后，先在厅堂内休息片刻，待男方代表端来洗脸水，洗过脸并且喝完男方家敬上的清茶（寓意双方清清白白和水茶（用橘饼、红枣和红糖加开水混合而成，寓意爱情甜蜜）后，才进客厅就坐，或自由行动。一般在女方和家长进入客厅时，男方代表便将女方带来的雨具和其他物件收藏起来，以示诚心留客。

女方和家长到达男方家后，男方家需安排辈份相同或稍长、年龄相当的人作陪，如有社会地位比较高的人最佳，表示对客人的尊重。宾主双方交谈，各自介绍，促进了解，建立感情。

2. 订婚宴

在杨家滩境内，订婚宴席比较隆重而丰厚，客人除女方及其家长和媒人以外，还有男方家亲戚和族亲。

（1）订婚宴的席位安排。订婚宴虽不如结婚那样有讲究，但该有的礼节和习俗是要高度重视的，如必须请女方家长和媒人坐在重要位置，还要有辈分高、年龄相当的男方家代表作陪，其他客人要待女方家长和媒人就坐以后方可入席。

（2）宴席菜肴、酒水要求。酒水要纯净，菜肴要新鲜，餐具要干净，且要摆放整齐。旧时在订婚宴上有不能上牛肉、狗肉等习俗，因为牛肉难嚼，如在订婚宴上吃了牛肉，婚后就会有麻烦事不断的说法。另外，狗是人类最忠诚的动物，当地有"死狗散场"的说法，在订婚宴上吃狗肉对婚姻不吉利。这些习俗寄予对婚姻的美好愿望，说明旧时杨家滩广大劳动人民对订婚宴是非常讲究的，也是对美好婚姻的高度向往。

（3）上席离席礼节。旧时订婚时男方迎接女方家长进屋时一般不放鞭炮，也有讲究的家庭放鞭炮，以示对女方家长尊重。后来宴席期间一般放鞭炮三次。第一次放鞭炮，请贵客上酒席；第二次放鞭炮，表示宴席近尾声，即宴席上鱼时响鞭炮；第三次，当上宾离席时燃放鞭炮。当上宾下席时，其他客人也应相继停止用餐，以表示尊敬上宾。一般说来，上宾要在全部客人或绝大部分客人退席以后才下席，以表示礼貌。

（4）送打发。杨家滩境内送订婚礼又叫"送打发"。即男方向女方家长及媒人送订婚礼。一般向女方家长送"三牲"，即雄鱼一尾，雄鸡一只和猪肉若干斤，猪肉一般要带猪脚，猪脚被称为抓钱爪，祝愿青年夫妇婚后勤劳致富。猪脚上须缠上红纸，表示吉祥。雄鸡必须健壮，人们认为雄鸡越健壮威武，预示着青年男女婚后家庭越兴旺发达。

女方家长回家时，男方家代表要送他们到家里。女方家长要留护送的男方代表和媒人住宿，晚餐请族亲代表作陪。

旧时杨家滩境内，订婚时双方有互送糯米粑粑的习俗，这是因为糯米粑粑有黏性，象征双方婚后心心相连，也因糯米粑粑是圆的，取其夫妻恩恩爱爱、团团圆圆之意。

在旧社会，男女订婚以后，禁止双方悔婚。如双方有一方悔婚，对待退婚后聘礼的处理上有一致的习俗，若女方悔婚，女方将聘礼退还男方；若男方悔婚，男方无权索回聘礼，这一习俗主要是保护女方。订婚后，人们习惯上把双方家长看成"准亲家"，互相走亲。

三、送日子

"送日子"又称报日，是结婚礼的前奏。结婚礼是否能顺利进行，"送日子"这一环节很重要。

1. 选择婚礼日期

自古以来，结婚是一件大好事、大吉事。在传统观念中，结婚的日子是非常重要的，必须慎重对待，应择吉避凶，必须选择吉月、吉日、吉时，使隆重的婚礼喜上加喜。顺应天时是共同的愿望，因此选择佳期决不会草率行事，必须谨慎对待。

确定佳期首选定结婚季节。旧时，婚嫁之日一般会安排在春夏之间或秋冬之间的日子，当然也选择特殊日子为佳期的，如婚礼寿礼合一、婚礼乔迁礼合办等。

旧时选择春秋两季办婚事有其理由。冬去春来，属阴阳交接，男女之阴阳交接，则顺应于天时，春天万物始生，给人以一种兴旺发达的迹象，所以春节前后结婚者居多。将秋天作为佳期的，也有其理由。因为秋天是收获的季节，粮食归仓，进入农闲，一来有时间举办隆重的婚礼，二来仓库里有粮食，办婚事心里踏实。

在杨家滩境内，选择结婚佳期的方式多种多样，主要有以下几种。

①占卜。这是一种常见方式，一般由男方家请算命先生占卜，确定结婚的具体日期。另一种情况，男方家确定了结婚佳期，男方家为了表示对女方的尊重和爱护，男方家请女方家确定结婚佳期。其实由女方家确定结婚佳期较合适，因女方知道自己的生理周期，请算命先生占卜，确定的结婚佳期时，首先考虑避开了女方的经期，这样避免了结婚典礼不必要的麻烦，使结婚大喜日子喜气洋洋，喜上加喜。

②按大众公认的吉日确定佳期。在杨家滩境内，普遍认为日期数字为偶数，即习俗称的"双日子"为吉日，尤以逢二、逢六、逢八为最佳。

2. 确定结婚佳期的注意事项

①避开经期。在选择结婚佳期时，如由男家确定结婚佳期，女方要提供月经的时间规律，以避开经期。旧时有"骑马拜堂，孤守空房"和"骑马拜堂，家破人亡"之说。这当然是没有科学依据的，但新婚之日，如果新娘恰逢经期，身体出现不适，的确不利办喜事。因此，老祖宗的"教诲"表面看似封建迷信，其实是对女方的关爱和保护。

②一个厅堂内一年不发两次嫁。旧时在杨家滩境内，人们认为一个厅堂内一年嫁出两个女儿，后出嫁的婚后不发达。这是境内老祖宗留下的规矩，所以宁可信其有，不可信其无，选择佳期时应考虑这个因素，免得在大喜的日子里留下阴影。所以人们在选择吉日时要充分考虑，如果某一户人家的女儿确定婚期后，同一厅堂的另一户人家的女儿因特殊情况在同年内必须提前出嫁，则原已选定吉日的人家要将女儿出嫁的时间改在来年。

③同一个厅堂内一年不娶两个媳妇。旧时，如果一个厅堂内同一年娶两个媳妇，认为后进厅堂的凶多吉少。因此在选择佳期时应考虑周全，使结婚的大喜日子里增添喜气的气氛，而不必忧心不乐。例如，解放前杨家滩境内有一户

人家，男主人六十大寿，他家两个儿子都成亲，寿礼婚礼合一。由于男主人考虑不周全，只知道喜上加喜。两个新娘家由于受风俗影响，于是争先恐后抢"吉利"，加上路途不好走，导致一个新娘连同花轿和轿夫掉在池塘里，新娘成"泥娘"。本来是喜上加喜的寿礼婚礼合一，最后由于选择结婚佳期不周而造成"麻烦事"。

3. 几种特殊的确定婚期的方式

① "服中成亲"

"服中成亲"，即红白事连着举行。在古时，有父母亲去世后，儿子要在父母亲坟前守孝三年，未成婚的儿子三年内不得结婚，以表孝心的习俗。有些青年男女在父母去世前已订婚，且已到婚配年龄，如父母突然去世，儿子为了完成父母生前心愿，希望在世时办完婚事，于是请媒人尽力去做好女方的工作，在父母丧事期间成亲，这种婚礼叫"服中成亲"。服中成亲者，必须在亡者棺材出殡以前接回新娘，让新娘与其他孝子孝媳一样披麻带孝送辞世的公公或婆婆上山。举行结婚仪式时，原来搭建的灵堂要拆除，换之以办红事的场面，但婚礼形式从简，以送去世的公公或婆婆上山为主。这种成亲方式，在特殊情况下处理恰当，能得到当地社会的认可，不得不敬重古时杨家滩境内人们的创新智慧。

②婚礼寿礼合一

这个习俗在杨家滩境内较多见。婚礼寿礼兼办的主家愿望主要有二：一是希望增加喜庆气氛，二是希望节约经费、时间和精力。旧时，在杨家滩境内，一些家庭，特别是一些经济较困难的家庭，借父母亲过五十、六十或七十生日那天，娶回新娘，婚宴寿宴同一席酒。采取这类方式，愿望是好的，但在兼办中如组织不力，或考虑不周，也易造成因争上席不欢而散的情况发生。因此，采取这类方式之前，必须请媒人到女方家说妥，征得女方家完全同意方可办理，否则容易惹出矛盾和事端。这是因为寿宴与婚宴的上席并非同一人，而坐首席各有其理，而二宴兼办，只有一个首席，难免有一方不满意。因此，主家必须派出德高望重的代表向寿宴婚宴双方的首席来宾征求意见，切实做好工作，意见达成一致。不过此类宴席一般由婚宴方主宾坐上席，寿宴主宾坐特别席，双方谦让，喜气盈庭。也有的主家采取两个厅堂同时摆席的方法，使两个主宾各坐其席，皆大欢喜。这种坐席的方法是可取的，避免闹出矛盾。

③婚礼乔迁礼合办

一些主家利用乔迁新居之良机举办婚礼，确实是一个非常好的选择，二礼合办，有特殊的喜庆气氛。采取这样的成亲方式，并且易得女方的认可，协调工作难度不大。但毕竟是两礼合办，是临时决定的方式，主家还是要请媒人去女方家说合，得到完全认可后，方可办理。乔迁之喜也是千年大计之喜，千百年的好事，不要因婚礼考虑不周而影响千百年好事的喜庆气氛。不过，此类宴席由婚礼主宾坐上席是约定俗成的事，一般不会发生争坐上席的情况。

4."送日子"的礼品习俗

旧时在杨家滩境内，"送日子"是指男方到女方家送聘礼，送日子应考虑礼品数量及礼金多少等，男女双方家庭的想法及要求在媒人的来回传递沟通达成意见后，在送日子前要精心准备好。送日子一般会选一个吉利的日子去女方家。男方家按事先商量的礼品、礼金并写好礼书在媒人的引领下去女方家。给女方办酒席用的礼品主要有：有头有尾的猪肉一边，稻米若干（具情况而定），糖果、花生若干，但重量应成双，图吉利。送女方父母礼金、布料等应按事先商量好的办，只能多不能少，数量要吉利；给女方爷爷、奶奶、外公外婆一般为四包糖、六斤肉；送女方叔婶或伯伯、伯母、舅舅、舅妈两包糖、四斤肉等。其次给女方及女方父母、亲戚礼物，一定考虑周全，对结婚顺利进行大有帮助，否则麻烦不断，甚至弄得不愉快。

5.送日子女方送回礼习俗

女方要给男方的父母准备布鞋，称享福鞋，送日子那天作为回礼，表明准媳妇孝顺，最好是女方本人做的鞋；同时还要给准丈夫鞋、衣、帽等，称绣郎衣、绣郎鞋、绣郎帽等。

第三节 结婚礼仪事象

《礼记》云："昏礼者，将合二姓之好，上以事宗庙，而下以继后世也。故君子重之。"婚礼，是要用以结成两姓家族之好，对上得以祭祀宗庙祖先，对下得以传宗接代延续子嗣，所以君子重视它。从古代到近代，人们非常重视婚礼，都希望通过美满婚姻，建立一个幸福家庭，传宗接代、兴家旺族，同时也是社会延续发展的根本，因此婚姻礼仪是一切社会礼仪之首，并在不断创新和发展。

一、辞堂宴

在杨家滩地区，新娘出嫁的当天早上，新娘的父母亲要为新娘举办辞堂宴席。

1. 席位排列习俗。主宾席位如下，一席：新郎，二席：媒人，三席：舅父，四席：女方本族尊长，即女方本族德高望重的长辈。

如图示：

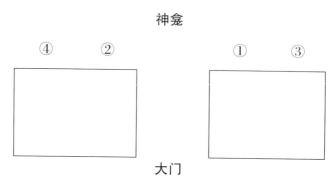

神龛

④　　　②　　　　　　　①　　　③

大门

2. 发亲酒和起马杯。杨家滩境内，"发亲酒"又叫辞堂酒。新娘出嫁的当天早上，娘家请来亲朋戚友，共同祝贺女儿婚配。这天清晨，新郎在伴郎、媒人的陪同下带着至少六挂鞭炮（进岳家门、尊席、安席、谢席和发亲、举行谢祖宗礼，各放一挂），帖书礼（敬赠给岳父岳母，感谢他们对自己妻子的养育之恩的礼金）和小包封（送给新娘未成年的弟、侄、甥等人的小红包）若干个，赶早奔往岳家接亲。旧时交通不便，富有人家乘轿，穷人家一般靠步行，如两地相距很远，新郎在先天的后半夜即动身，帖书礼和小包封的数量视当时的经济状况和行情而定。如果帖书礼过少，岳家有意见，难免生出麻烦来。必须按媒人与女方家长商量好数量作标准，只多不能少，并且数量必须为吉利数，否则被视为看轻人，可能会弄得很不愉快，迟迟不发亲，更有甚者因帖书礼不够而有未发亲的例子。小包封按血缘关系确定不同标准。帖书礼和小包封的赠送范围与标准，由媒人征求岳家意见，再由新郎家准备，宜多不宜少，自古婚姻是结两姓之好，新结成的亲戚，以双方皆大欢喜为好。新郎快到岳家时即燃放鞭炮，最好是双鞭炮同时燃放，预防鞭炮熄火而造成不吉利的状况发生。岳家闻鞭炮后即派人出门，将新郎一行迎接至厅堂内，由岳家族亲作陪，这时新郎被称为新贵人。开席时，岳家族亲长者将新贵人尊请上一席，另外几个主要席位也要逐一敬请，每桌坐八人，席位如上图相同：图中①为新贵人席位，②为媒人席位，③为女方舅父席位，④为新娘族亲尊长，其他席位无尊贵之别。如有其他尊贵客人不便于在厅堂安排席位，则于另室安排特别席。席间上菜至出圆子（丸子）时，要燃放鞭炮。这时新贵人走下席位，在媒人和伴郎陪同下向所有客人一一敬酒递烟，以示谢意。

发亲宴席上，新贵人特别紧张又惹人注目，他事事要注意礼节，往往很受拘束，行动不很自然，下席时尤其要注意，即使自己用餐结束，也要等其他客人都离席后才离席，以示尊重客人。

散席后，岳家请新贵人、媒人、伴郎和族亲及其他好友围坐一桌，饮酒品茶吃欢茶（即现时的喜糖）。这称为喝"起马杯"。在喝起马杯时，岳家托新贵人关心女儿，嘱咐他们相亲相爱，祝愿他们白头偕老，终生幸福。此时新贵人表态一定要诚诚恳恳，并表示衷心感谢，庄严承诺尽好义务，当好女婿，夫妻互商互量，团结合作，相敬如宾，成家立业等，喝完起马杯后即发亲。

出亲前新娘盖上红盖头，将一边长为三尺的正方形红围巾蒙在头上，这红色的围巾称为"盖巾"，俗称红盖头。对于盖头这种婚俗，一般有两种说法：其中一种说法是说盖头是为了遮羞；而另一种说法是源自于古代的掠夺婚，表示新娘子蒙上盖头后就永远找不到回去的路了，一心一意在婆家。

新娘发亲前行告祖礼。女家主人亦奉告家祠，文曰："女子有家，及时婚嫁，于归伊始，礼制宜遵。今某之女某许某姓某人之子某，将从今日于归，寅具酒果禀告先宗伏惟鉴歆，俾宜家室，谨告。"

二、谢媒宴

媒人在促成青年男女的婚姻事务中穿针引线，传递双方信息，使男女双方家庭彼此了解，相互认识等方面做了大量工作，有时还需对双方及其家长做耐心细致的沟通工作，确实很辛苦，应得到尊重，尽管有些职业媒人在人们心目中印象不佳，但一般来说，婚姻当事人是很感谢媒人的。因此，在杨家滩境内有举行谢媒宴的习俗。谢媒宴一般在结婚的前一天的中午或晚上举行。谢媒宴由男方操办，女方无需派代表参加。谢媒宴的目的有二：一为感谢媒人，二为拜托媒人。因为次日男方要去女方家迎亲，有很多事情男方家心里没底，因此，媒人与男方及男方家必须商量妥当，以防节外生枝，惹出麻烦。比如送多少贴书礼，女方家有多少未成年的弟妹、侄儿（女）等需送小包封，还要交代男方去岳家迎亲的注意事项，等等。谢媒宴是专为感谢媒人和拜托媒人举办的，男方需请来族亲尊长作陪，媒人理所当然地被尊为首席贵宾，至此，媒人在婚事中的作用和地位已达到最高点。随着婚事的继续，媒人的地位逐渐下降，故有些媒人心里有些冷落感，有顺口溜云："夫妻拜了堂，媒人丢一旁。""男女成了亲，媒人无需问。"

三、上头

杨家滩境内旧时有上头的习俗。它是男女双方家都要进行的婚前仪式，即是择定良辰吉日，男女在各自的家中由梳头婆梳头。梳头婆一面梳，一面要大声说：一梳梳到尾，二梳梳到白发齐眉，三梳梳到儿孙满地，四梳梳到四条银笋尽标齐。"上头"是一个非常讲究的仪式。梳头要用新梳子，助"上头"的人必须是"全福之人"，即六亲皆全，儿女满堂之人。

四、安床习俗

婚礼当天，在新床上将被褥，床单铺好，再铺上龙凤被，被上撒各式喜果，如花生、红枣、桂圆、莲子等，意寓新人早生贵子。铺床的人以及撒喜果的人都是精挑细选出来的"好命人"，即父母健在、兄弟姐妹齐全、婚姻和睦、儿女成双者，自然是希望这样的人能给新人带来好运。安床完毕以后，主家向安床人赠送小红包。

五、迎亲礼仪

（一）男方家中祭祀礼

古人云，男婚亲至女家以迎其妇。亲迎者，男先于女，男帅女，女从男，夫妇之义由此始也。亲迎之日，男家主人奉告于家祠，文曰："祖德流芳，泽垂后嗣，祥开婚媾，继述攸关。今某之子某，年已长成，敬卜良辰，命迎某郡某人之女某为配，已承宗祀，谨具牲礼特申祭告伏惟尊神永昭鉴庇俾宜室家，谨告。"

初婚婿盛服，主人率以告于祖祝曰："本宗某氏嗣孙 ×× 之几子 ××× 将以今日迎亲于 × 地 × 姓 ×× 之几女 ××× 为室，谨以牲醴用申虔告尚享。"主人率婚者向神前三叩首后，出乘车或乘轿。

祭紫微星君：向门外行祭告礼，代祭生就位，鸣炮，鞠躬，诣盥洗所浣洗，净巾浣毕诣香案前，跪、酌酒、醡酒上香、初上香、亚上香、三上香、焚香叩首、兴诣神位前。跪进爵、初献酒、亚进酒、三进酒。初献馔、亚献馔、三献馔、陈箸献果品献帛楮，叩首兴，诣读祝所跪，读文，叩首兴，复位；跪、叩首三兴，揖礼成，退位，鸣炮。

祭紫微星君文：惟某年某月某日吉旦，代祭生 ** 谨以三牲酒果鱼楮之仪，致祭于紫微星君之神位前曰，日吉时良黄道开张，礼成亲迎凤翥鸾翔，敬仗吉神，呵禁不祥一切凶煞退避潜藏。既宜家而宜室，亦俾炽而俾昌。谨告、尚享。

男方告庙文：惟××年××月××日同前，致祭于本宗某氏历代先亲祖宗之神前曰：伏以祖得流芳，永赐家庭之福，宗功笃庆宏开婚姻之祥，今以嗣孙××为男××聘××处×姓××之女××为室。今日迎亲，礼宜完婺，并当合卺之期，恭行拜祝之礼。伏冀先灵默佑俩姓既合调琴瑟之欢，百岁相偕，长奔乾坤之寿。既宜家而宜室，亦俾炽而俾昌。

（二）礼品与礼仪

男方迎亲要略具衣裳雨伞鞋袜梳装给女方，对岳父母以重礼行之。隆重者以活猪活羊鸡鹅鱼。另有五牲或三牲（五牲者肥豚鸡鱼肉鹅羊豚各重五斤；三牲者即鸡鱼肉各重三斤），糖食品五包或三包。并具去女方敬神碗八样，有四素四荤，即蓝粉、竹笋、黄花菜、黑木耳、鸡、鱼、肉、丸子八个碗，均用瓷菜碗盛满，上面成半圆形。杀猪时取其罩肠花油散开成花布样，切开盖碗上。用熟鸡蛋仅热时去壳用食用红染红，用三支筷子夹成三角形，然后切开成片，成内黄中白外红的花片。各五片罩于猪肠花布油上。一般不用海味，但要八碗。用红烛一对、钱纸四夹等去女氏祭先祖，俗称出堂礼。男方富裕者，新娘备花轿，新郎月老坐布轿去女方接亲。派一名懂礼节的背庚书盒（盒内装男女庚书）到女方先陈设堂中盖有红毛毯的方桌上，红毯上放有笔墨，由女方知名老先生当堂填庚书对庚联。

男方另有两名抬台盒敬神碗到女家置于堂前。女方由主人主持祭告先祖俗称出堂礼。

新娘出门是指新娘离开娘家的意思。当到达吉时的时候，新娘须由大姊姐背着上花轿，据说新娘双脚着地的话就会带来厄运。在出门的时候，新娘的嫂嫂是不可以相送的，这是因为嫂字有着扫帚星的扫字的谐音，因此人们相信嫂嫂于出门时相送会带来不吉利。最后上花轿前，新娘子会向送行的亲友鞠躬，以示谢意。

女方出亲时，送亲上宾备有布轿送亲。新娘配有媒姆，俗称伴娘，步行随新娘轿到男家。新娘未进屋，男方要祭紫微星君，辟邪除煞。要事先敬告先祖，已入新妇。新娘花轿靠大门时，由厨师一手抓鸡，一手持菜刀向上举斩草。词曰："日吉时良，黄道开张。鲁班制定起屋上梁，孔子制定习读文章，周公制定配合阴阳，昨日成单，今日成双。昨日娘边做闺女，今日配偶状元郎。天生一对，画成一双，百年偕老，福禄鸳鸯。扯根鸡毛飞上天，荣华富贵万万年，鸡毛落地大吉大昌，子孙发达世代荣昌。"

新娘轿到新郎家槽门口时，由家娘开锁出轿门，至中堂陈设贴有红毯的大木桌神前，毛毯上有点燃的鸳鸯烛一对。鸳鸯壶两把，内装红酒，酒杯两个。庚书两本，花瓶两个。烛台下放红包两个。入洞房时有一男一女两孩童秉烛前行入洞房用。然后请两位老先生主持行合卺礼。仪句行合卺礼，新郎新娘同入华堂。对立（男左女右）相互敬礼，执事者授爵酌酒少饮兑饮反爵。执事者移席，叩拜天地（向外），叩拜祖宗（向神前均拜兴四），家娘开拜（四），先拜上亲，次拜伯叔父母，三拜外祖父母舅父母各亲戚长辈、来宾。拜时各发红包于毛毯上，给新郎新娘。最后由家娘收拜入洞房。赞词："新郎新娘同入洞房，洞房花烛喜气洋洋，齐眉鸿案，地久天长，百年偕老，五世其昌。"执事者秉烛前行。新郎新娘同牵毛毯入洞房，鸣喜炮。

六、童男童女引新郎新娘入洞房

旧时，拜堂步骤为一拜天地，二拜祖宗（即庙见礼）要读《告祖文》，三拜高堂，夫妻对拜。新郎新娘拜见父母时，家爷家娘要向新娘赠送见面礼，新娘也要向家爷家娘回赠享福鞋各一双。拜堂毕，由两个年龄相近，身高基本一致的一童男一童女各持一盏大红烛灯在鞭炮声中将新郎新娘慢慢引入洞房。持烛童男童女要求聪明、健康，新娘家会给男童女童喜糖和喜钱。一般来说，孩子们都很乐意，一则好奇，二则有所图。但不是每个男童女童都可干的，而必须在新郎家选定，先在最亲的族亲中选择，然后再去其他人家瞄选，最好选本行族亲的男童女童，一则表示本家族人兴旺，二则"肥水没落外人田"。男童女童将新郎新娘引入洞房后，将红烛摆放在书桌上，新郎新娘同坐床沿，礼生在鞭炮声中高唱赞歌："红烛高照入洞房，今日蛟龙配凤凰。夜晚同枕幸福博，白天相处胜鸳鸯。夫妻各好同结彩，来年贵子必腾芳。"

新郎新娘进入洞房以后，新郎新娘的一些好友和其他本地青年男女便赶来凑热闹，要他们喝交杯酒，待新郎新娘喝毕交杯酒，人们在热闹声中往新人床上撒枣子和花生，并唱赞语：

枣子枣子，早生贵子。

莲子莲子，连生八子。

花生花生，落地生根。

七、男方婚宴

（一）尊席

1.席位安排。在杨家滩结婚喜宴的席：一席为新娘家代表等，二席位为媒人等，三席位为新郎舅父等，四席位为男方本族尊长，即男方本族德高望重的长辈。席位安排应考虑周全，绝不能出差错，是结婚酒席礼仪的重中之重。席位图示如下：

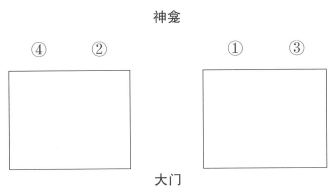

注：主宾座位①为上宾，或上亲，高亲；②媒人；③新郎舅家代表；④新郎族亲尊长。

2.席面讲究礼仪。桌餐摆好后，主家安排专人负责仔细检查，碗筷要到位，不能有破损的碗筷，特别是不能有缺口的碗在席面上。因结婚宴是重大喜庆宴席，要图吉利。讲究礼仪的主家还要安排一个口才好、各方面都很优秀的举持人全程掌控。上菜应从下方上菜。旧时杨家滩的结婚喜宴通常用水火席，其菜肴由加头菜，煮菜和候客菜三部分组成，先上候客菜，其次上主菜。上主菜顺序依次为合菜、甜味旗帜肉、瘦肉汤、猪肝拌黄花、酸辣猪肠汤、爆炒鸡丁、麻辣肉丸子，红薯粉丝，蔬菜鱼块和辣味旗帜肉。牛肉、猪肚、狗肉、葱蒜等不能上席，肉中不能有骨头。旧时尊席尊男不尊女。一般不带小孩上席，酒席上陪客要热情主动请上宾喝酒、夹菜，上宾没有动筷其他客人不动筷等。

（二）安席

旧时在杨家滩境内婚宴很讲究，除了瓜子、炒骨、花生之类的点心外，还有十余道菜，中间有道菜叫"圆子"，即丸子。上圆子时，礼宾先生带领新郎新娘在礼炮声中向宾客三鞠躬，另有人代新娘向各位客人送"欢茶"（现称喜糖），新郎新娘向客人三鞠躬后从首席开始逐一向各位来宾敬烟，称"安席"。安席是婚宴最热闹的时候，有些年青人乘着酒兴向主家多要"欢茶"，有的要新郎新娘当着众人喝交怀酒，增添喜庆气氛，让婚礼喜气推向高潮。

（三）刷媒

为了使婚宴增添喜气、热闹，在酒席上有刷媒的习俗。常有刷媒取乐者即往媒人脸上涂油锅灰，在她（他）头上戴烂斗笠，脖子上挂臭袜子、烂草鞋之类的脏物，有的甚至在媒人身上涂泥巴，强迫她（他）高唱："我是贪嘴媒婆，吃了好多冤枉鸡婆，吃了男家吃女家，肚子胀得莫奈何。"让参加婚宴席者捧腹大笑，喜庆气氛更加浓厚。其实刷媒人也是人们对媒人善意提醒，做媒成功，成就一对新人，收取谢媒费可喜可贺，但不要太坑人。由于有刷媒风俗习惯，有的媒人闻讯会刷媒，宴席到快出圆子时便悄悄离席躲藏起来，自知心里有"鬼"，以防止出"洋相"。

（四）吵"扒火老倌"

这在杨家滩境内也有的叫"吵家爷老子"，在婚宴酒席快接近尾声时，吵"扒火老倌"，使婚宴更加热闹有趣。一些性格快活的人，给新郎的父亲戴上高帽，胸前挂上一块牌子，上面写着"我是扒火老倌"，一手拿着扒火棒和烂蒲扇，一手拿个吹火筒，强迫他高喊"我是扒火老倌，请大家不要学样，以此为戒"，大大地增添了婚宴的趣味。在杨家滩境内，"扒火老倌"名字的由来有不同的传说。但在境内流传这样一个故事。旧时某地有一对青年男女结婚后不久，男方便外出谋生，几年没归家，女的在家独守空房，愁眉苦脸，好在家爷理解她的苦衷，常常予以关心，体贴入微。翁投之以桃，媳报之以李，耐不住寂寞的媳妇偶尔挑逗家爷，长此以往，翁媳关系暧昧。一个冬天的晚上，翁媳同在柴火炉旁边烤火，边煨糍粑吃，两人眉来眼去，互送秋波。突然，炉中的糍粑烤焦了，家爷急忙用两根木棍去夹糍粑，一不小心，将炉灰弄到了媳妇的裤子上，家爷急忙去扒媳妇裤子上的灰。从此，"扒灰"便成了家爷与媳妇关系不正常的代名词。婚宴上"吵'扒火老倌'"主要是图喜庆、热闹，同时反映了境内旧时先辈们的智慧，就是提醒新郎新娘，结婚后，要夫妻恩爱，形影不离，很有教育意义。

八、搬嫁妆

女方家得知婚礼佳期后，最迟于大婚前一天把嫁妆送到男家。嫁妆是女家身份与财势的象征。送嫁妆可分为"送妆"与"迎妆"。"送妆"是女家将嫁妆往男家送，除了抬妆的人外，女家会请几位亲友跟随照料，人数愈多代表女方家底愈厚。嫁妆抬到男家后，男家会请亲朋好友出来迎接，这叫"迎妆"。在嫁妆中，除了名贵的珠宝金饰外，还有许多象征好兆头的东西。以痰盂作子孙桶，希望女儿开枝散叶，儿孙满堂。以红尺作子孙尺，有良田万顷之意；花瓶代表花开富贵；铜盘及鞋则寓意同偕到老；剪刀有指蝴蝶双飞；龙凤被、床单及枕头一对，祝福新人恩爱缠绵；片糖则比喻甜蜜幸福；龙凤碗筷作衣食碗，有丰衣足食之意，等等。

九、过门礼

新妇轿至男家门外，家长行礼迎喜。祭告紫微星君，文曰："某致告于紫微星君大神之前曰："日吉时良，黄道开张，礼成亲迎，凤舞鸾翔，敬仗吉神，禁忌一切不祥神煞，退避潜藏。门庭瑞蔼，喜气洋洋，两姓合好，百世其昌，谨告。"

十、合卺礼

新妇入门行合卺礼。祝文曰："维某年某月某日，堂下嗣孙某，谨以酒果之仪，奉告于堂上历代先祖之神曰，祖德流芳，永赐家庭之福。宗功笃庆，宏开婚媾之祥。敬陈蘋藻，今以某之子名某，聘某郡某人之女某为室，今已成婚。特率新妇某氏叩见祖先，仰祈鉴照俯垂福庇两姓既合，永调琴瑟之欢，百岁相偕，长并乾坤之寿，既宜家而宜室，外俾炽而俾昌，谨告。"

十一、回避礼

1. 来月经回避之礼。如迎亲当天，恰好新娘来月经，到男方家时，不能去厅屋神台前拜先祖，而要直接去新房，表示对先祖敬重，同时厅屋的左大门角放一面镜子，寓意避之。

2. 婚礼中忌讳"四种人"。新郎新娘拜堂和进洞房应忌讳寡妇、再婚妇人、戴孝之人、孕妇。其中对孕妇（俗称"四眼婆"）更是忌讳。因此，以上四种人遇上本地或其他亲属结婚，都主动回避。新郎家为了防止万一，往往在洞房的床底下，厅堂和客厅等处的角落里点油灯，上面用米筛盖着，为的是照破"四眼人"。即使点上了灯，有的主家还是不放心，便派出对本地、本村、或本屋场比较熟悉的年长的女性"站岗放哨"，如遇上"四种人"到场，便好言劝其离开。一般来说，"四种人"经提醒后会自觉离开。

十二、闹新房与送歇

新婚晚上，邻近有会唱会舞打花鼓的人要去新婚夫妇家闹新房，其意义有三：一是表示庆贺，二是启发新婚的爱情和房事，三是示范孝敬长辈，团结邻里，和睦家庭，兴家创业。

闹新房是结婚礼仪中的一个重要礼节，婚家非常重视，有讲究的家庭，事先就要选好闹新房班子。闹新房班子接到婚家邀请后，必须提前做好准备，不能出差错，否则主人不高兴。闹新房班子进厅屋前，主人要派人事先在厅屋外等候，并进大门前要燃放鞭炮迎接，请进厅屋。

闹新房班子快到了主人家的路上，吹拉乐器，表示给主人带来吉祥、喜气。进入厅屋内，要唱喜气歌，然后婚家放鞭炮，迎进新房。闹新房班子进入新房过程中要唱行路调，此时新郎新娘的长辈要回避。

闹新房班子进入新房后，新郎新娘两人坐在新婚床上，男左女右，然后闹新房看客蜂拥而至。此时，新房非常拥挤，热闹非凡，喜气十足。闹新房一般不超过晚上 11 点半。闹新房一般有如下步骤：（1）行路调；（2）看姐调；（3）喜气调；（4）下凡调；（5）问新娘调；（6）送客人调；（7）迎新娘调；（8）送歇调(赞好话)。赞好话时，新人起身，男左女右，送歇时鞭炮尽量放长一点。

赞床：恭喜新郎新娘，炮竹声声，喜气洋洋，两脚忙忙，走入洞房，我起眼观看，全套嫁妆，左边摆着金交椅，右边摆着象牙床，象牙床啊象牙床，象牙床上坐一对鸳鸯，鸳鸯一对，凤凰一双，枣子枣子，早生贵子，莲子莲子，连生五子，好男生五个，好女生一双，五男二女七子找章，一举人、二翰林、三状元、四季才、五儿年纪小，好比朝中歌老，歌老做得也不小，好比朝中当主席，好言好语不怕多人赞，恭喜新郎新娘，子孙发达，万代荣昌。

闹新房中的重头戏是十八摸，是新婚夫妇的性启蒙教育，符合当时的社会环境。十八摸：一摸头丝，二摸前额，三摸耳朵，四摸鼻子，五摸嘴吧，六摸脖子，七摸肩，八摸胸，九摸奶子，十摸后背，十一摸腰，十二摸肚脐……闹新房者要求新郎当着众人在新娘身上从上至下摸个遍，边摸边唱，歌词粗俗，歌声挑逗，这是一种落后习俗。

闹新房结束以后，便为新婚夫妇送歇，即送新郎新娘上床睡觉，常由德高望重的老年夫妇到新娘房送歇，告诉新郎新娘坐于床上把帐门合拢，并念赞词：新郎新娘床，新娘解裳，新郎上床，金龙出洞，双凤朝阳，子孙发达，兰桂腾芳。然后放鞭炮，送众人欢快离去。

十三、验红

这是旧时的一种陋习，在湘中一带，验红是旧时女人一生中最神圣的大事，也是决定女人婚后是否受到尊重、是否幸福的一件圣事，甚至比女人的生命还重要。母亲给予一块白浴巾，新婚之夜垫在屁股下面，使破贞以后的血留在上面。第二天早上新娘交给婆婆看，验红通过，说明儿媳妇婚前是处女，公婆会给儿媳妇一份礼物。如果不见红，儿媳妇则永久抬不起头。这是旧社会的一种陋习，现已绝迹。

十四、回门

旧时在杨家滩有些地方有回门习俗。结婚次日，富裕之家或大户人家，男方具布轿四台，即上亲、新郎、新娘、月老各一台，送上亲回家，新娘回门吃中饭后，新娘由丈夫陪同，下午回夫家。普通人家，视各家具体情况，回门礼节繁简不一。

回门礼古称反马礼，原本在三日庙见礼之后，因后来庙见礼提前于结婚当日举行，新婚夫妇一般在婚后一七内（即七日内）双双去岳家拜访。岳家须隆重待之，并请来族亲长老，设宴席若干桌不等，款待新贵人。

十五、送三朝茶

在包括杨家滩的涟源市南部，大部分地方有送三朝茶的习惯。婚后三日，女方母亲备礼品茶叶送往婿家，对女儿女婿表示祝福，祝他们百年偕老，早生贵子。

十六、几种特殊的婚姻形式

（1）扁担婚，即换婚。它有两种不同的类型，一种是表兄妹结婚，亦称"亲上加亲"。姑舅之间为了延续其亲缘关系，各将自己的子女交换配为夫妇，以结百年之好。后来发展成为一种较为普遍的交换婚姻。另一种是，有一些家庭，由于家境贫寒，或儿子有某种缺陷找不到媳妇时，便利用自己家里的女儿与人换亲，即你嫁一个给我做儿媳妇，我也回嫁一个给你做儿媳，两家互利。

（2）半路婚。所谓"半路婚"，即男女青年离婚之后再娶再嫁。这种婚姻形式属于自由性质，父母及旁人不干涉，只要当事人双方达成协议即可。男方一般不举行结婚仪式，成亲时，女方黄昏走出家门，来到半路上的大树下或者路旁的庙宇中，等男方来人迎娶。男方要打着火把来，在半路上迎接，故言"半路"结婚。到家后，堂屋里多悬挂圆镜，取其团圆吉利之意。

（3）填房婚，书面语称续弦。在杨家滩地区，此类形式婚姻易能得到认可或理解。填房婚有两类，一类是丈夫原来的妻子没有留下子女，新娶妻为填房；另一类是男子婚后丧妻，而其妻又留下子女，男子再娶女性甚至可以再娶妻子的姐妹为婚，以便更好的照顾前妻子女，这种婚姻形式就叫"填房婚"。按照规定，姐妹填房，其婚礼仪式男方须按初婚的仪式办理。在举行婚礼前要请巫师祭神谢土，祈祷神灵保佑。

（4）招郎婚。指男子到女方家落户，即"入赘"，旧指结婚时男到女方家定居，生的孩子随女方姓，倒插门的男子被称为"上门女婿"。

招郎婚一般要具备两个条件：一是女方家里没有兄弟，父母为了传宗接代继承家业，或为了增加一个强劳动力以便养家过日子，需要从外面招进来一个女婿养老。也有的家中虽有男儿，或痴或呆或有生理缺陷，不能维持家计，父母又钟爱女儿不忍嫁出；二是女方家各方面条件优越，女方本人又才貌出众，男青年慕名对女青年人品和家庭财产的追求，或父母因家贫无力为子娶妻，心甘情愿将儿子送让给女方家。

此外有的女子婚后丈夫死了，已有子女，不便改嫁，便招一个男子入室，所生子女可以随夫姓，也可以随妻姓。

男到女家落户后，夫妻所生养的儿子必须跟女家姓，是女方父亲的孙子，享有女方财产的继承权。女方父母双亡后，男方可以带着儿女及全部财产回到自己家里定居，也可以继续留在女方安家。

（5）童养媳。古时杨家滩地区有大量生活在贫困线以下的劳苦大众，他们为了生存及延续香火，有些困难家庭怕将来找儿媳困难，事先收养困难家庭的小女孩，等养大了后，再作为自己的儿媳妇，这称为"童养媳"。

（6）"转亲婚"。旧时"转亲婚"在杨家滩境内农村较为常见。如果亡夫家中的兄弟娶不到妻子，或中年丧偶无法再娶，念及亡兄（弟）子女的抚养问题，便向守寡的嫂子或弟媳求婚，寡兄嫂或寡弟嫂考虑到儿女多、负担重，若再嫁难寻合适的对象等因素往往答应与其组成新家庭。"转亲婚"一般不举行隆重婚礼。但双方主亲要重聚，当晚村子里的人都会来到这户人家坐夜聊天，唱歌取乐，以示庆祝，这种婚姻形式在杨家滩境内易取得社会认可，因体现了关爱文化，因而能得到尊重。

第四节 婚姻文书例介

在杨家滩以及广大湘中地区，旧时缔结婚姻，有详尽、规范的文书形式。它内容丰富，书写严谨，富有特色，特予例介。

庚贴：庚贴有两本，即男女方各一本，男红女绿，中一行要写落底字，要成双。对联要对好，四页束。

男庚式：红纸，男庚由男方填写；女庚式：绿色，女庚由女方填写。

庚书上对联

鸳鸯福禄　良缘凤缔　天作之合　子女合好
鸾凤文章　佳偶天成　文定厥祥　日月同明
大哉乾矣　二人天合　兰田种玉　长庚千载
顺乎坤造　一了子平　红叶题诗　君子万年

报星期书：简单写法，封面签子上写预报佳期四字，里书写好后，签子条贴在书套上。里内书好旺年日期，要书明年庚，甲字要成双。

外套：　　　　　　　　　　　内书：

另一种写法略繁。

外套：　　　　　　　　内书：

外套内容：期缄

内书内容：

奉申
谨詹某月某日小子迎亲之吉寅具菲仪
报期之敬
仪不便列
户恕未装
姻愚弟××偕×氏顿首拜
端肃

先期啟媒书式，四页柬。　　啟亲书式，十页柬。中行大德望二行另用红条书写贴上。

左图内容：

德兴
小男熟可兹值先日洁精
恭迎
伏冀
贵睦增光花烛昌腾荣幸之致
弟××顿首拜

右图内容：

亲迎之敬
伏冀　莞纳是幸
右启
大德望某府　亲翁大人　阁下
大闺范某府　亲母孺夫人妆次
弟××偕室×氏顿首拜
寅具菲仪
奉申
端肃

颁女方父母送亲书式十页束，
中二行亦用二红纸条书贴之。

请亲友书式：男父母外祖父母
用四页束，一般用双其他

慈　德

小男××缘叩倚玉兹属星期
恭迎
伏冀
龙临增光蓬荜昌腾荣幸
右上
大闺范某府亲母夫人妆次
大德望某府亲翁大人阁下（此二行另用红纸条书写贴之）
姻弟××偕室×氏
顿首拜

德　轩

某月某日小男××完婚先期洁精
恭迎
伏冀
贲临增光花烛昌腾荣幸
××
顿首拜

请太亲翁夫妇书式

女方改期书式及回报日书式

（注外套笺条写×府太亲翁夫妇双福）
大德望×府姻太亲翁　大人阁下
闺范　母孺　妆次
右启
赐临蓬荜昌胜荣幸之致
金莲伏祈
台驾并迓
谨诹×月×日敬酒喜筵恭迎
姻侄××偕室×氏顿首端肃拜

女方改期书式
台下另卜良辰并希
原宥
女方回报日书式
姻弟××偕室×氏敬拜

佳期
恕
谨遵
恕违
姻弟××偕室×氏敬拜

请姑父母书式：

晒纳
伏祈
谨卜×月×日为男××完娶洁酒杯茗
右启
×府姑父大人双福
母孺
内弟××偕室×氏鞠躬

请外祖父母、舅父母书式：

×月×日小男完娶洁酒杯茗
恭候
台光
先期惠然肯来增光花烛
右启
外祖父大人双福
母孺
（注四页简外用套书舅父母则书舅父母大人双福）
愚婿××夫妇鞠躬

请女方满门书式：

荷蒙金诺前定亲迎敬酒菲筵
伏冀
亲兄并降
合第同临
光增蓬荜无任翘瞻
右启
×府列之亲翁大人全福
姻弟××偕室×氏鞠躬

第三章 寿庆礼仪

生日是一个人人生周年的纪念日。它记录着一个人的人生历程，所以在各个国家、各个民族，古往今来，都很讲究对生日的庆祝。与全世界各地一样，杨家滩地区几千年来也形成了丰富多彩的过生与寿庆的礼仪。

第一节 贺生礼与祝寿物

从古至今，杨家滩地区的人们把出生的周年纪念日看得很重，加上他们的祖先绝大多数来自境外多个省份，各地的生日文化在这里相互借鉴和融合，便形成了多种多样的特色鲜明的寿庆礼仪与习俗。

一、生日与寿诞

生日与寿诞（或华诞），都是指一个人出生的周年纪念日，但是严格来说，生日和寿诞却有区别。在我国的传统文化中，寿字的本义是指人的年龄大，《说文》解释："寿，久也。"在杨家滩地区，青少年的生日纪念礼仪不叫"满寿"而叫"过生日""做生""过生"，贱称小孩生日叫"狗崽子过桥"，人们认为，如果将青少年的生日祝贺叫"满寿"，那就要"折寿"。那么，要什么样年龄的生日才能叫"做寿"呢？各地民间风俗不尽相同。在湘中地区的邵东、双峰等地，在五十岁以上且有了孙儿，或者是父母亲已经去世，做生日可以叫"满寿"。一个人只要父母健在，即使满七十、八十岁，也不能叫做"满寿"，只能叫过生。在新化、隆回一带，要满六十岁以上的整十岁才称满寿，若父母尚在，哪怕是六十、七十岁，也只能叫生日，有些还自我嘲弄"打三朝"，这就是古人所说的"尊亲在，不敢言老"。在以杨家滩为中心的涟源市南部一带，也要满六十岁以上的整十周岁才叫"做寿""贺寿"。如果六十岁以前，哪怕是满五十岁，也不能叫"祝寿"，否则会被别人耻笑为没有志气。

与杨家滩邻近的邵阳等地方，凡逢整十年生日的大庆日，俗称"大生"，或称"满十"，其他周年纪念日叫"小生"或"平常生"，通常在过大生时举行庆祝活动。改革开放以来，人们生活日渐富裕，做大生的酒宴盛行各地城乡，其规模和档次视生日人或其父母、子女、祖父母、孙子女的社会地位和经济状况而定。

在杨家滩及其邻近的蓝田、桥头河民间对满寿有一些专门称呼，如男寿称"椿寿"，女寿称"萱寿"。椿是一种长寿的树，人们将其用作长寿之人的代称。萱是萱草，又称为谖草，萱草的花蕾可以做菜，即金针菜，又叫黄花或黄花菜。据传，谖草是一种忘忧草，如果种在母亲居住的地方可以令人忘忧。所以人们就把母亲称为"萱堂"，母亲满寿叫做"萱寿"，推而广之，一切女性满寿，概称"萱寿"。称父母双寿为"椿萱"。

与全国各地差不多，杨家滩地区习惯上人们对于不同的年龄段的生日有特定的称谓，男子二十岁称"弱冠"，弱是年少，冠是帽子。古时男子在二十岁以前为未成年人，二十岁为成年，要举行成年礼，也就是冠礼。因此，人们就把男子成年的二十岁叫做"弱冠"。三十岁称为"而立"或"而立之年"，四十岁称为"不惑"或"不惑之年"，五十岁称为"知命"或"知命之年"，六十岁称为"耳顺"或"耳顺之年"，亦称为"花甲"或"花甲之年"。这是因为古代用干支纪年，将天干和地支组合成六十个单位再进行循环，一个循环周期为60年，人生走完一个轮回，古人称为花甲。七十岁称"古稀"或"古稀之年"。古代人的寿命不如现代人的长，正如唐代著名诗人杜甫所说"人生七十古来稀"。八十、九十岁的老人就更为罕见，对这种极为罕见的长寿老人，在古籍中既可以称为"耄"，也可以称为"耋"，通常将两个字连在一块称为"耄耋"或"耄耋之年"。百岁称为"期颐"，期是期望，颐是养。就是说，人要活一百年，那是在期望之中的最高寿，能活到这种岁数的老人，在各方面都要由人保养起来。后人就以"期颐"作为百岁老人的代称。

二、贺生习俗

（一）满周岁
周岁礼，是整个诞生礼仪的总结，又是人生的第一个生日，即生日礼仪系列的开端。

（二）满十岁

一个人从呱呱落地到年老而终，一般只有几十年，能上百岁的老人屈指可数。因此，杨家滩和全国各地一样，人们对生日，特别是对整数生日还是很看重的。小孩十岁生日那天，在旧社会，朋友亲戚往往送来衣服或布料、粮米，较富有的外婆家，其礼品除衣物鞋帽外，还有鸡、肉、喜饼等。富贵人家大摆宴席，招待亲朋戚友，贫苦人家的孩子虽没有那样隆重，但也多少有点表示。

（三）成年礼

在我国古代，男子到了 20 岁，女子到了 15 岁时，一般要举行成年礼，又叫"成丁礼"。男子叫"冠礼"，女子叫"笄礼"。中华人民共和国成立以前，杨家滩一带也讲究这一套。成人礼的主要内容是由长辈宣讲人生道德，人生责任，向青年传授历史知识、生产技能和风俗习惯。

三、寓寿吉祥物

过生满寿是家中亲人十分高兴的事，家人及亲朋好友都要说些吉利的话，送些寓意长寿之礼品，努力创造和哄托喜庆的气氛。杨家滩地区通常以松柏、石、龟、鹤、蟠桃来寄寓过生者健康长寿、福星高照。

松，是我国历来最称颂的树木，在《史记》等多种古籍中都将其称为"百木之长"，孔子曾说过"岁寒，然后知松柏之后凋也"。正由于松在古人心目中有如此高的地位，所以杨家滩世世代代的人们常用松来寄寓高寿。

柏，与松相近，古人也将其比喻有德有寿之长者。《花镜》说柏"与松齐寿"，著名医学家李时珍在《本草纲目》中称柏"是性后凋而耐久，禀坚凝之质，乃长寿之木"。古人对柏树评价如此之高，因而，人们将松柏作为长寿的象征，祝寿礼仪中的《松柏长春》图就由此而来。

桃，是一种常见的水果，桃树也是古人十分称赞的树木。传说桃木可以避邪驱鬼，法师在桃木板画上符后，就成了民间的"桃符"，可以避邪镇鬼保平安。在杨家滩民间有一种说法，人吃了仙桃能延年益寿，特别吃了王母娘娘的蟠桃，人就可以长生不老，永远年青。所以人们在祝寿时，喜欢呈上寿桃，在产桃的季节，就用最大最漂亮的桃子，在没有鲜桃的季节，人们想出了妙计，用面粉或木头做成桃子状来代替寿桃，今天则用做成的工艺品各式各样的寿桃专门用来祝寿。在用于祝寿的贺礼中，有送"三多"或"华封三祝"的习俗，即送三种果品：佛手、桃子、石榴，寓义是多福、多寿、多子孙。这里是以佛手的佛与福谐音，象征幸福；桃象征长寿；石榴多籽，象征多子多福。

在杨家滩地区，旧时还有送寿石和《寿居耄耋图》的习俗。石，在古人眼中是一种永恒性的东西，其寿命要比各种生物长得多，所以给了一种雅号叫"寿石"，选作寿石的是质地坚硬，色泽鲜亮，形状奇特的石块。《寿居耄耋图》中取猫是耄的谐音，蝶是耋的谐音；还有一些祝寿图，画上石头和水仙，就是《代代仙寿》。

杨家滩还有以鹤祝寿的习俗。鹤，在古代人心目中，是众鸟中地位仅次于凤凰的神物，即"一鸟之下，万鸟之上"，所以被称为"一品鸟"。明清时期官员正式官服有鲜明的等级区别，一品文官的象征性图案就是一只鹤。古人又认为鹤是长寿之仙鸟，《相鹤经》称其"寿不可量"，《淮南子》说"鹤寿千岁"，所以这些地方的人常用鹤来比喻人的长寿，在各种祝寿的场合都可以见到，如绘画中《松鹤长春》《松鹤延年》，寿联中的"霄汉鹏程腾九万，锦堂鹤篇颂三千"等，十分常见。

龟也是被杨家滩地方用来喻长寿的一种动物。由于龟的寿命很长，所以，我们的祖先把龟与龙、凤、麒麟并列为"四灵"，在动物中具有最高的地位。四灵中的其他三位均是虚拟的神物，只有龟是活生生的现实物，所以，在古代，龟不仅代表神灵，而且代表着吉祥，代表着长寿。旧时杨家滩与湘乡县各地常用龟作为献给长者的寿礼。

在杨家滩的南部，即茅塘、白马一带有做"冥寿"和"借寿"的习俗。所谓"冥寿"，也称之为"阴寿"，也就是说当自己的亲人去世以后，每逢其十岁即整数生日，仍然要给在阴间的亲人贺生，子女及亲戚送来纸钱、鞭炮，备上"三牲"祭奠，一是使去世的亲人在阴曹地府有钱用，二来祈祷保佑后人平平安安，荣华富贵。所谓"借寿"，就是患病者久病不见转机，家人为了使病人早日康复，转危为安，延长其寿命，由病人的子女或其他直系亲属自觉自愿地对天祈祷，将自己的寿命借给病人，让病人多活一些岁月。如果病人仍未康复，一命归西，出借者对天祈祷之后，还可以收回自己所借出去的寿命。这是一种典型的缺乏科学依据的行为，不可能产生实际效果，只是表达亲人的美好心愿罢了。这在旧时很盛行，现极少见。

第二节 寿庆礼仪

寿庆的主要内容是赞颂寿星的过去，祝愿寿星健康长寿，这在寿庆礼仪中贯彻始终。恰如本书第二章所述，杨家滩地区的文化具有少数民族文化与汉文化的有机融合的特征，这在寿庆礼仪上也多有表现。

一、寿庆请柬

为了表示慎重，杨家滩地区高寿庆典一般都要发请柬（俗称请帖）。寿庆请柬（帖）与其他喜庆请柬不同，通常是由子女发柬（帖）子，子女具名，而不具寿星的名字。寿帖的格式和写法，除了按一般请柬（帖）的要求外，在几千年的传统习惯中，形成了固定的用语，如男子生日称"悬弧"，女子生日称"设帨"。儿子自称"承庆子"，若祖父母健在，则称"重庆子"。一般由子孙具名的寿庆柬（帖）子，父寿用"家严"或"家父"字样；母寿则用"家慈"或"家母"字样，双寿则用"家严慈"字样并列。兄弟较多的，可由长子或推举兄弟中对外最有声誉的代表具名，有几代同堂的，只用"率子孙鞠躬"字样，不必附上所有人的名字。现在有些年轻人对传统礼仪懂得不多，在给长辈祝寿的请帖中写上全体后人的名字，这不符合礼仪习俗，只有长辈去世时的灵位上才署全体后辈的名字。

请柬（帖）要大方、庄重，措词要精炼达意，内容要写清楚为谁祝寿、寿期何时，还要注明寿宴地点、何时开席等事项。有关内容与格式见下例。

例一：

为父母祝寿请柬（帖）

尊敬的_____：

____年____月____日____时分为家严（家慈）七旬寿辰洁治桃觞

敬候阖家光临

_____鞠躬

____年____月____日

席设某处

例二：

双寿请柬（帖）

_____年_____月_____日_____时分为家严慈_____双寿恭备薄筵

　　敬请_____

　　　　玉赐

　　　　　　　　　　　　　　　　　　　　_____顿首_____月_____日

　　　　　　　　　席设_____

二、贺寿

向他人贺寿，特别是向高寿寿星贺寿，除了备些通用礼物以外，还要准备专用礼品。

（一）祝寿锦幛

寿幛是用绸布题词的祝寿之礼，也称礼幛。一般在整幅的红绸缎上剪贴黄纸。也有用红纸的主轴，通称"寿轴"，也有外装玻璃框的通用"寿屏"。杨家滩与梅山腹地的其他地方一样，对祝寿锦幛都很讲究，既能作为艺术欣赏，又是寿星社会地位与身份的象征。寿幛有竖式和横式之分，不论竖式或横式，皆采用长方形。寿幛的撰写，应考虑寿者的身份、年龄、职业等因素，用语多为赞颂性或祝福性的。寿用字精炼又简短，有一个字的，如"寿"字；有四个字的，如"寿比南山"，通常以四个字的居多。寿题词为四个字的，须讲究平仄。一般来说，以平声开始，必以仄声收尾，也可以仄声开头，平声结尾。这就是通常所讲的"平起仄收"、"仄起平收"。举例如下。

例一：

尊 岳 祖 　老　 先 生 八 旬 荣 庆 志 喜

南 极 星 辉

　　　　　　　　　　孙 婿　　　　　　　　叩 贺

例二：

尊 岳 父 七 十 寿 诞 志 喜

灵 椿 益 寿

婿　　　　　敬 贺

例三：

府　　氏 姻 室 老 太 君 八 秩 晋 二 大 纪 念

萱 寿 八 千 八 旬 伊 始

范 福 九 五 九 畴 乃 全

姻 父 弟　　　　　敬 贺

（二）祝寿诗词

湘中地区的文人、墨客都有写祝寿诗词的习惯。杨家滩是湘中腹地，当然也不例外。寿诗、寿辞大体可分为自寿和人寿两种。前者是作者在自己生辰时所写的感怀之作；后者是作者为他人寿诞所写的祝贺之词。

自寿的诗词，有的写在青少年，有的写在中年，更多的写在晚年。由于身世不同，阅历各异，感受悬殊，所抒发的情感亦各有千秋。为他人祝寿的诗词，大体可分为两个方面：一是为自己的家属亲人所写的寿诗和生日词；二是在社会交往中为人祝贺所写的寿词。赋诗祝寿，对于移风易俗和繁荣文化都具有十分重要的意义。为朋友赋诗祝寿，可以起到沟通思想，联络感情，加深理解，增进友谊的作用；为家人赋诗祝寿，可以使亲人间的爱心贴得更紧，在思想感情上更加相融相谐，契合无间，有利于家庭成员间的和睦相处；为自己赋诗庆寿，也可以加深时无重至，华不再阳之感，以利于反躬自省，勉己自处。如下例：

八十岁祝寿诗

柳堤花巷且徜徉　八十如君鬓未霜

喜数鹤筹添海屋　快扶鸿杖出沧浪

才名自昔推三凤　文采于今灿七裳

此去期颐知不远　百年还醉六千觞

（三）祝寿楹联

给寿星写寿联，一是赞颂寿星的德高望重，二是增添喜庆氛围。但是，撰拟寿联，应分清对象，确定主旨，选用恰当的词句，注重流畅的气势。颂人要恰如其分，议事对物应客观、实在，不务虚华，使人看了就了解其意，引起共鸣。寿联力求其文字少，意广义深，所以，多用文言文，并且采用成语、典故、专名。但在引用成语典故、专名时，必须了解其含义，如祝 60 岁寿用"花甲"，祝 70 岁寿用"古稀"。如用"南极"二字以祝女寿，而用"宝婺"二字祝男寿，这就张冠李戴，闹出笑话来。

（四）"添粮加寿"

旧时，在湘中地区的涟源、新化、邵东农村，有对寿星"添粮加寿"之习俗。这在杨家滩特别讲究。在贺礼中必须有"粮米"、猪肉和布料，"粮米"就象征着给寿星"添粮添寿"。在过去，如果给寿星祝寿不带"粮米"，主人心里不高兴，有了"粮米"就象征健康长寿。祝寿的"粮米"一般是两升（1 升米大约 1.5 斤~1.8 斤米，给岳父母祝寿那就要六升、八升米或一石谷子。如果女婿只送两升米，岳父母家里人就会说女婿小气，就会瞧不起，女儿脸上也没光彩。

三、寿宴

在杨家滩，寿宴是寿庆礼仪的主要内容，有很多规矩和习惯，境内处处都很讲究。

（一）寿庆的筹划

在杨家滩及邻近的地方，对花甲、高寿寿庆的操办，一般不由过生日者自己运作，而是由儿辈和其他晚辈亲友出面筹划操办，也有不少事业有成就、德高望重的人士，则是由单位团体或下级、学生、徒弟等出面筹划操办。当然寿庆活动中的许多事情，最终还是由寿星自己决定，比如确定酒席的规模、邀请的人员等，不过，即使是寿星自己拟定的名单，也不能由寿星自己出面发请柬，而是由子女或其他晚辈出面邀请。

举行寿庆的时间，一般情况下是寿星生日的那一天，如果有特殊情况，也有推后的。旧时杨家滩有个习惯，祝寿只能推后，不能提前，如果提前就可能损寿。有的出于气候方面的考虑，如果是七八九月，天气炎热，在家办酒买菜不便，特别容易馊菜，于是推后到春节及其他重大日子。有的因为寿星的身体欠佳，只好另择良辰吉日。有的是为了能将祝寿活动与寿星的事业、工作结合起来，如既是六十或七十大寿，又是从事某项工作（如从教、从医、入厂、任职等）若干周年，便合二为一，俗称"双喜"或"三喜临门"，使庆祝活动更有意义。

杨家滩地区的寿宴均由寿星和子女提出大体方案，委托亲属代表具体承办。主要内容包括布置寿堂、邀请和接待客人、准备寿宴，家庭条件好的还请戏班子唱戏。

（二）寿堂的布置

寿堂是给寿星拜寿的厅堂。在农村，寿堂一般设在自家的厅堂。如客人较多，可借用邻居厅堂作为副宴厅。布置寿堂时，要注重突出"寿"字，这就和婚礼中要注重突出"双喜"字一样。千百年来，我们的祖先充分发展了我国传统的书法艺术，将一个寿字变化出万千种写法，很多写法已经不再是一种书法，而成了艺术化的图形，甚至成了一种吉祥符号。据统计，这类图形有三百多种，常见的有单体的字形长的"长寿"、字形圆的"团寿"，其他图案组合的万寿、如意寿如意图、五福捧寿、多福多寿，还有由小篆体演变出的一百个不同字体的百寿图等，这些在杨家滩地区随处可见。单是万寿图就有排列成方形的、寿字形的好几种。如果将不同的寿字图形使用得恰当，会给寿庆增添不少的喜庆色彩和文化氛围。在寿堂的正面的墙壁上，一般要贴一个大寿字或朝寿图。对不同性别的长辈使用的图案也有讲究。例如给寿翁祝寿，就挂南极仙翁图，给寿婆祝寿，就挂瑶池王母图、麻姑献寿图。这类挂在墙上的大型祝寿图，都装裱得非常精美别致，裱后的寿图就叫做寿幛，寿幛的悬挂可使厅堂增添不少喜庆气氛。

在寿堂的正前方，必须摆上一张礼案（即方桌），根据不同情况，桌上可以摆放祝寿用的寿桃、寿糕、面，以及鲜花水果之类的物品，还要点上一对大红的蜡烛，俗称寿烛。在这个大喜的日子里，只能点烛，千万不能点香，因为点香是祭奠亡者用的。

在寿堂的两边，应摆放足够的供客人坐的椅子，还要摆放一张大桌子，用来陈列客人送来的寿礼。

在大门、寿堂和寿幛的两边，可贴挂祝寿的对联即寿联。寿联可以由家里人写或请人撰写，也有亲友赠送的。

（三）拜寿（祝寿）与寿宴

1. 拜寿（祝寿）的礼仪

在杨家滩地区，给寿星拜寿一般在寿星寿诞那天上午，事先要确定一名司仪主持仪式，司仪人员最合适的是寿星的兄弟，也可由晚辈中最有号召力和组织能力者担任。在确定司仪人员的同时，还必须安排一至两名寿星的子女或孙子女在门口代表寿星接待客人。

祝寿典礼开始时，首先请寿星出堂，由寿星宠爱的最小的孙子孙女扶着寿星坐入礼案之前的椅子上，然后由祝寿司仪根据到场的亲友情况及开席的时间，分别安排到场的亲友向寿星祝寿。祝寿分内拜和外拜两个环节。内拜依次为子媳、孙子女、侄子、侄孙、侄孙女等。外拜依次为女儿与女婿、外孙、外孙女和其他亲戚，最后是朋友、同事、学生等。在祝寿时，子女、孙子女、媳与女婿都行跪拜礼，子女、孙子女要跪拜四拜，这叫内拜，其他的只需拜三拜，叫外拜。拜寿的方式一般为，子女辈必须跪拜，孙子孙女辈可行跪拜礼，也可行鞠躬礼。亲戚、朋友、学生和徒弟者常行鞠躬礼。在行礼前要"上寿"，即献寿礼。寿礼不能由寿星本人接收，而应由司仪或者子女、孙子女代收。

行礼完毕后，由寿星的子孙代表和来宾代表各一人致祝寿辞。这种祝寿辞宜短不宜长，要表达对寿星的祝福和祝贺。如果客人当中有比较重要的人物，而大家又不熟悉，司仪应向大家逐个进行介绍。如果客人赠送的贺词、贺信、贺联、寿诗很多，不宜一一宣读，可选择其中有代表性的由司仪当场宣读。

祝寿词致毕后，就由司仪或寿星事先安排好的晚辈代表寿星表示答谢。按照传统习惯，在这种场合，寿星本人是不作正式答谢的。他很有礼貌地进行回避，表示自己不愿意兴师动众地有劳大家来为自己祝寿。这种做法俗称为"避寿"，以示谦虚。过去为了避寿，有些寿星在举行祝寿礼时是不出堂的，而由子女代表自己接收礼物，等客人入席后，才以招待客人的身份出来与大家见面。现在杨家滩地区，一些传统文化素养高的家庭仍然传承这种优良传统。

2. 宴席

旧时，杨家滩地区的寿宴都是水火席。它有两个特征，其一，如果寿星的直系长辈均已去世，则在宴席一开始就上一碗面条，俗称寿面。出了丸子以后加一碗寿桃。宴主文化较高，家庭条件较好的话，还会请水平较高的厨师给宴席安排几道表现吉祥氛围的花样菜，如"松鹤延年""龙凤呈祥"等。其二，寿宴席也有讲究，应当由家族中的亲近长者或司仪来安排席位。

寿宴宴席席位视寿星性别而异，如寿星为男性，则第一席位为寿星的同姓长者，血缘关系越远的越受到尊重；第二席位为寿星岳父家代表；第三席位为寿星姑（姨）父家代表或亲家代表；第四席位为当地社会贤达或名人代表。如果寿星为女性，则第一席位为女性娘家代表；第二席位为婆家族亲代表；第三席位和第四席位与男寿星宴席的席位相同。这是娘亲舅大，爷亲叔大的习俗在主宾席位上的体现。在接待客人，奉陪贵宾方面，寿宴与其他宴席一样，分为尊席、安席与离席三个阶段。

（四）参加祝寿活动应注意的事项

参加祝寿活动，不同于一般性的走亲访友或赴宴，必须做好必要的准备工作。

1. 寿礼。除团体性的给社会名流、学者、要人祝寿由集体准备寿礼外，凡参加个人祝寿活动，都要携带一些寿礼。寿礼一般可选包装精美、做工精细、含有祝贺健康长寿、吉祥如意的物品。在杨家滩一带，至今仍习惯赠送糍粑、寿面，还贴上红纸或用红纸剪成的"寿""福"字，或者放上寓意长寿和兴旺发达的饰花。改革开放以来时兴送蛋糕，请糕点师傅在裱花时裱上"寿"字，或画上寿桃。六十岁以后的每逢十"整生"称为大寿，这时已嫁出的女儿家的贺礼更为丰盛，除一般的食品、补品和鞭炮等物外，还应衣帽鞋袜俱全。

2. 服饰。宜穿色调明快、含有吉庆之意的红、黄色。切忌穿全黑、全白的服装，也忌穿黑白相配的服装。

3. 语言。杨家滩人把寿日那天看作是大吉大利的日子，因此，语言应以祝贺、颂扬为主。不仅对于"寿星"如此，对于"寿星"的亲属宾客也应如此。一切易引起争论的话题，都不宜在祝寿活动或宴席间交谈。即使过去曾与之发生过不愉快的事，在祝寿活动中见面时，也应有宽宏气度，将往事搁置一边。宴饮要节制，不能酗酒，以防止失态。当自己带有小孩参加祝寿活动时，不能让其哭闹，不能打碎碗碟。主人家最忌讳哭，啼哭是"寿星"大寿时最不吉利的现象。最好的办法是尽量不带不懂事的小孩去。

4. 行礼。过去举行祝寿礼仪，一般是同辈者只需抱拳打拱；晚辈则需鞠躬，儿孙辈则行跪拜礼。当今行礼，同辈者改为握手；晚辈或儿孙辈只需鞠躬就行。如果"寿星"思想古板守旧，希望行旧礼而自己又不乐意时，可以托词稍作回避，千万不要当场拒绝，以免引起不快。

5. 回礼。当祝寿活动结束时，主人家也会给客人回赠一些礼品，俗称"敬福"。对此，祝寿者不应拒绝。

四、唱寿戏

旧时杨家滩地区的一些大户人家庆寿有请戏班子演戏的习俗，如打花鼓、布袋戏、木偶戏。特别是七十寿宴和八十寿宴及以上的寿宴，一般请戏班子唱几场戏，多则一个星期，少则几个小时。剧目中少不了《五女拜寿》《八仙拜寿》《程咬金做寿》和《郭子仪庆寿》等。唱戏一般是由女儿女婿出钱，一是表示女儿女婿对父母、岳父母的孝敬；二是表示女儿女婿家庭比较殷实，处事大方，让父母、岳父母大寿时体面风光。

五、特殊的祝寿礼仪与习俗

在离杨家滩约五六十公里远的安化、新化两县的一些山区，旧时有寿宴贵宾席位的，第一席由大女婿坐，如果寿星没有女儿，则由寿星的侄女婿坐的习俗。不过，女婿坐第一席位也不能"白坐"，女儿家要承担寿宴的全部菜肴酒水的经费，儿媳家只负责招待客人，提供劳务帮助。当然，侄女婿坐第一席的，宴席开销由儿媳家负责，只是营造一种"有龙有凤，富贵双全"的喜庆气氛。

那些地方，父母亲满六十岁及以上整数寿辰时，女儿家要为寿星送寿衣寿被等寿用品，供寿星将来寿终装殓时用。拜寿时，女儿女婿双双将这些特殊寿礼献给寿星。据说这是给寿星添寿，这样的寿礼越多，寿星的寿命越长。所以每年六月初六，那些地方有晒寿用品的习俗。

第三节 寿庆礼仪应用文例介

一、寿堂设置用字

厅堂前贴大红"寿"字或"福"字（用红纸或红绸子剪好），设寿星座位，桌案上放好红毡毯、摆红烛一对、寿桃、鲜花等，贴好寿联。

二、参拜先祖告词

三牲一套：红烛、楮钱、贡饭。

主持人读告词。

三、当代庆寿仪式

×××先生/女士×旬大寿庆寿仪式。

1. 仪式开始。

2. 恭请寿星登堂入座。

3. 主持人就位。

4. 全体肃立。

5. 鸣炮、奏乐，唱《生日歌》。

6. 主持人致祝寿辞。

7. 向寿星献花、献寿桃、献寿礼。

8. 拜寿（子、女、孙、侄、婿、晚辈、其他戚友致贺寿辞）。

9. 子女代表致谢词。

10. 礼成、鸣炮、奏乐。

四、子孙祝寿词

男寿"浪淘沙"：

父亲届×旬，天与遐龄，身康体健乐太平，早晚晨昏少定省，抱愧殊深。

际此寿诞期，奠为寿基，古稀耄耋晋期颐，甲子重开添甲子，寿与天齐。

喜遇盛世年，鹤算筹添，白发朱颜乐晚年，丰衣足食登上寿，花甲重添。

高年享升平，体健康宁，九如诗颂乐嘉宾，三祝筵开歌寿考，龟算鹤龄。

父寿乐且康，松柏长青，寿同南极老人星，身似西天无量佛，乐享天伦。

蟠桃几度红，我父独逢，九重天上万年松，五色云中三瑞草，如日方中。

女寿"浪淘沙"：

慈母正×旬，敬祝遐龄，门悬彩悦色常新，天护慈萱春不老，彩舞欢承。

萱草耀园林，宝婺辉腾，寿似南山不老松，福如东海水长流，人老心红。

母德可延年，福禄无边，和风选试彩衣鲜，春意初含梅花浅，福寿双全。

寿共海天长，瑞吐祥光，梅萼舒展绕北堂，萱花挺秀辉南极，福寿无疆。

母寿过古稀，寿近期颐，青发奇花十万枝，辉腾宝婺三千丈，再庆期颐。

金萱映日荣，古柏长青，北海萱映海天晴，南极星临山岳动，乐享高龄。

梅雨庆先春，万物滋生，良辰吉日祝慈龄，风朗气清延寿域，庚婆长明。

觞开北海樽，松鹤遐龄，萱草花开八百春，蟠桃子结三千岁，益寿延龄。

五、拜寿时的口头颂祝词

祝贺 ×× 老先生，福如东海，寿比南山。

祝贺 ××× 老奶奶，长生永不老，萱草千秋荣。

我等前来拜寿，愿您老人家精神愉快，益寿延年。

我等前来拜寿，愿您老人家寿星高照，松鹤延年。

我等登门祝寿，衷心祝愿您老人家与天地齐寿，与日月同春。

小侄向伯父大人祝寿，祝愿您老人家：身体健康，万寿无疆！

六、安席用语

1. 陪客致辞

今天是家祖父（叔）花甲寿庆的大喜日子，您们光临寒舍祝贺，表示热烈欢迎，对您们的深情厚礼表示衷心感谢，招待欠周宴席淡薄，敬希原谅，恭请各公多饮几杯素酒。

2. 宾客答词

今天是 ××× 花甲寿庆之期，特登堂祝贺，敬祝健康长寿福如东海，寿比南山，儿孙满堂，兰桂腾芳，合家幸福，万寿无疆，万代荣昌！

七、寿幛（镜屏）写法

贺姑母八十大寿

姑母　八十晋一荣寿大庆

金 萱 永 茂

侄 ×× 敬贺

× 年 × 月 × 日

贺仁兄七秩大寿

××仁兄　　七秩荣寿之喜

福 如 东 海
寿 比 南 山

友×××贺

×年×月×日

贺女亲家八十四岁大寿

×府×氏姻室老太君

八秩晋四大庆纪念

萱寿八千八旬伊始
范福九五九畴乃全

姻夫弟×××敬贺

×年×月×日

贺岳父六十大寿

岳父六旬寿域之喜

花 甲 重 新

婿×××敬贺

×年×月×日

贺岳母六十大寿

× 府 × 氏岳母老太君六秩大庆

慈萱春不老
古树寿长青

愚婿 ××× 敬贺

× 年 × 月 × 日

贺姐夫七十大寿

××× 姐夫　　　　古稀之庆

三千岁月春常在
六一丰碑古所稀

内弟 ××× 敬贺

× 年 × 月 × 日

贺岳祖父八十大寿

岳父大人八旬大寿之庆

耆年可入香山寿
硕德堪师渭水模

孙婿 ××× 敬贺

× 年 × 月 × 日

贺祖姑母九十二岁大寿

××尊祖姑母九秩晋二纪念

金母晋桃

侄孙×××敬贺

×年×月×日

贺外祖父九十大寿

×××外祖父九秩大庆纪念

九耋曾留千载笔
十年再进百龄觞

外孙×××敬贺

×年×月×日

贺岳祖母百岁大寿

×府×氏岳祖母老太君百龄大庆

妇德妇工 敬姜懿范
多福多寿 太姒徽音

孙婿×××敬贺

×年×月×日

贺祖姑丈九十五岁大寿

××尊祖姑丈九秩晋五寿庆纪念

灵 椿 永 茂

内侄孙 ××× 敬贺

× 年 × 月 × 日

贺姑母七十大寿

×× 姑母　七旬大寿纪念

花灿金萱 瑞凝堂北
星辉宝婺 彩映弧南

侄 ××× 敬贺

× 年 × 月 × 日

第四章 丧葬礼仪

世间万物，有生必有死，有始必有终。生生死死是人类社会新陈代谢，一代代繁衍生息发展的自然规律。人类每天都在迎接新生命的诞生，同时也有人的生命终止消失。因此，活着的人应该对死者履行殡葬的义务。殡和葬的礼仪活动统称为丧礼。中华传统礼仪首先就是从丧礼开始的，丧礼是指规定与殡殓死者、举办丧事、居丧祭奠及安葬亡者有关的各种仪式礼节，它是古代礼仪中最为重要的礼仪之一，通过对死者遗体的处理及其灵魂的安抚，来表达对死者的敬爱之情。其于死者是安抚其灵魂，于生者则是列序长幼尊卑、尽孝道、正人伦。这些治丧活动都有特定的礼仪。

第一节 备丧

老年人到了一定的年纪，要备丧，就是准备好棺材、寿衣、功据袋、魂帛，还有临终前要准备鞭炮、钱纸、线香、檀香和铜锣等物，不至于老人去世后匆匆忙忙，有了这样又没有那样。

一、刮棺材

杨家滩方言称加工棺材为"刮棺材""做寿器""刮长生"或者"做千年屋"。有钱的大户人家在中年就准备好棺材了。杨家滩地区有俗话说"三十岁备长生不早，五十岁养崽不迟"，认为准备寿器是添年寿的，还特别喜欢有人来借他的棺材，习俗认为有人借去棺材是添寿，因为别人"睏"了你的棺材，你就还得等待，就是增寿。棺材的原料至少要经过一个夏天的干燥，一般选用木质硬密的油杉木材料，但也有掺一两根椿树料或梓树料的，椿树象征"万年春"，梓树象征"指挥"，就是将军之意。但不是全部杉木的棺材，特别是掺有水桐树的棺木，一般不允许进祖山，说什么会吸收祖山的元气。

棺材分底、墙、盖和两幅"回子"，"三长两短"就是指棺材。制作棺材，一般都会选一个黄道吉日，木匠师傅在动身和动工时会注意"节看"，预测吉凶好歹。棺材上不能有任何铁钉，也不流行什么寿星钉，因为铁有驱邪镇鬼的作用，比如有的人很胆小，走夜路就衣袋里兜一块铁。所以认为棺材上钉铁钉，会把亡者的灵魂镇压在棺木里，永世不得翻身，难以投胎重新为人。但是有的地方却流行寿星钉，封殡以后还要钉三个寿星钉。

棺材制作完成后，有些还要做一个"子盖"，就是用杉木板子做一个另外的木盖，上端开一个三寸宽四寸长的孔，再嵌上一块玻璃，也有开一个圆图带五角形的孔者。子盖上面还要刻一个七星图案，形似北斗七星图。棺材外形脑头比脚头要高一至两寸，也宽一至两寸，棺材里面肩部以下，两边都比脑部处宽一寸多。木匠师傅在做工时，自始至终，都是棺材的脑头向着大门外。做棺木完工了，在完工之日，亲戚朋友和左邻右舍一般都来"恭贺"，如兴建新屋竣工一般，送点"梁米"和一份贺礼。

棺材做好之后，外面还要刷上几轮漆，才会美观、耐腐。漆棺材用的漆，大多是用山漆，俗称"汉漆"，因为山漆耐久，不易变色。上漆的次数一般是三轮、五轮、七轮，有的还漆上瓷灰漆，就是把瓷灰混到山漆里再刷到棺材外面。棺材漆好后，还要用红漆在脑头写一个大"福"字，在脚头写一个大"寿"字，以寓意"福寿全归"，头顶福地，脚踏寿地。不能写"禄"字，因为人死就不食人间烟火了，是为"无禄"。也有的在脑头画河图，在脚头画洛书，在棺盖中间画太极八卦，男子棺材画先天八卦，女子棺材画后天八卦。据说是开光后的太极八卦和河图洛书，可以避虫蛇鼠蚁，棺材不受虫蛇鼠蚁的侵袭，因而能保住尸体的完整，亡魂也得以安宁，则后人也得安泰。

准备了木棺，还要准备好棕棺，俗称"棕荐"，用来装尸体，再放进木棺里。请棕匠师傅用棕编织，中间不能掺有笋箨（俗称笋壳子）或稻草之类的材料。

二、做寿衣

寿衣是泛指人死后进棺材时所要穿戴的衣裤鞋帽，这些一般用棉布或丝绸裁制，不能用缎子裁制，因"缎子"与"断子"谐音，忌讳"断子绝孙"之意。

寿衣不能用棉絮，只能是单衣单裤，因为棉絮易吸水，会增加重量，亡者穿棉衣棉裤会加大亡者的负担，来世为人会负担很重，一生不得轻松。缝制时不能倒过来缝线，认为在阴间会颠颠倒倒，没有程序、顺序。裁制的寿衣寿裤要成单数，以取吉利之意，普通的平民百姓上衣用三层或五层，裤子两层，根据亡者家庭的经济条件和亡者生前的意愿而定。不论男女，寿衣都是大襟衣，贴身必须是白色的，中间的衣服可以是蓝色或黑色的，外套是黑色的。丝绸外套允许有一点暗花，其他的衣裤不能花花绿绿，要用素净的白布和青布，特别是中青年死亡者。衣衫都为大襟长衫，不用扣子而是用带子。

寿帽用青布裁作，不分男女都要准备，不过男女的帽子有区别，男子一般用礼帽或便帽，老年妇女用蚌壳式的帽子，中青年女子用一般常戴的帽子。

寿鞋的鞋面用青布，鞋底用白布，鞋底底面要缝上几个布疙瘩作鞋钉，要前面八个，后面九个，称为"前八后九，到堂喝酒；前七后八，到堂会杀"。相传人死后灵魂去阎王殿，黄泉路上一路有十五个难关，其中有座"滑油山"，会行一步滑三步，穿上油钉鞋就防滑。也有前头饰有云彩，后头饰有莲花，称为"脚踏莲花上西天"。

寿衣还得包括包裹尸体的"兜尸被"和"盖被"，都用六尺白布裁制，"兜尸被"两边还要对称缝几根布带条子，放棕荐里以便于包裹。另外还得按男红女绿，准备一床锦花的盖被，锦被上一般都绣了一个"寿"字。

三、备功据袋和魂帛

功据袋是为亡者准备的去阴间的随身袋子，男子用褡裢式，女子是包袱式。上面写有亡者姓名、生庚及殁庚，开口处还写有"关津渡卡，水陆通行"。袋子里装三斤六两钱纸和亡魂给照，还有的用黄纸折几块金砖放在里面，三斤六两钱纸称为"起身盘缠"，所以在集市上买卖，一般不会称三斤六两的秤。在亡者姓名、生庚、殁庚和开口处的"关津渡卡，水陆通行"位置分别盖有三宝印的印章。儒教印章为"儒贤圣宝"，道教印章是"道经师宝"，佛教印章是"佛法僧宝"。

魂帛是指附有某人灵魂的布，有特定性。用八尺白布折三寸宽的带子，再用同心结折成人型，两边垂下的带子，右边写亡者姓名，左边写亡者生庚和殁庚。待老人将断气时，放到老人的身上，以吸附老人的灵魂，不至于灵魂飞走。

另外要预先准备好芒种杆、小折扇、白色小汗巾、钱纸、线香、檀香、针线、黑白两色纱线、鞭炮、铜锣和三个硬币，不至于要用的时候就没有，耽搁时间。

第二节 治丧

俗话说"山中能有千年树，世上难逢百岁人"，现今社会不乏百岁老人，但是古代百岁老人很少。"人生七十古来稀"，七八十岁的老人大都作古，所谓"八十公公也得死，三岁娃娃也有亡"。生老病死，都不可避免。在杨家滩一般称老人死了不直接说是"死了"，而是说"吵烦去了""告千岁"或"老了"。人死进棺材称为"到老屋里去"，俗话说"阳间只是借屋住，阴间才是老屋堂"。

一、初终

老人生命垂危之时，子女等直系亲属守护在其身边，听取遗言，直到亲人去世，这在习俗中称为"送终"。这是一件大事，能为老人送终是表明子女尽了最后的孝心，而未能为老人送终，常常成为人们一生中的一大憾事。有没有子女送终，是不是所有子女都来送终，又为老人是否有福的一个判别标准。老人即将断气时，躺在平时就寝的床上，男性称正寝，女人称内寝。

老人弥留之际，家人要请懂阴阳的先生算一算，什么时辰能去，什么时辰不能去。不要犯冲克和落枕空亡，还有六道轮回中，别世时要落吉道，不能落鬼道和畜道两凶道。民间风俗认为落鬼道会到家里吵闹一百天，落畜道来世会转生变畜牲。如果在不利的时辰就快断气了，就要"吊时辰"，用米枕着垂危者的后脑，亲人在垂危者耳边轻轻呼唤，等过了这个时辰再拿去枕头的米，再来行事。也有在不利的时辰就断了气，也用米枕着，并放下蚊帐，关好门窗，不动声色，就好比人还在睡觉，等过了这个时辰再来行事。所以民间有"父母在不远游"的思想，父母在生时则侍奉于膝下以尽孝道，父母临终则守候于床边以尽子道，称为"守时辰"，让父母安心离去，得以善终。老人临终前，有不在家的子孙都会千方百计赶回家，以求见上最后一次生面，聆听长辈的遗言或遗愿，所谓有"某人还有回来，死都不落气"。"阎王制定三更死，不会留人到五更"，如果没有任何亲人在身旁，老人也有已经断气了的，但是有些老人会用左手拇指掐住自己落气的时辰。遇到这样的情况，不要胡乱拿动死者，要看看是不是左手掐住落气的时辰。"生有日死有时"，老人去世的时辰是非常重要的。还有不是在家里死的，则要从后门进屋，不能从大门前门进，所谓"死人只能从大门出不能从大门进"。

在旧社会的杨家滩地区，老人快去世时，其后人对以下几个问题特别重视。

一是冲克。是指生与死的时辰不要相冲，即子午冲，丑未冲，寅申冲，卯酉冲，辰戌冲，巳亥冲。十二时辰制，西周时就已使用，用十二地支来表示，以夜半二十三点至一点为子时夜半，一至三点为丑时鸡鸣，三至五点为寅时昧旦，依次递推，五点至七点卯时日出，七点至九点辰时食时，九点至十一点巳时隅时，十一点至十三点午时日中，十三点至十五点未时日昳，十五点至十七点申时晡时，十七点至十九点酉时日入，十九点至二十一点戌时黄昏，二十一点至二十三点亥时人定，每天周而复始。

二是落枕空亡。亡者年命生肖对应于亡者别世时辰，即龙蛇鼠忌午未，牛鸡猴忌酉戌，猪狗羊忌卯辰，虎马兔忌子丑。如龙年蛇年鼠年生的人在午未两时别世就犯落枕空亡。空亡有真空亡与假空亡之分，真空亡就是别世的时辰纳音克亡者年命的纳音，而假空亡是别世时辰纳音不克亡者生年纳音，假空亡可以不必论及吉凶。

三是终时吉凶掌。天道往天去，地道地府行，人道即超升，佛道终善利，鬼道害人丁，畜道人不利。男子十岁起从天道顺行地道轮人道上而去，女子十岁起从佛道逆行人道轮地道而去，算至几十几岁，再年上起月，月上起日，日上起时算去。如有个男子八十四岁于三月初四酉时去世，则十岁从天道开始，十一岁顺行地道，数至八十四落人道，又正月从人道数至三月落鬼道，然后初一从畜道数至初四落地道，再子时从鬼道数至酉时落鬼道，则为不吉。传言别世时辰落鬼道，亡者的鬼魂要在家里吵闹一百天；如果是落畜道，则来世会投胎变畜牲。阴阳家认为：世间有六道轮回，即"天、地、人、佛、鬼、畜"，说人死后，会从这六道上轮回转世，或上天界升仙为圣，或入地府登录为神，或入佛道成为和尚、道士之类的信士；或成孤魂野鬼，为害人间；或落入人道，投胎转世，重新做人；或入畜道，成为猪、狗、牛、马之类的牲畜。这种说法实际源于佛教，佛教传入中国后，被各地宗教接纳，并迅速融入民俗之中，所以有"六道轮回"之说。

人在将死之时，其亲属守在床边，民间称为守时辰。"属纩以俟绝气"，纩是质地很轻的丝棉新絮，用它放在临终者的口鼻上验察是否还有呼吸，叫属纩。

古代有"男子不绝于妇人之手，妇人不绝于男子之手"的规矩。验明已经断气，子女孙辈及兄弟侄辈皆不得哭，以免惊走亡者的灵魂。先关好门窗，用被褥盖死者身上，魂帛平整地放置于死者身上，以吸附亡者的灵魂，免得灵魂飞散而去，以为人一断气，灵魂就会飞走。

传说中有"起尸猫"，在人刚死去时，会到尸体的旁边叫上几声，尸体就能下床站立。被"起尸猫"叫起的尸体，当时不会动，但一旦有离尸体最近的人和物体移动，就会猛赴过去，双手紧抱移动的人或物，并且据说力气特别的大，箍得死死的，会把人完全箍死，或者把物体箍碎，一般的人无法逃脱。一旦抱了东西，就不会松手，也不会有第二次。

在杨家滩地区人死了以后，以下几件事情必须立即办理。

（一）烧功据

去世后的第一件事就是烧功据，称为"烧起身盘缠"。功据袋上分别写上亡者姓名和生殁庚，再盖上三宝印，以盖七个印为妥。一般老人的功据都事先写好盖了印章的，只留殁庚未写，等老人去世时再填写好殁庚。功据袋内要装三斤六两纸钱和亡魂给照（用黄纸写），外备三串散钱，每串要十二个散钱。褡裢式功据袋中间打三个活结，用短木棍扛起，另用白纱线连到亡者手指上，女子则直接用白纱线把功据袋连到手上。用干净盆焚化功据。焚化时，首先要宣读功据。亲人跪下敬茶奠酒，每人敬茶奠酒各三杯，并且呼喊亡者喝茶饮酒，莫去贪恋黄泉路上的迷魂茶。相传黄泉路上有座孟婆亭，亭里摆有"迷魂茶"，鬼魂喝了"迷魂茶"就会忘掉过去的一切。卖茶老婆婆专劝新魂喝这种"迷魂茶"，好让新魂忘记阳间的一切，莫留恋阳间的花花世界。

功据的通用书写式

一头书：

今据

某某朝（或国号）某某省某某市（县）某某乡某某村 某某庙王祠下通灵

土地社下报本孝男某某虔备功据壹个（内装给照文凭壹道）

化奉

显考（妣）某公（母）某某（某氏）老大（孺）人随身受用

公元二零　年　岁　月　日　　焚化

一头书：

原命距生于　年　岁　月　日　时

大限殁于 年 岁 月 日 时

缝口大书： 关津渡口 水陆通行

（二）置魂帛

魂帛图

（竖排文字：）

某母某氏老孺人之魂帛
某公某某老大人之魂帛

生於某年某岁某月某日某时
殁于某年某岁某月某日某时

用白布八尺折条，如图折成人形状，上出似首，两旁似手，下垂似足。左垂写亡者，男子写"某公某某老大人之魂帛"，女子书写"某母某氏老孺人之魂帛"，只儒教才写魂帛，所以书八个字或十个字都可以。三教儒为首，所以儒教的书写，不必理会佛教和道教的落道与否。右垂书生殁庚，先写生庚，后写殁庚，生殁庚并排书写。题写了魂帛，则使神有所凭依，候气绝时平放死者身上，入棺后放置灵柩上，出丧后附葬。

有人把"魂帛"写成"魄帛"或"魂魄"，这两种写法都是错误的。《明史》志卷三十六："灵座设于柩前，作白绢结魂帛以依神。棺椁，品官棺用油杉朱漆，椁用土杉。"《朱子家礼》："置灵座，设魂帛：设椸于尸南，覆以帕。置椅桌其前，结白绢为魂帛，置椅上。"《丧礼备要·魂帛之具》："白绢或纻布三四尺所以为魂帛者，其制有二，或束帛或同心结。"

"魂"指能离开人体而存在的，比如游魂、军魂，是"灵""神"，属于看不到的抽象事物，区别于物质性躯体的一种意识。"魄"旧指依附形体而显现的精神，比如月魄，体魄，是为"气""体"，属于看得到的具体事物，分为阳魄与阴魄，阳魄即主升腾成长的肉实身，阴魄则是指主沉降消逝的实身，甚至具色相形态的实物体。魂不会随魄的失散而消逝。

烧了功据，用皮纸折成三角形戴子孙头上，称居丧戴白，表示刚死去了长辈，还没有治丧成服。到成服之时，再换上孝衣拖头，将此纸烧掉。现在多用白布条围额头。

终时测吉凶示意图

（手掌图文字：天 地 人 畜 鬼 佛 终时吉凶掌）

（三）请水

焚化了功据，就要请水沐浴。请水之先，准备钱纸、线香、鞭炮和铜锣等。一人手执铜锣，从卧房开始敲锣，先敲七下，鸣锣次数，以亡者虚岁为准，有多少岁就敲多少下，称为"打请水锣"。一人用竹篮提水壶、线香、钱纸、鞭炮，水壶里放三个铜钱（今用硬币），跟随其后。一人一路烧冥钱，逢房门、弯路、岔道和桥梁就焚烧。子孙紧随其后，每烧一张钱纸，就朝外跪拜一下，到了请水的井边或河边，朝水跪下，朝水焚香化楮，讲明乡关住址和请水原由，宣读告词之后，将三个硬币倒入水里，左手拿水壶反手稍微舀些水。舀水之后，所有人原路返回，不得中途去干别的事而不回到孝家，不得回头看身后，比较懂阴阳的人走最后面，特别是晚上更应该注意。三个铜钱是用来买水的，传说人死了，将入阴司地府，要买水沐身，否则就会欠阴间账和后世账。

（四）沐袭

沐袭也称小殓，就是给死者沐浴装束，穿戴整齐，让死者能够干净整洁地入土到阴间。拿三片檀香放到请来的水中，把水烧开，倒入干净小盆里，冷却后给死者沐浴，俗称"抹尸"。抹尸装束最好趁死者四肢还能弯曲的时候。抹尸者首先要松开自己的衣领，在自己的额头上用力向上抹三下，称为"抹起自己的阳火"，就是提升自己的阳气，不让死者阴气沾身，特别是死得凶的或者死得冤的，就更要"抹起阳火"，免得"冤气缠身"。民间认为人的三魂经常在体外游走，从人的喉结下方出入身体，所以晚上走路和接近死人的时候，一般要松开衣领，好让在外游走的灵魂归体时不受阻拦，及时归体。经常和死人接触的人，首先要保护好自己，要能够脱得了身。抹尸前先要把自己的"阳火"抹起来，再来抹尸。用一尺白布(现在多用纯白色的毛巾)，按七的数向下抹尸，分男左女右，先是面上一下，在胸部一下，双手各一下，两脚各一下，后背向下一下。一边抹一边呼喊亡者，给他洗身了，要欢欢喜喜接受。抹尸水要倒到每个孝子床下，以求富贵均发，房房发达。

寿衣一般是请裁缝师傅在生前就做好了的，一般是三层或五层，里层为白色内衣，外衣是黑色，传说人死了到阴间，会把身上的衣服一件一件地脱去，直到白色衣服为止。为了不让死者光着身子见阎王，所以贴身里衣是白色的。长子把寿衣贴身穿热，然后给亡者穿好，如在生的时候一样穿戴整齐。用黑白纱线为腰带，纱线的根数就是亡者年寿的虚岁。寿帽和寿鞋也是黑色，切忌装束的衣物用皮料和过分花花绿绿的布料。穿皮料表示来生会投胎变畜牲；穿过分花花绿绿的布料，一是对死者表示不尊敬，二是表示死者来生会为人轻佻不厚重。如果死者头发不整，则先要请理发师理发，或请人梳妆整齐，身上不干净，就先洗干净。在穿戴时，要呼喊亡者，要他手脚放松放软，以便好穿戴整齐。听说去世时间过久，尸体已经僵硬，在装束时，一边穿戴一边呼喊，死者会有感应，尸体会变得柔软一些。

小殓时，如果死者有粪便排出，非常吉利，寓意金银财宝；如果排出的是尿液，视为不吉利，寓意水洗家财，孝子要跪到床前，撒三手稻谷到地上，边撒边呼喊：播散稻种，秧谷下水，保佑子孙人兴财旺。过去的大户人家，为了显示家族的富贵，表示对死者的尊敬，也有为求尸体埋入土里不易腐烂，会另请专人用蚕丝将尸体密密包裹。

（五）移单

死者不能在床上躺得时间太久，要尽快沐浴装束好，把死者移到门板上躺着。认为死者在床上躺得时间过久，会欠下床债，来世是要还的，就是来世会病躺到床上不能动弹，要人服侍、照顾。

沐浴装束之后，就是移单，为"摊尸""摆门板"。在床边用两条长凳架一扇干净的门板，把棕荐平整摊在门板上，垫好兜尸布，兜尸布一般用白布。三四个人把装束好的死者平整地抬移到棕荐内，双手放肚子上，男子左手放上面，女子右手放上面，脚朝门的方向，等待移尸入棺。移单的作用是不要再躺床上，免得欠下床债，另外是摆放一段时间，提防假死。移单是从生前晚上睡觉的床铺到死后长眠的棺椁，中间必须要有的一个过渡点。

（六）烧缟铺

移单之后，就烧缟铺，即人把死者在断气时穿戴的衣服、帽子、鞋袜，盖的被褥及席子和睡床上垫铺的稻草，担到外面空旷路边处焚烧。古代经济条件差，物质没有现在这么丰富，一般老人百年之后，遗留的衣物子孙都拿来穿戴，所以一般只烧掉经常穿戴的一身，另外皮衣皮裤是不能烧的。取床铺的稻草也另有规矩，如果夫妇有健在者，只拿掉死者所睡床头的稻草，另一头的稻草绝不能拿；如果夫妇都已亡故，就拿掉全部的稻草，拿掉稻草后，左手反手移动床铺。还是跟请水时一样，从卧房开始鸣锣烧冥钱，逢房门、弯路、岔道和桥梁烧冥钱，子孙随后跪拜。鸣锣次数，以死者虚岁为准。到了空旷路边或河边焚烧。

（七）入椁

入椁即大殓。按男左女右，把棺材摆置堂中，棺内平垫干净的石灰、石膏、煤炭或木炭等粉物。棺材里不能垫任何的纸张，传说棺材里垫了纸，死者来世为人会带指背煞，受人指指点点，说三道四。敲锣，烧冥钱，子孙随后朝死者尸体跪拜。四个人，连同棕荐，脚前脑后地把尸体抬放置棺材里。如果是凶死者，或者死得冤者，门前放一屋瓦或碗，抬尸体过门就踩破。

用功据灰装枕头枕脑下，另用六块白布包六个灰包，分别扎紧于肩腰膝的两边，用新砖扎紧脚下，称为"举足踏金砖"。手拿饭团、折扇、芒种杆和汗巾，也有金银玉石放死者的嘴里者，称"银子含牙"。用针线分中定正，分男红女绿把寿被盖尸体上，然后盖上棺盖等待封殓。

二、治丧

入了椁之后，就由亲族和孝家召开一个治丧会议，商量怎么办丧事，选出一个铺排和一个内账，然后开始办事。

（一）确定铺排、内账和外账

铺排一般是由血缘关系比较亲近又有能干的亲房担任，主要是负责整个丧事的具体安排和丧事花费的总体把关。一般在礼生进堂那天起，就每天出一份治丧人事安排，贴到墙上，这就做贴墙单。来帮忙的人看了墙单就知道自己做什么事。一般丧事要三十六到四十个人，比如悼孝日的人事安排。

某公某某老大人逝世治丧人事安排：

铺排：某某（一般一至两人，除了远房族人，一般不写某姓）

内账：某某（一至两人）

外账：（一般四人以上，以前还要几个人专门打钱纸）

传白：（一人，就是给前来吊孝的晚辈亲戚发孝布，要有孝眷跟着下礼）

礼部：（一般四至五人）

灯司：（一人）

铳炮：（一人）

厨房：（六人以上）

行通：（六人以上）

泡茶：（两人或四人）

接待：（两三人，包括接炮竹，引领客人去账房）

开金井：（四人，大都提前一天，以免有重坟）

采购：（两人）

保管：（一人）

勤杂：（两人）

内账一般也由比较亲的或者是懂账的亲房担任，主要是负责整个丧事的所有经济出入以及每餐开餐桌数的预先安排，还有经费预算。

外账要有一两个会书写的，又懂得各种称呼称谓的人，要写花圈祭幛和每天的人事安排。写时以死者为大，因此死者的姓名都在右边。祭幛就是亲邻戚友来悼念死者送的布匹，上下用木棍撑开中间是悼念死者的词语，如"寄托哀思""音容宛在""含笑九泉"等，右边最上方是死者的姓名，左边最下方是来悼念者的姓名。

（二）设灵

在灵柩前摆放一张桌子当灵桌，书写灵位放桌上。摆好灵位后，在灵位前依次摆放清茶、美酒、鲜果、香炉，香炉里要焚香不熄，让亡灵受享香烟。灵位两边摆设一对点亮的红烛。灵柩下面脚头，用清油点上一盏灵灯，称为长生灯，长久不熄。长生灯也称作寿星灯、长眠灯，意为照住亡者灵魂不乱走。灵桌下面放一干净的盆子用来焚烧钱纸，灵桌前面铺一块柔软的垫子作拜席，以方便前来悼念者跪拜。如果是在重丧日别世，再于灵柩下面用一面镜子向上放置，照着灵柩，称为照破，出殡时一并拿出厅堂，登山时再挂到秃龙上照着灵柩。也有禳重丧的方法，就是用纸函依月化解。

1. 灵位

书写灵位，以隶书、魏碑、真楷等书体书写为好，不得涂改，正中的字要大一点，写十一字，称为三教落道，两边写上"音容宛在"。死者年满六十又无直系长辈，可称老大人或老孺人；如果有直系长辈或年未满六十者，则只称大人或孺人。男子用红纸，女子用绿纸。灵位高一尺二寸，宽六寸。另外用白纸书写孝子名字，贴于左下角。一般入椁了，就要把灵位写好摆上，则神有凭依，也好让前来探故的人和来唱挽歌的人了解孝家的大致情况。

"显"取其德行昭著，声名远播之意。古人讲三不朽："太上立德，其次立功，其次立言。"普通父母对国家谈不上立功，一般也没有什么著述，立言也就更谈不上，于是大家就从"德"上做文章。"显考""显妣"就是说已故父、母德行显著，令名远播。据《考工记》解释："考，成也；妣，媲也。"具体说就是父亲完成了自己的功业，把儿女养育成人，尽到了自己的责任和义务，可以安心了。母亲相夫教子，以德仪影响和教育子女，对家庭亦有很大的贡献，其德仪与父亲的功业是可以媲美的。用这两个字称父母，体现着中国传统农耕文化中"男主外，女主内"的家庭经济特点和"男尊女卑"传统儒家思想。这一模式同时规定了父母在家庭中的责任与义务。

"老"者，指年老，一般六十岁已上者称老，因为中华传统文化中，六十才称之为寿，曰初寿，六十花甲轮转。六十称下寿，八十称中寿，百岁称上寿。没有年满六十则不能称老；有直系长辈者，不论年龄有多大，也不能称老，所谓"八十岁都还在做崽"。

死者的嫡长子已死，则由嫡长孙主丧，称承重孙。"承重"是本身及父都是嫡长，而父亲已故，则在祖父母亡故时即作丧主，为承重孙，要服丧三年。如果父死服丧未满，则称在制承重孙。如果祖父及父都已先死，在曾祖父母亡故时，就称为承重曾孙，也要服丧三年。死者的其他儿子书于承重孙后面，但必须高一格。所谓承重是指承受丧祭和宗庙的双重任务。中国古代以嫡长派系为血脉传承，犹如一棵大树，只有一根主干，其他都是树枝。用"枝繁叶茂""瓜瓞绵绵"的词语来赞颂后人众多、人丁兴旺的家族，就是这个意思。

孺人：古代专指七品官员在世的妻子。我国古代为了体现对亡灵的尊重，在制度上规定"人死大一级"。七品官作为在册的最低官级（七品以下就是百姓），人死加一级，平民的妻子加一级就是七品夫人，因此平民的妻子死后也称孺人。父死称孤子，母死称哀子，父母俱死称孤哀子。如果没有扎灵影，而是以灵位祭奠，那么祭奠的灵位以另书为佳，以避称谓之乱。

音容　　　　谨遵先礼
某公（母）某某（某氏）老大（孺）人受祭灵位
宛在　　　　祭奠英灵

2. 铭旌

以绛布为之，三品上者用九尺布，五品上者用八尺布，六品下者用七尺布，士庶用五尺布，白粉书写。借外姓有名望者题之，使人知道是某某的灵柩，题铭旌的人名必须另外用红纸墨书贴于铭旌左下方。女人的铭旌不可由平辈来题，以避嫌。

某公（母）某某（某氏）老大（孺）人之灵柩
　　某某某顿首拜题

3. 落道

凡功据、灵位、神主、魂帛、墓碑及神位等都要讲求落道。

儒教仁义礼智信 落"仁""礼""信"三个字的道

佛教生老病死苦落生字之道。

道教道远几时通达，路遥何日还乡。落有走之的六个字之道

六个字、十一个字是为三教落道。

4. 重丧日

正月甲日、二月乙日、三月戊日、四月丙日、五月丁日，六月己日，七月庚日，八月辛日，九月戊日，十月壬日，十一月癸日，腊月己日。比如说，逝者如果是正月的甲子日、甲寅日、甲辰日、甲午日、甲申日、甲戌日去世，就犯重丧，民间认为会有两次死人之事发生。其他月份类推。还有四大重丧日特别注意，三月辰日，六月未日，九月戊日，十二月丑日。

（三）相地择日

风水是中华民族历史悠久的一门玄术，也称青乌、青囊，学术性的说法叫作堪舆。堪指天道，舆指地道。风就是元气和场能，水就是流动和变化。风水本为相地之术，即临场校察地理的方法。

请来风水先生，于山水之间相一处好地，以安葬亡者，庇佑孝家，所谓"亡者的地，子孙的缘"。风水先生去"看地""开山"，要准备木桩、锄头、牲酒钱香以及米和雄鸡、鞭炮。风水先生根据所选地方的来龙去脉和山形地貌，木桩连线、罗盘勘定一个吉利的山向，定位定向，再开山破土。所定中线不能坐下边的坟，也不能被上面的坟正骑，不能对着山下住居屋的堂屋脊。以后铺排人安排四个男子汉依照风水先生选定的位置挖一个坑，俗称"挖圹"和"开金井"，如果有什么青蛙蛇鼠等生物在圹里，不能弄死，认为有生物的地方是好地方，挖圹人不要随便杀生。相地讲究龙真穴的和水秀砂明，地理五诀是龙穴砂水向。

1. 择地

（1）龙

龙是指蜿蜒而至的山峦，葬地之发源走向，为气脉流贯的山体，具有一定走向。龙又分吉凶、地势起伏、灵活多变的龙脉是生龙，要求山峦起伏，顿错有致，生动美观，脱颖特达，端崇雄伟，要注重生气，即生态良好。体势顺出，枝脚安贴，有顾祖抱穴之情的龙脉为顺龙。生龙和顺龙为吉龙，要光肥圆润、尖利

秀美、势雄力足、雄伟磅礴、起伏错落的山脉为真龙，能够迎送生气。死龙逆龙为凶龙，是指崩石破碎，歪斜臃肿、势弱力寡、枝脚瘦小、树木不生的山脉。石为山之骨、土为山之肉，水为山之血脉、草木为山之皮毛，追求山或龙之体质，缪希雍的《葬经翼》上云："紫气如盖，苍烟若浮，云蒸霭霭，四时弥留；皮无崩蚀，色泽油油，草木繁茂，流泉甘冽，土香而腻，石润而明"。实际风水意象在审美方面的讲究，是非常有价值的，例如：风水说中禁伐主山林木，禁凿龙脉，倡导植树以护生气等。

（2）穴

穴是"气"随"龙"而来所聚集的点，地气贯注点。"葬乘生气"，穴是坟场比较重要的地方点，是安葬亡者的地方点，利于"气"的凝聚，往往有"众人皆醉我独醒"，或"唯我独尊"的感觉，满足龙脉止聚、砂山缠护、川溆潆回，冲阳和阴，土厚水深的要求。穴前的地方叫明堂，它是指穴前靠山近水的平坦之处，要宽阔，要诸山聚绕，众水拱朝，不能逼窄倾斜。"穴"与"明堂"的关系是"点"与"面"的关系。"穴"起到了一个"控制点"的作用，是明堂的前提。

凡山势平缓，平平结穴龙虎环抱近案前，即内明堂。要阔狭适中方圆，不宜太阔大，太阔大就近乎旷荡，就不能藏风，不能聚气，风水的宗旨就是"藏风聚气"。但也不能太狭窄，太狭窄就会局促，穴不显贵，以方圆形为吉；内明堂要不欹侧，不卑湿，内无圆峰环抱，无流水冲破，无恶石。凡山势来的急迫垂下结穴，龙虎与穴相登，前案较远处为外明堂，要广阔开畅。外明堂必须两边宽展不狭窄，四山围绕，没有空缺，又有外水曲折，远远朝来，为吉，凡大富大贵之地，必结内外明堂，外明堂狭窄局就不伸展。明堂而皇之经云："明堂方广，可容万马侯陵寝，可容百人公相基"就是专论大明堂的"伸手一案，良田万担"是专论内明堂的。"内外明堂两边分，内宜闭聚外宜宽，两堂俱备三阳足，此地尝知代有官"确是正论。凡发旺之吉地，必须是龙虎内有内堂团聚。收拾元辰，或有低小近案，横拦之砂，以关束内气，外有宽畅外堂。明堂交锁、周密、宽畅、广聚为吉。若倾斜、空旷、破碎，则为不吉。

（3）砂

砂是指穴前后左右的山，是构成穴场环境的重要因素之一。穴要左右有护卫，前面有朝案，后面有乐托。以护卫穴场，不使风吹，环抱有情，不逼不压，不折不窜，故云：青龙蜿蜒，白虎驯俯，玄武垂头，朱雀翔舞。并配以五行学说对砂山所构成的环境做出逻辑的分析判断。风水学的原则是尽可能利用好的地形，对于一些不好的地形环境条件做出相应的改造。这里对地形的考虑就涉及日照、气候、土壤、风向等要素。一个典型的风水模式除了有靠山之外，左右两侧还应该有起护卫的山，使整个穴场成兜抱状，以挡住"风"对气场的破坏，达到更好的聚气。

案山朝山，即穴前之山，近而小者为案，远而高者为朝。凡近案远朝两备之地，定发富贵。案山有本身山生来穴前，也有外山绕到穴前作案。无论如何，案山要求低小有情，不高不远，不斜走，不粗恶，不反背，不顺水，或虽顺水而又远抱过宫，不逼穴，遮却外山筋脚。如无案山，只有龙虎砂相交固，关聚内堂则无案同有案。化吉案山要美。所谓"朝山要和"，即朝山要有情朝拱。朝山要端正秀丽，尖圆方正，光彩妩媚，不能破碎峻岩，丑恶峥嵘，倚斜走窜，反背凹陷，尖射臃肿，粗顽崩赤，枯瘦无情。若朝山形若各种贵器，与案山相同，都主发贵。如五星相会，三台列拱，是为贵格。

乐山就是穴后衬托之山，最宜贴背。远山特来，挺然贴穴为特乐；横障贴穴，不令空旷，为借乐。乐山要端正卓立，高阔障护，不令穴后空虚，站在穴上或明堂中，以看见乐山为吉。

下手砂要抱得了上手砂。凡地即使龙虎双美，如无下手砂来抱上手砂，则不是吉格。若穴前水流归右，则右为下手，右臂一山如逆水长过左山，兜往左边山水，是为逆关，主大发财禄，逆关砂也叫财砂。如下手砂顺水而去，则贫穷退败。

（4）水

水是龙之血脉。穴外之气，龙没有水的伴送，就不能明确其龙的来向；穴没有水的界拦，就不能确定地气的凝聚点。地气也是随着水而走的，有水必有气。水的走向，就是"气"的走向。而"气"又是和水的走向相同的。"气"是贯通于水的，水的流动带动"气"的流动。而不同的水所聚到的"气"所具有的性质也是不同的。在现实生活中，人对水的依赖也超出于对山的依赖，"风水之法，得水为上，藏风次之。"所以民间有"坟墓重山，屋堂重水"的说法，要"坟山屋堂贯气"。水随山而行，山界水则止，界为其域，止其逾越，聚其气而施耳，所谓金城环抱即是这意象。风水所谓：得水为美，要四喜，一喜环弯，二喜归聚，三喜明净，四喜平和。水本动，妙在静，即潴者为静，平则亦静。论水质，其色碧，其味甘，其气香，主上贵。水源深长龙气旺，发福最悠久。水到局，就是来水要入局，要到堂，方为吉水。如水远远来，到堂却又反弓跳撤去，为水不到堂；又如水虽到堂，而无下关收水，或不流到下砂拦截外，是水不入口，都非吉水。又如水在逆砂之外，人站穴前虽看不到，也是水到堂，大地常有这种格局，一般称为暗拱。

水来之方为"天门"，水去之方即水口处为"地户"，要求"天门开地户闭"。水口处要有罗星，华表，捍门关拦，切忌倾泻直奔而去。朝水要深平弯静，忌直射湍怒。去水要有砂关拦锁抱，忌奔流直去。聚水要深洁，不见来去水源。朝水，是穴前特来之水，为吉水，如有逆水来朝，更吉；如有九曲水来朝，必出当朝宰相，朝水小者，也能发财，洋洋大水当面朝，才能催官催富。聚水，就是穴前聚结之水，为至贵之水，古有"水朝不如水聚"之说。

水要朝怀、聚面、拱背、九曲、腰带、回流、暗拱等，忌瀑面、冲心、射胁、反身、割脚、漏腮、淋头、反跳等。

风水明堂朝向，即前有朱雀起舞，后有玄武垂头，左有青龙蜿蜒，右有白虎驯俯，形来势止，前亲后倚，宾主相登，左右相称的围合格局的朝向。

（5）向

向指的是点定穴位所立朝向，有"千里的来龙，万里的对向"的说法。同一物体，随着参照物的不同其方位也不同，不能单纯地说某一个物体的方位是某某向。世人有"远对山峰近对凹"的说法，有其理。一般朝向讲究一峰对尖，双峰对空，三峰对中。风水是利用罗经（罗盘）进行定向，以手中的罗盘建立起一个相对的坐标系，对穴场进行一些逻辑性的、适用性的分析和评定。坟地要以形气立向，同一个穴场，不同的朝向就有不同吉凶祸福，所谓"分针差一线，如隔万重山"。选定最佳山向，看周围的环境是否能够满足"聚气"的要求，即整个穴场是否能够满足各种需要。一定的山峦，有一定的穴场，有一定的山向，人为改向，非明智之举。所谓"一个山头葬十坟，一坟发来九坟贫"。墓地风水十不向：一不向流水直去，二不向万丈高山，三不向荒岛怪石，四不向白虎过堂，五不向斜飞破碎，六不向外山无案，七不向面前逼宫，八不向山凹崩缺，九不向大山高压，十不向山飞水走。

风水择地定向，必须要用罗盘。罗盘也称罗经，主要由位于盘中央的磁针和一系列同心圆圈组成，每一个圆圈都代表着中国古人对宇宙大系统中某一个层次信息的理解。古人认为，人的气场受宇宙的气场控制，人与宇宙和谐就是吉，人与宇宙不和谐就是凶。于是，他们凭着经验把宇宙中各个层次的信息，如天上的星宿、地上以五行为代表的万事万物、天干地支等，全部放在罗盘上。外部分不同的层次，主要有先天八卦、后天八卦、洛书、二十四山、一百二十分针和周天三百六十度或二十八宿分度，其他根据罗盘大小和学派不同及风水师个人需要另有细分，多的有四十九层，少的也有七八层。八宫二十四山，每山占十五度，北方坎宫壬子癸、东北艮宫丑艮寅、东方震宫甲卯乙、东南巽宫辰巽巳、南方离宫丙午丁、西南坤宫未坤申、西方兑宫庚酉辛、西北乾宫戌乾亥，此为最基本的地盘。正北方子山中线为周天 0 度，正东方卯山中线为 90 度，正南方午山中线为 180 度，正西方酉山中线为 270 度。勘地时，要罗盘上的指南针指向午山的 180 度，看所定的线压着二十四山的哪个字，即为某山，对应的那个字为向。罗经主要分三合盘和三元盘，三合盘加有天盘和人盘，三元盘加有先天六十四卦和三百八十四爻。

2. 择日

选定坟地，接下来就要"看日子"。择日学类繁多，有大玄空择日、大六壬择日、奇门遁甲择日、斗首择日等，但总以正五行择日为正统和根本。风水先生根据所选定的山向、亡者生年（化命、仙命）、子孙生年，选择封殡（俗称封殓）和出殡的日子时辰和分针安葬的日子时辰，称为"看日子"。出殡的日子，即发引之日，送亡者登山。"年月吉日时良，配得美山并美向"。所谓的"看日子，合八字"，古来传统是"合男不合女，合崽不合孙"，就是只与死者儿子的八字来合日子，其女儿和孙子的八字不用来合。入土安葬择日，讲求补龙扶山相主。补龙就是日课五行要生或比和来龙的五行，祸福之本总属于龙，择日而不补龙，又何必择日呢。山脉来龙至结穴处，必有一线小脉，细细察定即以罗经格之，属木则用亥卯未木局，属土水则用申子辰局，属火则用寅午戌局，属金则用巳酉丑局。坐山不必补，但宜扶起，不宜克倒，克倒则凶。所谓"扶起"就是不犯三杀、五黄、岁破等大煞，日课不冲克坐山，并能得吉星到山照山。有的神煞可以制化，制化得宜，神煞不足为惧，只要用化得当，依然发福催贵。相主就是日课不与化命相冲相克，能带有化命的禄马贵人最好，同时与子孙年命不相冲克。论冲克，以天克地冲为主，如甲子冲戊午，又以日时为主，年月次之。

（四）报丧

一般在入樟之后，亲族一人领孝子到左邻右舍去报丧，称为"下礼"。孝子每遇到熟悉的人都要"下礼"跪拜，见到长辈要双膝跪地，平辈左膝跪地，右膝作跪势，晚辈双膝作跪势。不管哪种跪拜，两手都着地，以支撑前曲的身体。受拜者，长辈要当面双手扶起孝子，平辈侧身双手相扶，晚辈则要作跪势双手搀扶。带领人一般会告知左邻右舍，某某人去世了，是某时去世。

在风水先生确定了发引日期后，就要安排专人，分几条路线到亲戚家去"发讯"报丧，告知亲戚，某某地方的某某亲戚已经于某日某时去世，定于某日悼孝致奠，某日发引登山。对于那些主要的亲戚，比如女子娘家，外甥、女婿等主要亲戚，还必须告知是什么时候盖棺封殓，让亲戚心里有准备，没有见到生面的，见见死面也好。报丧"发讯"，同一家亲戚，如果是死者的长辈，先要单独报丧，死者平辈都要告知，晚辈没有了父母的，也要分别"发讯"报丧。比如死者舅舅家，舅父舅妈有健在的，有三四位表兄弟，但是其中有一位表兄弟夫妇不在人世了，首先给舅父舅妈发讯，然后分别给各位表兄弟发讯，那几个没有了父母的表侄也都得发讯，其他表侄就不要另行"发讯"了，不能有遗漏。"发讯"要说是某某亲戚于哪个时候"吵烦去了"或"故了"，不能直接说是"死了"，民间都忌讳直接说"死了"。宾奠一般是安排在悼念的那天晚上进行，如果死者家里亲戚多，晚上行宾奠可能会完不成，或者要到凌晨三四点，就会耽搁前来吊唁的亲戚的睡眠时间，于是安排白天另设奠堂行宾奠，以祭奠死者。所以在"发讯"时，先要向亲戚说明白，关系密切的主要亲戚就会早一点来吊唁。但是女性老人故了行宾奠，一般要等娘家的兄弟和侄子来了才开始行宾奠。对于前来"发讯"者，亲戚也会拿一两包糖和一块毛巾，作为答谢之礼，现在一般是封几十块钱的红包答谢。

（五）探故

探故是左邻右舍（俗称"邻居地舍"或"堂方地境"）和亲戚朋友去孝家给亡者上一炷香，慰问一下孝眷，以表示对死者的尊敬，对孝家的关心。鸣放鞭炮，从大门的右边，左脚先进门，孝子或者孝孙在门内行跪拜礼，朝灵柩或者神龛作揖还礼。到灵柩前，点燃三根线香和烧一沓钱纸，立正站立，捻香三作揖，然后左手把香插到灵桌上，不论男女都得左手装香，整个中华大地都是如此，所谓"右手装一千，替不得左手装一根"。然后左脚先跪，再右脚并跪，上身挺直，以示庄重，朝灵三叩首。如果是子孙及五服之内的本宗晚辈，在拜时，头要低垂至地面，并且略作停留，要行礼四拜。三叩首后，起身站正三作揖。孝子或孝孙在一边陪跪，三揖后会向探故者下跪叩谢，吊唁者要朝灵作揖还礼。发烟泡茶者，一般要等探故者吊唁完了才递烟递茶，最好不要一进门就送烟送茶。

邻居地舍来探故，大多安排在"下礼"报丧的当天晚上，孝家会准备瓜子花生等点心招待客人，个别地方还备有酒席来招待客人。所以探故后要看情况，如果来探故的人数多，就不要在孝家停留得太久，以免人多拥挤，让孝家为难。

亲戚朋友探故，会根据亲戚的关系和在家停留时间的长短来决定，如果亲戚关系密切的，如内侄、外甥等，一般也会在得到音讯的当天或者第二天，就来探故，那孝家招待就还要礼数周到一些，一般是孝家亲房和族人接待，留餐留宿，出门相送。

（六）唱夜歌子

在杨家滩地区，唱挽歌叫做唱夜歌子。远在春秋战国时期，挽歌就已经产生了。挽歌并非某个人的创造，而是来自民间的劳动之歌。俞曲园释《荀子·成相篇》"请成相"一语曰："盖古人于劳役之事，必为歌讴以相劝勉，亦举大木者呼邪许之比，其乐曲即谓之相。'请成相'者，请成此曲也。"牵引灵柩（古代王侯的灵柩大而重）乃"劳役之事"，挽歌自然也属于"劳役之歌"，悼亡之悲与劳役之苦在挽歌的调子中合为一体，使其比一般的劝勉性的劳动歌讴更为凄凉。汉魏以来，唱挽歌是朝廷规定的丧葬礼俗之一。《薤露》《蒿里》，并称丧歌二章，出自田横门人。汉朝田横自杀，门人悲痛哀伤，因而作悲歌，言人命如薤上露，易晞灭也。亦谓人死，魂魄归于蒿里，故用二章。其一曰："薤上露，何易晞，露晞明朝更复落，人死一去何时归！"其二曰："蒿里谁家地？聚敛魂魄无贤愚。鬼伯一何相催促，人命不得少踟蹰。"至孝武时，李延年乃分二章为二曲。《薤露》送王公贵人，《蒿里》送士大夫庶人，使挽柩者歌之，世亦呼为挽歌。亦谓之长短歌。

湘中地区把挽歌称为"夜歌子"，把唱挽歌的人叫"歌师傅"。挽歌的主要内容是细数死者生平事迹，颂扬死者的美德，以及劝慰孝眷节哀顺变，奉劝世人尽孝扬善。挽歌的抒情性特别强，尤其长于抒发悲哀的情调，有些高水平的"歌师"能把听众唱哭。但有三段正歌，这是每次丧堂中必不可少的，即"开歌立堂""烧香奠酒""辞丧指路"。如果是女老人家故了，还要唱"十月怀胎"。"开歌立堂"包括挽歌根源、"五方挂榜"或"四门挂榜"和亡者生平简介，但湘中地区的挽歌根源是"田君三宝郎"，即田原、田庆、田真田氏三兄弟。每一次丧事只需开歌立堂一次，要打锣打鼓响鞭炮，每唱一段歌落韵后，打鼓一阵，称为"打鼓闹丧堂"，也为作"打闹丧鼓"，以方便唱歌者喝茶解渴，歇歇气。

如果唱歌者难唱了，就"抛歌"给别人唱，所谓"肚内无文不敢吟"，接歌者先要赞颂感谢一段，再来唱亡者。每晚唱歌后要"寄鼓"到丧堂，称为"留丧"或"留亡"，因为死者还没出门，丧事还在继续，"夜歌子"还要唱，"闹丧鼓"也就只能寄留到丧堂里，第二天晚上还得打鼓鸣锣起歌开唱。"烧香奠酒"包括香纸茶酒的根源和对亡者的敬奉，是"夜歌子"的一段必不可少的正歌。唱"烧香奠酒"，孝家要打出一个包封（红包），一般是由女婿女儿准备。"辞丧指路"也是"夜歌子"的一段必不可少的正歌，分"辞丧"和"指路"两部分。"辞丧"是指辞别生前所用过的日常用品、所耕作的田庄及社会人际关系，也就是辞别阳间的一切。"指路"是指示阴间黄泉路上的十五个关口和阎王十殿。唱"辞丧指路"，孝家也要打出一个包封（红包），这是由孝子准备了。"辞丧指路"之后，还要倒鼓，把丧鼓倒去三天门外，不再"打鼓闹丧堂"。"烧香奠酒"和"辞丧指路"子孙都要跪在灵柩前。

"夜歌子"也是一种民间文学，一个好的"歌师傅"，要有一定的文学水平，要能出口成诗歌韵句，或能够填词，只是格律平仄要求没有那么严格，还要懂点古书。称为"夜歌子冇的版，四六句子随你喊。夜歌子冇的书，四六句子随口出。人人有个担书埠，个个有个学码头。你知之事你就唱，我知之事我就吟。唱歌不为别的事，单为亡者上天庭。一人一段歌好韵，何愁鸡叫不天明"。还有什么"上半夜是凑口子，下半夜来动本经"。特别是有几方客家来唱的时候，一般客家会要求主家（即丧家本姓人）刷几条路，称为"刷梁路"，要么是《声律启蒙》上的哪几个韵，要么是什么词牌，比如"浣溪沙""一剪梅""念奴娇"，或者是哪册古书，比如《三国演义》《西游记》《隋唐演义》。还所谓"主人让客三千里，客不容主半毫分"。过去还有唱歌唱不过人家，就动手打架的。个别"夜歌子"高手，唱出的语句很有文采，有的甚至是一篇很好的诗歌。

（七）祭奠

《论语·为政》：孟懿子问孝，子曰："无违"。樊迟御，子告之曰："孟孙问孝于我，我对曰无违。"樊迟曰："何谓也？"子曰："生，事之以礼；死，葬之以礼，祭之以礼。"《孟子·滕文公上》："曾子曰："生，事之以礼；死，葬之以礼、祭之以礼。可谓孝矣。"

祭：对死者表示追悼、敬意的一个仪式。奠：向死者供献祭品致敬。祭奠：为追念死者并安抚其在天之灵而举行的仪式，表示追念,悼念。中华传统注重"慎终追远"体现中国的一种孝文化。

　　湘中地区的儒家思想理念历史久远，根深蒂固，因此老人去世，可以不请道士或僧人来"敲唱"超度，但祭奠是必不可少的。一定要请儒礼先生来祭祀，以表示死者后继有人，尽子道、孝道。祭祀的过程，无论从开始的告祖、成服，每天的朝午夕奠灵，还是子孙亲族的家祭，亲戚朋友的宾奠，点主、安主、朝祖，出丧日的祭神、路祭，最后的成坟祭奠，甚至几天几夜的儒教祭奠，自始至终都在围绕着死者。祭奠死者，把灵柩移到厅堂中央，设案于灵柩前，对着灵柩祭奠最为规矩和恭敬。但一般都是把灵柩停放在一边，另在厅堂中间摆案设位祭奠，因为灵柩停放厅堂中间很占位置，办丧事不方便。

　　每场丧事，至少要四个儒礼先生，正案和香案边左右各一人。对于儒礼先生的要求是很高的。首先要求有一定的文学水平，能写得一手好字。要有文才才能写祭文、作挽联，古代礼生文学水平的高低，往往代表一个姓氏和一个地方的文才，往往会有好多亲戚写些古怪难读的祭文来故意刁难，所以过去的礼生都要有秀才的文学水平，要求言谈文雅，行为规范，衣着整洁。读文以哼读为主，"吐词"清楚，声音响亮，断句分明，能读出悲哀的情感最好。再有就是要求必须懂儒理，还懂易理和乐理；最重要的是要心地善良，品行端正。所谓"礼生"就是"礼"字紧要，特别是正在行祭祀之时，更是要求"礼"字当先，动作要慢，不能太快，农村常用"文公家礼"来比喻有人做事慢悠悠、斯斯文文，实际也就是说明礼生司仪要慢，不要过快。在行祭祀时，眼睛要看着上祭者，动作不能轻佻，吊儿郎当，胡乱走动，与别人交谈。站立时，两手自然下垂。身穿大襟长衫，头戴礼帽，不得披襟袒肚、短袖短裤、脚穿拖鞋。司仪要求开始由掌礼先生通唱至上祭者就位，由香案边两人一人一句的司仪到上祭者至正案前，再由正案边两人接着一人一句司仪。如果有引唱，则大多由引唱者司唱。

　　行告祖、朝祖礼及祭神礼，围台布用红面，祭奠亡者围台布用白面，不论亡者多大年纪，是办丧事，为白喜事，所以要用白面。

　　儒生行祭礼和道士僧人行法事，都有一个人专门来负责所需物品的准备，这个人称"香灯司"，简称"灯司"。所需物品，都由灯司负责准备和摆好，所以灯司要"里手"，需要哪些东西，事先准备好，免得用时"急作急忙"，耽搁时间。比如道士或和尚有一更接亡魂的法事，那灯司事先就要准备好三个火把，三十六根油香分成三份，还有钱纸等。

　　祭奠亡者，一般是按血缘，由亲到疏的顺序排列。宾奠的祭奠顺序又有所不同，男子死了，先是舅外甥按房份大小开始上祭；女子死了，先是闺侄即娘家侄子按房份大小开始上祭，如果闺侄都已经不在人世了，则以闺侄孙开始，先要把其根本理顺一下。所谓"娘亲舅大，爷亲叔大"。现在男子宾奠以女婿开始，因为女婿有和女儿共同承担赡养父母的义务，但女子的宾奠还得以闺弟闺侄开始。

挽联俗称"孝对"，内容以悲哀悼念为主，突出一个"悼"的意义，有几处子孙住房，就要贴几处挽联，不能遗漏。挽联的上联贴门的右边，下联贴门的左边。先要把大门和灵堂的挽联贴好，才开始行成服礼，成服礼后，死者有曾孙的，可以写五个"服"字，十字形贴到槽门外右边，即形同本宗九族五服图，实际就是为五服图的简式。"服制"是服丧制度，按生者与死者关系的远近亲疏，分五种等级的丧服制度。"服"就是丧服，是指斩缞、齐缞、大功、小功、缌麻五等丧服。"制"就是古代父母死亡守丧，父母或祖父母去世，儿子或嫡长孙在穿孝期间须遵守儒家的礼制，谓之"守制"，俗说"守孝"，也称"读礼"。在家守孝二十七个月（不计闰月），期间不任官、应考、嫁娶等。

行祭奠必须先要"宰牲""陈牲"，不然牲醴从何而来？"宰牲""陈牲"也表示对死者的尊重，祭奠的隆重，不随便弄一些牲醴来祭奠，而是隆重其事，特意宰杀牲口来祭奠死者。宰牲要在大门外的阶基，头向大门。陈牲也摆在大门外，头朝堂内，中间陈列破开了脊背的猪，右边是羊，左边是鸡。

行祭者首先到初位，本宗行稽颡或稽首礼，客人行鞠躬礼，再洗手到香案前上香（称洗手焚香），从左边（西序）复初位跪拜后，又从右边（东序）至正案（即食案）前行敬献礼。没有另设读文所（即司祝所）者，就案读文，读文后从左边复初位（向右转）。移位复位，都是先跨右脚，步子不要跨得太大，所谓轻移慢步。礼成后，从左边上去答谢礼生，这时礼生要向灵位作揖还礼。民间以右边为大，左边为小。

行祭礼有起鼓、鸣金、奏乐，这些工作是专业的鼓乐师来进行的，因此事先要请三至四位鼓乐师，而鼓乐师会唢呐吹奏进门，孝家响鞭炮接到。鼓乐师主要是配合儒生行祭奠礼，和客人来吊唁时接客，以示礼貌。祭奠之时，鼓乐所设在门外，现在一般都在堂屋里。祭奠奏乐，请灵可奏"香花靖""南进宫"，最后一晚夕奠后撤灵要奏"打扫殿"，朝祖奏"朝天子"等等。

宾奠和夕奠后，就要撤灵，把满堂的孝帐或扎的"孝堂"撤掉，称"祭奠已毕，礼宜撤灵。满堂孝帐要撤尽，孝撤干净扫出门。难忘严父（慈母）劬劳恩，守服三年在门庭"。然后焚烧灵位，"孝子思亲忆根源，祭奠已毕禀灵前。撤了受祭灵位后，从此英灵伴祖先。"如果是未寿而终或者是已寿却不是正常死亡者，可以劝幽，安慰亡者一番，中青年死者就更要安慰亡灵。撤灵之后，如果没有作神主的，就请魂帛朝祖，则灵归神位，位列先人，嗣后逢生辰和七月半也好敬奉。如果有神主的，要"点主""贺主"，然后请神主"朝祖"，再"安主"。古代礼仪，是要送葬后才点主，不过现在一般都在悼孝祭奠后就安主了，不等送上山之后再回家点主、安主。

（八）丧服

丧服是用以表达伤痛哀悼，其服制有四个类别，即正服、加服、降服、义服，不同等级，都是本着亲疏的分别而制定的，其中以斩缞、齐缞的服制最隆重了。斩缞服是孝子和承重孙所居之服，齐缞服是孙、曾孙及玄孙、兄弟、胞侄所居之服。其他还有大功服、小功服和缌服。每个等级的丧服布料和缝制都不同，最重的斩缞服用粗麻布缝制，线缝在外，下面不缝边；最轻的缌服用较细的熟布缝制，线缝在内，下面缝边。穿上丧服后，还要披戴拖头，就是一边六尺的白布，即半幅布六尺，一端裹头，一端后披，所谓"拖头要拖到地"。用绳束在腰间，斩衰用稻草反手搓的草绳，其他服制的用麻绳，也是反手搓的，脚穿草鞋。如果是玄孙辈的，不管直系旁系还是亲戚，拖头布要用红色的。

丧杖又为哀杖、孝杖，是用来扶持哀痛之躯，只有孝子和嫡长孙才有资格扶孝杖，但现在孝孙、曾孙乃至玄孙也都扶杖，未出嫁女、孙女与儿子、孙子相同。父丧用竹杖，圆以象天，其节在外；母丧用桐杖削去一边，方以象地，其节在内。本都朝下，高与心口平齐，皮纸剪成条包住杖棍。成服时扶起，出丧日送葬后到坟山上焚烧或成坟后放坟上脚头。妻丧用梨树枝为丧杖，上面有三朵红花，下面有四朵绿花，"梨"与"离"谐音，寓意为离别、分离也。

丧冠，现今时代大多用笋箬即笋壳子做成半寸宽的头环，上面拱半圆形的条，都用皮纸包住成白色，前面下垂棉花团。孝子戴三根条三个棉团，孙二条二团，曾孙一条一团。没有出嫁的女儿与儿子一样。

（九）悼念

大部分都是发引的前一天悼念亡者，以寄托哀思，慰问孝家。亲戚去悼念，一般要上午去，特别是闺侄、外甥等关系比较亲密的亲戚，更应该上午去。进门一挂炮竹，自然会有人来接炮竹的，然后是花圈、祭幛以及包财、皮箱，也有人会过来接的，再到灵柩前上香下礼。死者只有最后一晚在家里了，因此亲戚要尽量陪坐一晚上。

（十）超度

超度是佛教用语，指佛教或道教借由诵经或者作法事，帮助死者脱离三恶道的苦难。所谓"三恶道"是佛家的名词，指"一切众生造作恶业而生其处"，有地狱道、饿鬼道和畜生道。另外还有"三善道"，即天道、阿修罗道和人道。超拔亡灵，可荐亡灵上天堂，脱离地狱之苦。通常人在死后，若有重大的恶业，直接下堕三涂；若有众多的善业，便可立即升天；若修净业，即可往生净土。否则的话，就在四十九天之内，等待因缘成熟，随缘、随业转生。所以为亡者做佛事，最好是在过世之后的七七四十九天之内。做佛事必须具备虔诚、恭敬、肃穆、庄严的条件，最好是出家人主持。坛场设一般在本宗堂屋，不可嘈杂、零乱、喧哗。

而对于道教而言，超度就是通过法师自己内在的修炼，连接祖师或者道教神仙，把还停留在阴间地府的亡魂或者还滞留在人间的亡魂解救出来，再通过神仙接引，希望亡魂早日超升或早入轮回。子孙后代希望先人可以脱离地狱，早登极乐界，因此会请法师对亡魂进行超度。

超度的步骤：一、斋戒，即法事前斋戒沐浴，清静心身，这样才可以上达天听；二、设坛，先准备好招魂幡等旗幡，同时还需设阴阳坛，阴坛还得摆上亡人牌位、供果、茶、酒、香、烛当然还有还得准备一些要烧的纸钱；三、登坛做法，登坛后，法师一般会先做净坛法事，然后才开始超度法事；四、诵经，法事的中途会诵许多经文，佛教一般有《地藏经》《阿弥陀经》《华严经》《观音经》等，道教中比较常见的是《太上洞玄灵宝救苦拔罪妙经》、《元始天尊说丰都灭罪经》《太上三生解怨妙经》等，如果是女子还需加《拔度酆都血湖妙经》；两教都有"解结"一事；五、施食化宝，在法师做完法事后还需茶酒米饭撒于四周，供本地的野鬼孤魂食用，同时也需烧化纸钱，有的人还会烧各种纸糊像。

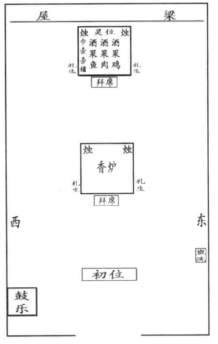

灵堂示意图

请僧人行佛教，七天七夜的道场，就要封斋了。就是和尚从进门起，一直到化财，所有行法事的过程中，任何动物肉荤食都不能吃，只能"呷斋"吃素食，就连炒菜的锅子都得用水洗干净，用"斋油"炒菜，"斋油"是指农村里正宗的茶油、油菜油、豆油、花生油等植物油。和尚一般不随便离开"斋堂"。吊孝的晚餐才可以吃荤食。

请道士或者和尚超度亡魂，民间也称为"响铜皮子"，因为超度亡魂，道士或者和尚用铙钹，铙钹是铜制造的，所以称"响铜皮子"。

道士或者和尚在几天几夜的超度，晚上是不回自己家或寺庙睡觉休息的，因此孝家要为他们准备一两个床铺，安排他们睡觉。

道士或者和尚进孝家大门，先要到神龛前三作揖。然后开始准备工作，写亡者的听经位，填录亡者生殁庚、子孙孝眷的名姓等，等到礼生行完告祖、成服礼之后，再挂"功德"画像，立台扎坛，洗面洗手启建请神圣，称"启圣"。不管时间再紧迫，也必须是在成服之后才"启圣"，不得越于成服之前，再怎么"道（佛）法大如天"，也还得"儒教还在先"。"功德"挂多少幅，会依法事的时间长短来定，一旦两宵的"开路""应七""诵经"挂三幅，七旦七宵的全套道场要挂十五幅。

如果死者有前人死后没有超度烧灵屋的，就必须先给前人超度烧屋，不然亡者会超度不了，灵屋也领不到。

（十一）封殡

杨家滩地区，大多是由治丧帮忙人员来封殡，习惯称封殓。根据地生选的封殡时间，抬开棺盖，用针线重新分针，把尸体摆正归中，盖上棺盖，钉上竹排闩，然后用裁成一寸多宽的皮纸把棺盖缝线封上，再用墨汁或黑漆把皮纸涂黑，如此则封殡完成。但也有个别地方请漆匠师傅来封殡，因为要漆匠师傅才有漆。如果是按儒教来封殡，则就有好多的仪式程序，有封殡礼、收煞、出煞，等等。

民间习俗，在封殡和出殡时，有一些人不分男女都要回避，不能在场。这是因为所谓的"的呼煞"，即根据封殡或出殡那一日的干支，对应哪些年出生的人，称为犯"的呼煞"。比如甲子日出殡，则辛丑年即1961年出生的人要回避。其实这"的呼煞"是没有任何根据来源的，不足为信，清朝乾隆时期的《协纪辨方》上就进行否定并删除了。只是民间一直沿用，世代相传，所谓"朝朝代代是这么样来的，不好更改废除"。

（十二）丧宴

平时开餐吃饭，丧堂里必须摆有两桌酒席，主要是儒生、法事师傅和灯司以及孝子孝孙等人。一则是对死者的尊重，时时刻刻有人陪伴，不至于冷冷清清。二则法事师傅要守坛，看护法器。三则是在厅堂里摆席招待师傅才是恭敬。

杨家滩丧事的宴席，一般是在吊孝的那天晚餐，餐桌可以摆房屋外面的地坪里，这是丧事酒席与其他别的酒席的明显区别。上菜有讲究，死者没有了直系长辈的，旧时杨家滩传统的丧宴是水火席，第一道菜是水豆腐，这是丧宴的标志菜。紧接着上合菜、旗帜肉或扣肉等，如果有直系长辈则先上合菜再上水豆腐，后面吃饭的时候，那个旗帜肉改为三角形的油炸豆腐拌肉。"八大金刚"（抬灵柩的八个汉子）要格外安排坐到一桌，称为"金刚席"，一般的主要菜比如扣肉要上两份，鱼用一个全鱼，另加一份蒸熟的猪肩，称为是"陪扛夫"或"陪夫子"，孝家要为每个夫子送一双草鞋。

按照传统习惯，杨家滩的白喜事宴席即丧宴也很讲究礼节，有尊席、安席、礼席三个环节，主宾席位常为四个。

酒过数巡，到了上肉丸子时，鸣炮奏乐，由铺排师或者账房先生带领孝子孝孙来安席，先到金刚席答谢下礼，带领着作谢辞："惊动各位，明日是我某某（称呼）某老大（孺）人发引登山之日，要辛苦大家安安稳稳把他（她）老人家送上山。今晚上酒席不恭，招待不周，不成敬意，还请多多谅解，今后孝家再来慢慢感谢各位。孝子下礼叩谢。"这时有保管或其他亲房给八大金刚每人一双草鞋，一个专管发烟的给各位发烟点火。安了金刚席之后，再来安其他宴席："尊敬的各位师傅和亲邻戚友，大家晚上好。今天是我某某某老大（孺）人与世长辞悼念之日，承蒙大家厚情吊唁，不胜感激。孝家无以为报，聊备素酌，以表谢意。只是办事不周，酒席不恭，不成敬意，还请多多海涵，今后孝家再来慢慢感谢各位。孝子下礼叩谢。"

过去的丧事宴席，还有尊席的礼数，和寿宴的尊席一样。

第三节　出殡、送葬与安葬礼仪

一、出殡与送葬

发引之日早晨，根据风水先生所指定的时间出殡，出殡是指把灵柩从堂屋移到槽门外的地坪上。先要安排八个年轻力壮的男子汉抬灵柩，另外一个人在抬起灵柩时，把灵柩下面的两条长凳向门外倒下，再拿到槽门外的地坪准备架出了殡的灵柩。一人拿米站灵柩脑头，向大门外撒米喊"起柩"，则抬起灵柩，出殡到槽门外，鸣放鞭炮，敲锣打鼓，孝子孝孙把引魂幡在灵柩前跪拜，引渡亡魂出家门。出殡后，把堂屋里所有的花圈祭幛灵桌等东西全部撤去，拿出槽门外。

民间习俗，在出殡时，和封殡一样，也有一些人要回避，不能在场，为犯所谓的"的呼煞"。

出殡后，在早餐前，要"遣奠"，用三碗饭三碗菜对灵柩祭奠亡者。"遣奠"后，一般接着是"祭大舆"。如果抬柩的"突龙"有龙头龙尾者，对着"突龙"摆案祭祀，则不必再书神位，如果另书"大舆尊神之位"贴"突龙"前而行祭，是多此一举。要是另外书写"大舆尊神之位"的神位，可以另行设案祭祀，没必要对"突龙"行祭。"祭大舆"之后再祭祀道路、古庙等外神，如果要渡江过河，就还要祭祀江河、桥梁等外神。还有的灵柩到了坟山，要设案祭祀本山后土尊神即山神土地，以祈求保佑亡者葬后不受任何侵袭，还要祭圹。

送葬时，一般用两面大金锣鸣锣开道，而后就是安排一个老者沿路丢"引路大钱"。所谓"引路大钱"就是用专门用作烧化给阴间的草纸，裁成手掌大小的正方形纸，再剪两个相向的新月形图案，中央剪个小正方形孔，形同一个古铜钱。丢引路大钱还要放一些短小的鞭炮。根据各地的乡俗，有的地方是丢引路大钱的老人兼举引魂幡引路，而有的地方则是长孙手执引魂幡跟在引路大钱后面。引魂幡后面紧跟着是旗彩和花圈，旗彩有红色旗、白色旗和五色彩旗，一般会要举两三树姓氏旗，姓氏旗要安排本姓人或自姓家的媳妇把举，外姓人一般也不会来把举姓氏旗。如果有祭幛，就在花圈后面。祭幛后面是两个稍微年轻一点的女子抬着的像轿，像轿是纸马师傅用竹子和花纸扎的，里面放有死者的遗像。由孝子或孝孙领头，带着本宗所有服丧者，弓着身子退着走，在灵柩前面为死者拖开一条去往坟山的路，所以拖头要拖到地，不能只吊到腿而不着地。一个孝子或孝孙在最后面"按柩"，也就是要控制行走的速度，不能过快。如果路边有门户为送葬放鞭炮，那所有服丧者都得向放鞭炮的门户行跪拜礼，直到鞭炮响完。到一些比较危险的路段，"按柩"的孝子或孝孙要先退去几米远跪着，等灵柩过了危险段才起来继续行走。灵柩是由"八大金刚"抬着，跟在后面，用"柩罩子"罩住灵柩的上面和四周，孝女在灵柩两边扶柩而哭。"柩罩子"上一般修有八洞神仙，即铁拐李、汉钟离、吕洞宾、韩湘子、曹国舅、何仙姑、蓝采和、张果老。

一路上，总有些人会来接替"八大金刚"抬一段路，说什么帮忙抬了枢不腰痛。灵枢后面是服丧的亲戚相送，再后面就是"开台锣鼓"和鼓乐师的唢呐以及其他人跟着送葬。杨家滩地区"开台锣鼓"的乐谱主要有"五点子"和"杉木楼"，而鼓乐师的唢呐乐谱就多了去了，什么"一枝梅""一枝兰""梅谱""望乡调"，不下几十曲。到了坟山的圹边时，所有的丧服都要脱掉，乐队停止奏乐，收掉旗彩。孝子孝孙把拖头束到头上，全部到圹下面，跪向墓地，"八大金刚"把灵枢平安地放进圹里面，等待安葬的时间再来葬坟。然后由长孙捧死者遗像，锣鼓唢呐奏乐相跟随，归家安置到神龛上，家里鸣放鞭炮接遗像。

一般夫妻有一方死了，另外一个是不去送葬的，以防止晦气留在身上，不利于将另娶或再嫁的配偶，除非一定不另娶或再嫁。如果有子孙或侄子没有回来给老人送葬，那就要把未回来的人所服之丧服用茶盘摆好，由一个五服内的晚辈端着，跟在丧服人中一路到坟山。还有的女老人家去世了，娘家会用旗彩和锣鼓甚至乐队龙灯相送，一般都要安排到服丧的亲戚后面。

二、葬坟

葬坟的时间是由风水先生根据所葬地形、山向和亡者及子孙年命选定的日子时辰。上山葬坟之先，要准备两支红烛、三杯茶、三杯酒、一块熟肉（上面插一支筷子）、一些钱纸、三根线香、五只或十五只纸箱，另外呼龙用的米（一般是一升米再加三抓米）和一只威武雄壮的雄鸡。到了安葬的时辰，风水先生会根据开山时定好的山向线度，把灵枢摆正。圹前摆好茶酒牲醴和红烛并呼龙用的米，风水先生焚香烧纸请神，孝子孝孙把拖头裹头上，跪到后面。请神之后呼龙，雄鸡割破嘴巴，绕圹转三圈，边转边呼："此鸡不是非凡之鸡，昆仑山上报晓鸡……不管年煞月煞日煞时煞，尽皆退避。"然后把雄鸡抛与长子，或者丢到圹里。手把米呼龙："伏以吾是当年白鹤仙，身骑白鹤下遥天，今日东家开吉地，时来指点葬牛眠。……撒米已毕，白鹤升天，黄金归家，万古归城。"呼龙之后，从四角开始下土入圹、一层一层地筑紧。下土时，如果有树枝枯叶纸屑等什么不干净东西，要捡去，不能随土下进圹里，据说是孝家会出带眼病的后人，甚至瞎子。所谓"葬坟葬心"，葬坟者要自觉捡去垃圾，但如果是生的树根草根又不需捡去。筑到平地面的那一层，四周挖宽四五寸，下土筑紧成"乌龟背"形状，称"蓑衣层"，防止雨水沿圹四壁流下去。最后覆土成三锥长方形土堆，称"坟堆子"。在葬坟期间，一般会响铳和响短鞭炮。

孝家根据自家的经济条件，会适当的拌些木炭、煤炭、石灰、石膏等筑坟，这样一来保护棺木不易腐烂，二来多年之后，坟堆子平了，别人来选地葬亲，也易于分辨此处已经葬了人，不至于葬重坟。听闻过去有大户人家，用糯米拌石灰或者石膏筑坟来安葬先人的，说是什么"炮都打不进"，能很好的保护先人骨骸。

葬坟完工后，就成坟。把引魂幡按男左女右插坟上腰处，像轿放坟堆上。孝子孝孙事先准备好了三牲酒果和钱纸线香，照祭奠的陈设一样摆放好在坟前，敬奉亡者，并且鸣放鞭炮。子孙人全都到坟前四拜。还有的子孙会请礼生来坟前，用桌子摆好祭品，行成坟礼和安墓礼的祭奠仪式，然后再子孙齐拜。

葬坟三天后，孝子孝孙又要备办好三牲酒果和钱纸线香来看坟，主要是看有没有被野兽或小人把坟刨动，或者察看还有哪些地方做得不尽人意。

三、竖碑

墓碑有简易的一字碑、山字碑、三合碑、五合碑，主要根据后人的条件而定，但也要根据墓地的具体地形需要。如果是成坟时候、清明时节或者冬至日竖碑，可以不用择日，其他时候要择日。

四、墓碑联选介

（一）七字墓联

他山石借佳城固　懿德碑铭福泽绵
同树雄心创家业　共卧钟灵佑后人
百世昌隆赖先辈　千秋功德垂子孙
报效先辈唯修德　希冀儿孙当尽忠
操如松柏清如竹　言可经纶行可师
茶品千秋风雨韵　花开万代桂兰芳
青山佳城佑后人　月形吉地葬忠骨
青山绿水好风光　五岳河川多美景
常观碧水流源远　永佑后人福泽长
慈海千载犹在耳　懿德万年永流芳
当年幸立程门雪　此日空怀马帐风
高卧名山多福荫　长眠福地永光辉

美德常与天地在　英灵永垂宇宙间
龟岭凭栏餐秀色　龙山揽胜浴清风
桂馥兰芳钟毓秀　人杰地灵锦绣图
合冢长眠千载旺　精英永驻万年荣
慈母圣地千秋在　子孙尊教万古存
此地山川添秀色　升天紫气佑儿孙
后环青山千古秀　前抱绿水万代昌
佳城永固千秋在　吉日常照万代荣
龙腾吉地光辉远　鸠跃名山福荫多
马卧牛眠荣地脉　龙腾凤舞护坟茔
教子相夫称美德　节俭勤劳存懿范
虎形毓秀生瑞气　吉地钟灵启人文
岵峰常育千枝秀　屺泽永滋百代荣
近智近仁近孝悌　希贤希圣希显达
慷慨解囊呈爱心　栏栅闪亮树高风
牢记礼为孝之本　莫忘道以德而宏
良图百代传风范　仪表千秋启后昆
灵安福地卧真穴　子孙世代福无休
灵山翠翠留懿范　碧水盈盈泽后昆
龙台福地卧真穴　子孙世代福无休
漫步龙山随缱绻　畅游福岭任逍遥
美德常齐天地永　嘉风久伴山河存
美德与山河长存　英灵同松柏永青
名山合冢千秋旺　福地同眠万古新
母仪千古留桑梓　长记慈惠传后世
蓬山此去无多路　瑶池迎母小玉挽
千年笔架昌文运　绝代神龟举将才
青山常绿托先灵　福荫永垂佑后启
青山溢气龙凤舞　蛇形灵贯子孙荣
抗美负伤不居功　勤俭持家教子严
昆仲竖碑裕后裔　二老添彩灵生辉

青山源远护吉地　碧水长流霭瑞气
名山吉地安父母　永固佳城旺子孙
青史天长照后人　沃土地久藏英魂
求解放征战南北　为公仆两袖清风
四面青山绕吉地　五方龙脉供仙灵
鹊巢奥运颂千秋　父母生死常相伴
茹苦含辛抚儿女　厚德载福荫子孙
山川饱含千古秀　椿萱长占四时春
山青水秀成墓地　鸟语花香现才郎
扇动余风维巽令　形藏五岳护坤元
四面青山绕吉地　一堆黄土映佳城
寿比千年龟鹤永　福荫后代子孙贤
双亲卜吉牛眠地　子孙兴旺万代荣
水色山光衬吉地　花香鸟语颂鸿恩
四面云山开紫气　一成大墓放祥光
四面紫气霭吉地　八面灵龙拥洞天
五岳河川多美景　青山绿水好风光
名山高卧光辉远　吉地长眠福泽多
凤舞名山呈异彩　形安吉地显光辉
高山此地曾埋玉　花月其人可铸金
山环水抱聚紫气　虎踞龙蟠呈吉地
山能聚气安先祖　地若钟灵耀后人
志同松柏清同竹　言可经纶行可师
博学勤奋恨去早　克己宽人痛尤深
苍天无情留人恨　青山有意佑后人
功德常昭垂千古　恩泽长绵仰万年
千秋佳城留胜迹　万代儿孙拜先亲
且喜座中先得月　不妨睡处亦看山

（二）六字墓联

绿水源远长流　子孙万代荣昌
万世子孙常记　千载鲜花永放

命佐岐山开国　望隆渭水传家

万中一人福佑　芳容后世敬仰

一世英名长存　百年恩泽永铭

凝聚群峰秀气　永庇百代昌荣

（三）五字墓联

英灵千秋在　佳城万古存

星辰常作伴　草木永为邻

一生心性厚　百世子孙贤

名山多秀色　福地永光辉

乾坤皆一体　日月照千秋

慈颜小犊行　春晖寸草心

父恩重如山　母爱深似海

虎山脉吉地　龙像绕仙灵

黄土护严灵　青山藏盛德

名山藏玉墓　浩德蔚人文

重山朝吉地　叠水颂佳城

前辈安吉地　后代启荣昌

青山埋筋骨　风雨育儿孙

青山处处美　子孙代代昌

青山绕佳城　子孙代代贤

身去音容存　寿终德望在

一生行好事　千古流英名

懿德千秋在　佳城万古春

有尘风自扫　无灯月长明

高风传梓里　亮节照后人

山川环吉地　脉源拱佳城

吉人眠吉地　佳偶奠佳城

（四）四字墓联

教诲永记　风范长存

名流千古　光启后人

尽忠职守　浩气长存

鞠躬尽瘁 死而后已

医者严谨 法者公正

兢兢业业 人民公仆

忠于职守 耀满子孙

第五章 祭祀礼仪

礼仪是治人之道。古代人们认为世间的万事万物都有由人类肉眼所看不见的鬼神在操纵着，祭祀礼仪就是向鬼神示好，以求福泽。所以说，鬼神信仰是祭祀礼仪产生的基础，祭祀礼仪是鬼神信仰的一种特殊体现形式。

第一节 祭祀礼仪概说

按荀子的"三本"说法，即"天地者生之本、先祖者类之本、君师者治之本"。礼，深含人类对宇宙天地的敬畏，对德行的追寻，对和谐的追求，对先人的怀念，对自身的期望和对美好的期待，对情趣的重视和培养，对社会秩序的协调和稳定，以及对社会生产的提高和发展。礼是天地法则在人类社会的体现，所谓"礼以顺天"，因此总带有一定的时代特色和时代局限，而随着社会的发展进步，又总在不断地优化、精化、细化、人格化和人性化。比如在清朝以前，父死儿子丧服为斩缞三年，母死丧服齐缞三年，清朝则改为父死母死一律斩缞三年。

一、礼与仪

以杨家滩为中心区域的广大湘中地方的传统礼仪，主要是以儒家思想和儒家文化为核心和主导，古属梅山文化区域，梅山文化当今随处可见。由于人文交往和人员迁徙，所以会渗透了一些梅山的巫文化，所以该地区的礼仪是汉文化与瑶苗少数民族文化相互融合的产物。但总的是儒家为主，所谓"三教儒为首，天下我独尊"。

二、吉礼

吉礼，居五礼之首，主要是对天神、地祇、人鬼的祭祀典礼。其主要内容可包括三个方面。第一是天神的祭祀，即祭祀昊天上帝，祭祀日月星辰，祭祀司中、司命、风师、雨师等。第二是地祇的祭祀，就是祭祀山河社稷、五祀、五岳，祭祀山川林泽，祭四方百物等。第三是人鬼的祭祀，主要是在春夏秋冬的特定日子祭祀先王、先圣和先祖等。古人祭祀的目的就是为了保平安、求吉祥、祈福泽、降祯祥，故称吉礼。《周礼·春官》中有云"以吉礼祀邦国之鬼、神、示"，祭祀对象总体分为天神、人鬼、地祇三类，而每类之下又细分若干。中国传统文化，很重视"三"，所谓"一生二，二生三，三生万物"民间也有"酒饮三杯通大道""一而再，再而三"和"事不过三"的俗言，所以天上日月星，地上山泽河，人分三类，事分三等，祭祀也重视三献礼。

天神分三等。第一等天神是昊天大帝，是国家最重大的典礼。因为天为阳，南方为阳位，冬至是阴尽阳生之日，所以每年冬至，天子在国都南郊的圜丘，用"禋祀"祭祀昊天上帝。即先燃柴升烟再加牲体或玉帛于柴上焚烧，意为让天帝嗅味以享祭。祭天的仪式经过精心设计，一物一名，很有深意。因"天圆地方"的宇宙观理念，所以祭天之祭坛要建成圆形，如北京天坛。第二等天神是日月星辰。日月星辰附丽于天，日为帝星，月为尊星，垂象著明者莫过于日月；星辰是指五纬（金木水火土五大行星）、十二辰和二十八宿，是与民生关系最为密切的天体。祭日月星辰用"实柴"之祀，即把牺牲放到柴火上烧烤以享祀，这是官方的祭祀，民间一般没有资格和权利来祭祀。第三等天神是除五纬、十二辰、二十八宿之外，凡是职有所司、有功于民的列星，如司中、司命、风伯、雨师、雷公、电母等。司中主宗室；司命（文昌的第四、第五颗星）主寿；风伯是指箕星，雨师是指毕星，主掌兴风降雨，人们常求解灾降祥，岁稔年丰。

对地示（即地祇）的祭祀，也依照尊卑分为三等。第一等是山河社稷、五祀、五岳，用血祭祭祀，又称红祭或生血祭，一般是指宰杀牛、羊、猪等动物作为牺牲来敬献给神灵，用祭牲的血灌注于地，使其气下达于地神；或者是用这些动物先祭祀，然后再宰杀。牛羊猪全备为太牢，只有猪羊为少牢，皇帝祭祀社稷用太牢，诸侯祭祀用少牢。社是土神，稷是百谷之主，五祀是金木水火土五行之神，五岳指东岳泰山、南岳衡山、西岳华山、北岳恒山、中岳嵩山，被认为是天下五方的镇山。杨家滩地区祭拜的五岳是衡山南岳昭天司圣帝。第二等是山、林、川、泽，用狸沈之祭。祭山林叫"狸"，祭川泽叫"沈"。即将牺牲、玉帛沉入地下，表示对土地、山林和川泽之神的祭奠。第三等是四方百物，即掌管四方百物的各种小神，用疈辜之祭。疈是剖祭牲之胸，辜是将剖过的牲体进一步分解。

祭祀住宅内外的五种神有户、灶、霤、门、行等为"五祀"。《礼记·月令》记载着春祀户、夏祀灶、四季祀中霤、秋祀门、冬祀行。此五者与人们生活密切相关，施厚德于民生，人们应该感恩戴德报其功，所以要祭五者之神。《论衡》云："五祀报门、户、井、灶、室中霤之功。门、户，人所出入，井、灶，人所欲食，中霤，人所托处，五者功钧，故俱祀之。"

人鬼之祭，主要是对祖先的祭祀，包括历代帝王、先圣先师和名能贤达等。祭祀必须在宗庙，人们在阳间为亡灵建立的寄居之所即宗庙。宗庙制度是祖先崇拜的产物。帝王的宗庙制是天子七庙，诸侯五庙，大夫三庙，士一庙。天子宗庙多，难以在一日之内都祭祀完，所以又有祫和祫的区别。祫祫，是春祭对群庙一一祭祀；祫是将群庙的庙主集中在太祖庙致祭，夏、秋、冬是祫祭。四时之祭名春祠、夏祫、秋尝、冬烝。庙中的神主是有座子的木制扁形长方体，祭祀时请出来摆放于案上，祭品不能直呼其名，而是另有别名，如猪称刚鬣、羊称柔毛。祭祀时行拜兴之礼。普通百姓不准设庙，祭祖大都是在本族的宗祠和本宗的香火堂或自家的堂屋举行，主要是新年祭祖、清明祭祖、冬至祭祖、先祖诞辰祭祖等，祭品用猪鸡鱼、五谷时蔬。中国自古就重视血缘亲情，奉先思孝，隆重祭祖是我们固有的优良文化传统，我们利用传统节日，冠、婚、丧、祭等特定时间，集合全家、全族之人，举行隆重的祭祖仪式，培植后人的孝道观念与感恩情怀，传承优秀的历史文化，也为社会提供重要的伦理依托与礼仪保障。对先人的祭祀名目繁多，有卒哭、奠、虞、祔、祥、禫，又相当的复杂，都在丧礼之中，明朝就有一本《丧礼》。

第二节 祭祀礼仪类别

前面以及述及，杨家滩地区古为瑶苗等少数民族聚居地，后来多地汉人不断迁徙入境。最终，该地居民中，汉人成了绝大多数。这些外来汉人带来了各地文化，久而久之，汉文化与少数民族文化，不同地方的汉文化有机融合。但各地的文化遗存继续存在。信仰文化也多种多样，带来了祭祀类别的繁多。

一、天神祭祀礼仪

杨家滩地区对天神的祭祀，大多在于南北星斗、风伯、雨师、雷神、火德星君、水德星君及普天诸神，以及五谷收割之后尝新为感天地恩泽的敬奉；对地祇的祭祀，在于南岳圣帝、观音大士、司命灶神、山神河伯、庙王土地；人鬼之祭，在于孔孟、关圣、文公、鲁班、药王、祖先，以及梅山阴师、山魅水怪、冤魂野鬼等。最隆重的祭祀是备猪羊鸡鹅鱼行三献之礼，简单的祭祀用牲醴酒果，但是祭祀观音大士和司命灶神不得用牲醴，只能用新鲜的斋供果品和香茶，因为观音大士和司命灶神是斋神，不能用荤食。

1. 祭祀南北星斗

祭祀的天神，主要有南北星斗、风伯雨师雷神、火德星君及水德星君等。祭祀南北星斗，以求消灾解难、增福延寿。中国的道教对于南斗北斗信仰的继承极多，很重视对斗星的崇拜，道教各种活动都总离不开北斗七星，挽歌中的烧香奠酒就有这么一句"道士烧香有七步，脚踏北斗七星君"，棺材的里盖上也刻有北斗七星图案。凡人受胎，都是从南斗到北斗，称"南斗注生，北斗注死"，南斗星君掌管着人的生存，北斗星君掌管着人的死亡。南斗专掌生存，民间又称为"延寿司"。朝拜南斗，可增加阳寿。北斗星君掌管死亡，若能朝拜北斗，便可得道成仙，从死籍上永远除名，所以古人认为祭拜南斗可以延年益寿，祭拜北斗可以得道成仙。中华传统文化中的风水学，还把天上最宝贵的两颗星称为尊星和帝星，命名"天河运转"，四星递转，如磨之转运。尊星为北斗、帝星为南斗、玉清为西斗、玉印为东斗。以南北为正，东西为傍。帝星即天帝，为北极五星之第二星，位于紫微宫中，为周天星主，得其临幸吉照，就会祥风起，化日舒，嘉谷生，醴泉出，品物咸亨，天下和乐。尊星即尊帝，位于北斗之南，轸宿翼宿之北，为太微垣（狮子座）之主星，得其临幸吉照，则灾祲不作，休征自至，给民众以幸福康乐。因为太阳和月亮是白天和夜晚很直观的天星，所以天星中对太阳神和月亮神的信仰是世界上所有文化的共同点，但中国文化不同于其他所有的文化的显著点就是南斗北斗的信仰。

北斗七星是排列成斗（或杓形）的七颗亮星的合称，属大熊座。这七颗星叫天枢、天璇、天玑、天权、玉衡、开阳、瑶光，又叫作贪狼、巨门、禄存、文曲、廉贞、武曲、破军，古人把这七颗星联系起来，想象成古代舀酒的斗形或勺形，所以北斗在民间又俗称"勺星"。天枢、天璇、天玑、天权组成斗身，叫作"斗魁"，又叫"璇玑"；玉衡、开阳、瑶光组成斗柄，叫作"杓"。

把北斗七星的天璇、天枢两星连成直线，并延伸约五倍的距离，所指到的那颗星就是北极星，因此这两颗星又称"指极星"，北极星是北方的标识。北斗七星不仅可用来确定方向，还可以确定季节，其运行规律对制定历法很有用处。因为北斗星在不同季节和夜晚不同的时间，出现在天空的方位也不同，像是围绕北极星转动，根据初昏时斗柄所指的方位来确定月份：斗柄在寅是正月、在卯是二月、在辰是三月，依次而推，斗柄在丑是十二月。道教吸收了对北斗的信仰，将其进一步神化为北斗真君或北斗星君，主要神化定格为司命神，称北斗真君，受命与三官大帝一起考察活人和死者的功过善恶。北斗居住中央，巡游四方，掌管世间生死祸福。所以一些经书说，驱除百邪、扫掉凶气要祈拜北斗，欲求度难而长生不老者，更要礼拜北斗。人犯了罪过，三官就会向北斗真君汇报，北斗即令地狱主将犯人锁入地狱，难脱苦海。特别还有一个称谓叫本命真君，就是指北斗七星中的某颗星。我国传统的十二属相，分别属于北斗七星，某人属相归属于七星中的哪颗星，那颗星就是此人的"本命真君"。人们祭拜北斗，主要祭拜"本命星君"，所谓人们的生死、命运、祸福，全由各自的本命星君所掌握，所以自然引得许多信士顶礼膜拜了。

道经《云笈七签·禀生受命部》中言："在胞之时，三元养育，九气布化，五星为五脏，北斗七星开其七窍。七星降童子，以卫其身。七星之气结为一星，在人头上，去顶三尺。人为善时，则其星光大而明；为恶时，其星冥暗而小。善积则福至，恶积则灾生，星光坠灭，其身死矣。"这就是说七星在人体中，与人的七魄相呼应，"魄"字就是既简单又生动的形象描述。"魄"是由"白"与"鬼"构成，"白"为西方金的本色，对应的数字是"七"；在古代"鬼"代表的是一种诡异莫测的神秘事物，抽象不可捉摸，不是我们平常所说的灵魂鬼神，"白""鬼"组合就是"魄"字构成的意蕴。七星之气汇聚凝结成一颗星，在人的头顶上，这也是民间之所以有"举头三尺有神明"的说法。光环大而晶莹明亮者就代表着善，光环小而浑浊昏暗者则表示为恶，常为善者多获福泽，常作恶者多招灾祸，就是这个道理。如果这个人去世了，那么这个光环也会随之完全的消失。

南斗就是二十八宿中的斗宿，即北方玄武七宿的第一宿，属人马座，其位置与北斗相对，故称南斗。是由天府星（天文学名称为斗一，古名令星），天梁星（即斗二，古名荫星），天机星（即斗三，古名善星），天同星（即斗四，古名福星），天相星（即斗五，古名印星），七杀星（即斗六，古名将星）组成，排列成像斗杓形状，古代中国称它为南斗六星、因其外形而盛名。南斗六星、北斗七星，二者是不同的，南斗六星没有北斗那么亮，也没有那么大，一般只能在南方低空看见，但其重要性却是一点也不低于北斗。南斗六星是古代中国神话和天文学结合的产物，古人认为南斗六星主寿命、主爵禄，是管理世间一切人、妖、灵、神、仙等生灵的天官，这是世俗与权贵的共同祈望，所以古人很重视星辰的信仰。道教吸收后将南斗六星神格化，成为司命主寿的六位星君，南极长生大帝玉清真王，是南斗六星君的顶头上司，因此南斗六星君的六宫都隶属于南极长生大帝管辖。道教中的南斗六星君分别是：第一天府宫，为司命星君，"司命"星主人年寿；第二天梁宫，为延寿星君；第三天机宫，为上生星君；第四天同宫，为益算星君；第五天相宫，为司禄星君，"司禄"星主贵贱爵赏；第六天枢宫，为度厄星君。从以上六星的职司，也可以看出南斗六星都是主掌人们的延寿解厄，富贵官禄。其中第三星天机可谓是尽善尽美之星，是增长智慧与增长寿命的星宿，所以中国命学中认为对应此星的人，聪明绝顶，才华横溢。而七杀直接掌握生死，对应此星的人，命数中就可为大将，职掌威权，但早年注定会历尽艰辛，还须得有贵人提携才行，是南斗六星中唯一有些凶险的星辰。因南斗专掌生存，故中国民间又称为"延寿司"。

中国古代使用的是十六两秤，而不是现在的十两秤。古秤的秤杆上刻的十六颗秤星，就是北斗七星、南斗六星和福禄寿三星，秤砣是启明星。为什么后面的三颗秤星是福禄寿三星呢？这是寓意着商贩给顾客称量货物时，短一两就无福，少二两是失禄，缺三两则是折寿。不要认为顾客不知道，冥冥之中自有神明在监督，秤砣压在秤星上，有如启明星照着福禄寿星，短斤少两自会明白。以此劝诫商贩们做生意要有良心，买卖要公平，要做到童叟无欺，否则自己就会无福少禄折寿。

"未注生，先注死"，每个人都会走向死亡。儒教中，老人死了，在祭祀过程中，要拜斗，因为人的一生已经终结，禄寿也就到了终止，命星也已经消失，生前的一切善恶功过就可以盖棺定论了。应该启告星主，祭祀南斗和北斗，然后按五行、天干、地支、南斗六星、北斗七星，分三十六步，步步为营，每步三拜，总共一百零八拜。

2. 祭祀风伯、风师、雷神

风神也称风伯、风师，其信仰起源很早。《易经》中巽为长女，长者伯也，故曰风伯。鼓之以雷霆，润之以风雨，养成万物，有功于人，王者祀以报功也。

戌神为风伯，所以丙戌日于西北祀风伯，因火胜金为木相也。中原信仰的风神为星宿，是二十八宿中东方青龙七宿的第七宿箕星，《风俗通义·祀典》云：“以楠燎祀风师。风师者，箕星也，箕主簸扬，能致风气。”南方信仰的风神则为鸟形或带有羽翼的飞廉，飞廉也作蜚廉，一种神禽，能致风气，其形象非常古怪，为鹿身豹文，头如雀有角，蛇尾。

道教中也有设殿供奉风伯雨师、雷公电母的，其风伯塑像常作一白发老人，左手持轮，右手执扇，作扇轮子状，称风伯方天君。风伯神诞之日为十月初五日。普通道教徒在其生存和职业同风有密切关系者才单独奉祀风伯。

古人在以箕星为风伯的同时，又以西方白虎七宿的第五宿毕星为雨师。《易·师卦》曰：“师者众也。”丑之神为雨师，所以乙丑日于东北祀雨师，土胜水为火相也。蔡邕的《独断》云：“雨师神，毕星也。其象在天，能兴雨。”中国古代雨神已被列入国家祀典。雨师又称萍翳、玄冥等。在中国古代神话传说中是掌管雨的神，也是道教之神，认为是毕星。后来还有雨师为商羊和赤松子的说法。《春秋·左氏传》云：共工之子，为玄冥师，郑大夫子产禳于玄冥，雨师也。因玄冥是古代五行官中的水官，天上的水以雨的形式下到地上，雨与水相通，所以被称为雨师。又有以萍翳为雨师的。《广雅·释天》雨师谓之萍翳。萍翳又称屏翳。唐朝时还以李靖为雨师。

老人死了，杨家滩地区绝大部分是在上午送葬登山。如果出丧那天，倾盆大雨地下个不停，不便于送葬，据说抬一整甑子未曾吃过的新鲜米饭放到雨中，饭中间插一支筷子，用米饭祭祀老天爷，祈求老天爷不要下雨了，或者停雨一两个小时，等把死者送上山之后再下雨也可以。或者请儒礼先生设案祭祀，祈求停雨或延时下雨。

雷公又称雷神或雷师，是古代神话传说中的司雷之神，司掌天庭雷电。道教奉之为施行雷法的役使神，主掌上天之灾福，操持万物之权衡，掌物掌人，司生司杀。有三十六雷公，分天、地、人三类，掌三十六天曹刑律，代天实施刑罚。传说雷公和电母是一对夫妻。因雷为天庭阳气，故称之位“公”。所传开始是为兽型，或似鬼，或似猪，又或似猴；后状若力士，额生三目，脸赤色猴状，坦胸露腹，背插双翅，足似鹰鹯，左手执楔，右手持锥，呈欲击状，神旁悬挂数鼓，足下亦盘蹑有鼓，击鼓即为轰雷。民间赋予雷电以惩恶扬善的意义，认为雷公电母能辨人间善恶，代天执法，击杀有罪之人，主持人间正义。雷公不会放过任何一个恶人，也不会冤枉一个好人。传说雷公有次打死了一个两三岁的孩童，孩童的母亲就拜天伸冤，雷公说"雷打怨"，母亲说"三岁孩童哪有怨"，雷公又说"前世怨"，母亲又辩驳说"前世也有天"，意思是小孩前世的时候你雷公为什么不打了他。雷公辩不过，只好又把小孩打活过来。但是小孩在母亲去世后，还是被雷打死了。

虽然雷公是惩恶扬善之神，却不打不孝人，所谓"雷公不打忤逆子，下代出个报仇人""屋檐水点点滴，滴滴落在现眼里"。据说雷公欲诛击忤逆子，忤逆子抓住雷公的手说："且慢一点再打。我想问你是新上任的雷公呢，还是旧雷公？"雷公说："我是旧雷公啊，怎么说呢？"那人又说："如果你要是新上任雷公，那我是该被你劈死。可你是旧雷公，那我父亲忤逆我爷爷的时候，那时你到哪里去了呢？"雷公无言以对，只好放过忤逆子。民间又有俗语说"雷公不打呷饭人"，古代老百姓生活贫困根本没有饱饭可吃，雷公如果打了正在吃饭的人，势必会把饭碗打掉而把饭打落地上，糟蹋粮食，因此雷公不打吃饭人。其实雷公不打吃饭人，就是用来劝阻那些大人在饭桌上对孩子进行教育，破坏了和谐的气氛，也不太利于人们的身体健康，所以常常用"雷公不打吃饭人"来进行劝阻，还说"呷饭如做官"。

3. 祭祀火神

南方火德星君即火神，中国民间信仰的神灵之一，古代人们认为南方之神主火。汉代就有关于四方神之说："东方青龙、西方白虎、北方玄武、南方朱雀，天之四灵，以正四方。"经历代演变，人们逐渐还将火神与灶神相联系来奉祀。《太上洞真五星秘授经》称木、金、火、水、土为五星君，描述南方火德星君，主长养万物，烛幽洞微。如世人运气逢遇，多有灾厄疾病之尤，宜弘善以迎之。《太上洞真五星秘授经》还将五星和儒家的"仁义礼智信"五常相配，得出吉祥的结论："木，岁星之精，性仁，求者以心事白之，无不从允；火，荧惑之精，性礼，人求心事，俯对以礼，皆得从志；土，镇星之精，性信，遇者子孙富贵，钱财日自资长；金，太白之精，性义，求者无不称遂；水，辰星之精，性智，求者获文书术数。"

荧惑就是火星的别名。所以祭祀火星，就是祭荧惑。古代人们祭祀的荧惑为五方天神之一。五方天神有青帝居东方震位、赤帝居南方离位、黄帝居中央、白帝居西方兑位和黑帝居北方坎位。火神又为祝融，祝融是原始社会后期著名氏族领袖之一重黎，是黄帝后裔高阳氏的玄孙。帝喾高辛氏的时候，任火正官，受封于有熊氏故墟（今河南新郑一带），死后葬在南岳衡山的祝融峰上。他以火施教，造福人们。帝喾命名为祝融，后世尊之为火神。历史上有多位祝融被后世尊为火神灶神，炎帝后代黄帝夏官祝融容光为南方人的灶神火神、颛顼的孙重黎是高辛氏火正，祝融为北方人的灶神火神、颛顼之孙吴回（楚国先祖）在帝喾诛重黎后复居火正为祝融。南岳衡山在杨家滩地区南面，因葬有祝融火神，因此杨家滩地区传统礼仪中，每年二月初七在户外朝南方设案，书"火德真君神位"或"祝融火神之位"牌位，备三牲香楮祭祀火神。二月初七祭祀火神，那是因为春木旺，木生火，又河图一六共宗属水居北、二七同道属火居南、三八为友属木居东、四九为朋属金居西、五十属土居中。且中国古代以农耕为主，所谓"一年之计在于春"，春分时节开始农耕生产了，祈求阳光普照，风调雨顺，不要有干旱水涝，所以二月初七祭祀火神。

4. 祭祀水神

水德星君，也是中国民间信奉的神灵之一。古人认为北方之神主水。《太上洞真五星秘授经》描述"北方水德真君，通利万物，含真娠灵，如世人运气逢遇，多有种劾掠之苦，宜弘善以迎之"。中国古代称水星又为"辰星"或"昏星"。

水神是中国古代神话传说中的司水之神，是传承广影响大的神祇之一。中国古代思想家认为水的成分存在于一切物质之中。水神又称水伯，《山海经》云："朝阳之谷，神曰天吴，是为水伯。"水神还有水君、水母、龙王等别称。在南方"杨槊"也是水神之一，在杨家滩孙水河上胜梅桥的中心桥墩上，面向上游，还有一个杨槊将军的雕像。在杨家滩地区，每年端午节前都会划龙船，四月二十四要祭龙、请龙、游龙，祭祀龙王，祈求风调雨顺、年岁丰稔。大型的祭祀水神，在六月初六，设案于河边，或朝北设案，备具三牲和香楮酒果祭祀。中国传统文化中，河图一六共宗属水，为天一生水，地六成之，位于北方；六月建未，未五行属土，土克水。夏至后，五谷都已经开始长成，开始成熟，只等收获了，农历五六月正是雨水的旺季，如果这个时候遭遇洪水，就会是毁灭性的，可能会颗粒无收。所以人们祈愿千万不要发生水灾，把眼见就要到手的收成给毁了。因此，古人把六月初六定为祭祀水神的日子。

旧时，在以杨家滩为中心的涟源市南部地区有套全新的习俗，所食米饭和蔬菜全部是时鲜的。每年七八月，稻谷成熟了，收割之后，尝新就要敬奉天地，感谢天地的恩泽。首先设案于门外，朝外摆上香烛酒果，满满的盛三碗新米饭，端上肉鱼和时蔬，然后焚香烧纸钱，奉请天地各路神祇，前来领受今年丰收的新米饭，以感谢天地对凡人的赐福保佑，今年已经有了好收成，五谷丰登；祈求来年依旧要能够五谷丰登，更求年年富有，岁岁丰收，无干旱之熬煎，免洪水之涝浸。其实这个尝新敬土地的礼节，也是一个教化人的过程，教育人们不要忘本忘恩，应该懂得感恩戴德，知恩图报。

二、地神祭祀礼仪

1. 祭祀南岳圣帝

祭祀的地神主要包括南岳圣帝、庙神、土地神等。南岳衡山上供奉的是南岳昭天司圣帝，杨家滩地区特别信仰南岳圣帝，所谓的烧香童子，每年都会选一个黄道吉日，组团去南岳烧香，朝拜圣帝。所烧的心香要用专门的香套子装好，香套子在红白喜事店有买，都印好有：

中华人民共和国湖南省　县　镇　村

　　庙王祠下土地求吉信人

　　　为　　　　　　　发心叩许

南岳司天昭圣帝陛下　　　保香一炷

　　叨蒙有感不昧洪恩今择吉期酬还香愿　仰祈

　　鉴纳求保八节清泰四季平安　　　　是祷

公元二零　年　岁月日　　　　跪进

一整套香套子分报香、回香和进南岳殿烧的香（包括南岳圣帝、圣公圣母、辖神都总管、注生注禄神、金吴二将、六部丞相、南岳忠靖王爷、南岳寿佛王爷、南岳关圣帝君、南岳观音大士），只要根据各人的不同情况填写就可以。动身之先，沐浴斋戒，朝门外设案，备清茶鲜果烧报香，唱报香歌："志心虔诚皈命礼，朝拜南岳大慈尊。九龙山上神通大，灵山会上世间尊。"启程有"启程歌"，来回的路上也唱朝拜南岳歌，称"拜香歌"，到南岳烧香有"朝圣歌""晋香歌"。烧完香返回到家后要烧回香，给圣帝爷报个平安。去几天，全家就要吃斋几天，不得开荤，但也有特殊情况，在烧报香时讲清楚，因为什么样的特殊情况，不吃斋，要食荤。烧香过程要诚心诚意，不能挂念着别的什么事。据说过去有个人去南岳烧香，走到途中下雨了，心念了一下田里的稻草晒干没有担回来，结果烧香回来去收稻草，烧给圣帝爷的香，圣帝爷没有领受，放在稻草上摆着。当然，这只是一个传说。

传云南岳昭天司圣帝的前身是崇黑虎，这是根据小说《封神演义》而来。

每年的四月二十六是五岳的升仙之日，十二月十六是南岳圣帝神诞日，这两日要备办香果牲醴，进行隆重的祭祀。祭祀的程序分为请神、降神、迎神、参神、进馔、初献、亚献、三献、侑食、点茗、辞神、送神等。每一道程序中都要歌诗章，即唱"南岳歌"。祭文必须用红纸书写，礼行三跪九叩，文用四维，即"维年某某维月某某维朔某某维日某某"。

2. 祭祀庙王

民间各地都有庙王，建有一栋专门是庙王居住的小屋子，供奉有本境庙王和判官小鬼。每处庙神都有一个专属的名字，如"太子庙""黄潭庙""青龙庙"等。祭祀庙神，特别是祭祀各地本境庙王，随时随地都有可能见到，如平时有人去世了就要启告、祭祀庙王，先人过阴生烧包时要启诸庙王，有什么"怪责"（就是别的鬼灵怪罪于阳人），夜里去外面烧箱烧纸钱"开消了落"（烧阴钱给有怪的鬼灵，不要再来弄鬼怪了），要启动庙王，等等，几乎凡是有属阴的事情，都要启动、敬奉或祭祀庙王。因为一处庙王掌管一方地域，是地方之主。所谓"功存社稷，泽及农桑。水溢旱干，恒赖潜消之力；死生寿夭，更叨默佑之恩"。新造庙屋，一般选址于比较偏僻一点又方便行走的地方，用罗盘立二十四山的正线或骑缝向为好。建造好庙屋，还要雕庙王像，请师公即巫教师傅到庙屋里扎坛朝唱庙王，在春秋两季节之际，选定黄道吉日朝贺，到每家每户扫邪、清吉、打醮，每年一届，唱三届。又每年春社和秋社祭祀庙王，同样要祭祀三年。春社和秋社是最为古老的中国传统民俗节日之一，主要用于祭祀土地神。春社的时间一般为立春之后的第五个戊日，约在春分前后；秋社的时间一般为立秋之后的第五个戊日，约在秋分前后。春社求神，祈求土地神赐福、五谷丰登、六畜兴旺；秋社报神，即在丰收之后，报告土地神丰收喜讯，答谢社神，同时祈求赐福来年依然要能够五谷丰登、六畜兴旺。

除各地的本境庙之外，另外还有孔圣庙、关圣庙、文昌阁、药王殿等殿庙。一般是有关的人们，为自己或自家其他人而祭祀祈求。药王就是唐朝的著名医生孙思邈，因此祭祀药王真人是求健康平安，或者病危之人求赐治病药方。祭祀孔圣、关圣要礼行三跪九叩，文用四维。孔圣即孔子，尊为文圣；关圣就是三国时期的关羽，在清朝被奉为"忠义神武灵佑仁勇威显关圣大帝"，尊崇为"武圣"。文昌帝君，主管人间的富贵功名。元朝以后，随着科举制度的制度化和规模化，人们尤其是读书人对于文昌帝君的奉祀也就逐渐普遍。各地都建有文昌宫、文昌阁或文昌祠。一些民间乡村书院和私塾也都供奉了文昌神像或神位，读书人的目标是科举高中、博取功名，因文章司命，贵贱所系，所以奉祀文昌帝君一直长盛不衰。每年二月初三日是文昌帝君神诞日，官府和当地文人学士都会到供奉有文昌帝君的宫庙楼阁去祭祀文昌帝君，举行文昌会，吟诗作对，填词歌赋。古老的杨家滩有一座文昌阁，现在被毁掉了。

3. 祭祀土地神

土地神，在中国民间信仰极为普遍，可以说凡是有人群居住的地方就都供奉有土地神。土地神是以一对老年夫妻的形象出现，是掌管一方土地的小神，地位较低，但对土地神的信仰，是寄托着古代劳动人民消灾、祈福的愿望，原本是对土地的崇拜敬畏，后来这种自然崇拜慢慢走向人格化。土地神有南天门土地、功曹土地、把关土地、桥梁土地、寨门土地、拦凹土地、护庙土地、家神土地（又称长生土地、兴隆土地、家兴土地）、仓库土地、青苗土地、山神土地、园林土地、窑神土地等，名目繁多，可以说只要有土地的地方就有土地神，而家神土地是每家每户都安放奉祀的土地神。掌管一方的土地神一般都和庙王连在一起，其职责是掌管一小方，表述为"位居置社，功殿五行。通天达地，度死济生。作一方之保障，弥四境之灾祲。土生万物，地发千祥"。

4. 祭祀观音菩萨

杨家滩地区还有一种最大的信奉就是观音菩萨，不少地方都建有多庵堂，敬奉着观世音菩萨，在每年的农历的二月十九，六月十九和九月十九这三个特定日子里，香火特别的旺盛。

观音菩萨居身于南海普陀山上紫竹林中，是佛教的众多菩萨中，最为民间所熟知和信仰的一位菩萨，是佛教中慈悲智慧和平等无私的象征，无论在民间信仰还是在大乘佛教中，都具有极其重要的地位。以观世音菩萨为主导的大慈大悲救苦救难精神，被视为大乘佛教的根本，当众生遇到困难和苦痛时，只要虔诚默念大慈大悲救苦救难观世音菩萨，就会得到菩萨的救佑。据传，观世音是正法明如来所现化，以菩萨的形象到处寻声救苦。观世音与阿弥陀佛有着特殊的关系，是西方三圣之一。最能适应各种不同根性及类别的众生要求，面对不同的众生，会现化出三十三种不同的身相，禅说不同的法门。

观世音菩萨，因避唐太宗李世民之讳而去掉"世"字，简称观音菩萨，在唐代以前，以大丈夫相居多，也现女相。但到后来，特别是妙善公主的传说流行以来，汉族居住地方的观音形像越来越趋向女性化，民间流传的三十三观音像，基本都是女身。佛教所说的慈悲可以类比女性的某种内心特性，女性的慈忍柔和，表现在日常行为中就是爱，慈爱、仁爱、关爱。但是佛教又认为人间的爱是自私自我的慈悲，是有局限的慈悲，而真正的慈悲应该是无私无我的广大之爱，是众生之爱，是博爱。

道家为仙，佛家为佛，仙家的历史在佛之前，老子出函谷关以后，一些清净逍遥的仙人或闲来无事，或出于渡人之愿，尝试通过修佛而成为佛。观音在道教称呼慈航道人，是道教最早的神灵之一，尊号慈航普渡圆通自在天尊。在道教圣地北京白云观慈航殿中就有供奉，本是普陀洛伽岩潮音洞中一女真，归于元始天尊门下，为道教"十二金仙"之一，相传在商王之时修道于此洞，得三昧神通，发愿欲普度世间男女，以丹药和甘露水普济世人。慈航真人有三个纪念日，第一个纪念日是农历二月（花月）十九日，是慈航真人普度众生，救苦救难救万民的日子。第二个纪念日是农历六月（荔月）十九日，为慈航真人收服凌波仙子（即鲤鱼精）功成得道的日子。第三个纪念日是农历九月（菊月）十九日，是慈航真人功德圆满，回返洛伽山成道升天之日。由于小说的记述转入到了佛教，其实道教和佛教各自的经典记载观音菩萨从来就没有由道入佛的过程。

关于纪念观音的三个日子的特定含义有多种说法，其中之一是，农历二月十九日是观音诞生之日，六月十九日是得道之日，九月十九日是出家之日。每年的这三日，善男信女们早早就备好了心香和斋果，清早来庵堂烧香还愿，求观音菩萨赐福降灵，保一家清泰，四季平安。在烧香之前，不能吃荤食，要吃只能是素食、斋食，因为观音菩萨是食斋的，不能破戒。

回龙山，位于长沙西部，沩水河畔，宁乡市境内，因山脉如青龙奔腾向西，突折迂回，似有"回龙望祖"之势而得名，被誉为"南楚灵山"，与南岳大庙并驾齐名，素有"南岳山的香，回龙山的烛"之称。白云寺修建于唐宣宗大中十二年（858 年），现已列入《中国寺庙宝典》中的百大名寺，享誉海内外。寺内的诸天殿供奉着二十四位诸天菩萨，千百年来香火绵延，长盛不衰。民间世代相传，二十四位诸天佛祖菩萨就是人间真、善、美的化身，能驱邪辅正，灭祸消灾，普救众生，极显威灵。现在许多去南岳山的香客顺路还要到回龙山烧上一炷香，还保烛大都请的是回龙山二十四位诸天，称"回龙山二十四位诸佛菩萨"。

每年的年底，民间准备过年都要打豆腐，一般会"还保烛"。即在农历十二月二十几，立春前，朝外设案，摆上一整匣没有分动过的新鲜豆腐和豆腐渣，分东西两边各摆糖水，点上蜡烛，敬奉二十四位诸天。包二十四炷保香，用黄纸写一道疏文，也称"文疏"：

一泗天下　南赡部洲　今据

中华人民共和国湖南省某市某镇某村　某庙王祠下通灵土地善信人士某某某谨于

公元二零〇〇年〇〇岁腊月廿〇日虔备白玉香烛敬奉于

楞严会上二十四位诸天之神前曰：菩提法妙，恒多布令之椽；萨埵元徽，必假宣威之士。恭惟尊神，位颁廿四，理阴阳而生节气，法护灵山；救水火而息刀兵，泽施黔首。神光映日，照空碧落三千；宝杵生风，扫尽红氛万里。驱小丑于跳梁之顷，虎伏龙降；济大患于涸辙之秋，灾援难拯。金容座下，甘露频施；蜡炬台前，慈云遍覆。求之即应，感而遂通。今虔备玉烛一筵，炳供诸天麾下。伏乞仙风缥缈，神来紫竹林中；化雨缤纷，泽及寰宇人间。炉爇金貌之篆，香彩升闻；辉然银烛之华，宠光下逮。照四方而明上下，万劫俱空；衍三昧而利幽明，一尘不染。得蒙庇佑，心念洪麻；敬呈香烛，尚祈鉴纳。

　　谨
　　告

或者到红白喜事店买一道保烛疏文也可，其文如下：

佛德无私能佑千祥之福

神灵有感敬伸一烛之诚

一泗天下　南赡部洲　今据

中华人民共和国湖南省〇〇县〇〇乡〇〇村

　　〇〇庙王祠下〇〇土地　分修居住奉　法守恳求吉沐恩信人〇〇〇为因发心叩许（酬还）

南无二十五位诸天菩萨麾下　保香〇烓　疏文一道　保烛

　　意者

　　　　叩天地盖载日月照临神光主照掌判吉祥暑往寒来少伸报答兹洎阖家人等　沐浴斋戒志心皈命　谨卜

公元二零〇〇年〇〇岁〇月〇日登殿（当天）酬还香愿祈保家门清吉人眷咸宁一蒙有感不昧洪恩　　　　六畜兴旺万事如意官非远殄火盗双消　　　　　　　是祷伏维

　　　　圣造洞洄　昭格谨疏

天运公元二零〇〇年〇〇岁〇月〇日

　〇〇〇跪进

南无二十五位诸天菩萨是二十四位诸天和观音菩萨，杨家滩地区敬奉二十四位诸天的时候，总会要请到观音菩萨，所以就有二十五位诸佛菩萨。

三、人鬼祭祀礼仪

1. 祭祖

祭祖：包括清明祭祖、冬至祭祖、修谱成功祭祖、新年祭祖、上梁祭祖、新宇落成祭祖以及祖诞祭祖，另外还有新婚告庙、添丁告庙，等等。祠堂祭祖大都在清明日和冬至日，为行时节礼，另外是修谱成功祭祖。祭祀仪式隆重，先要清洗器皿，斋戒沐浴，先日要告期、宰牲，祀后土，祭祀首先焚香宣告、请先人神主、降神、迎神，然后分次陈献祭品供奉先人，最后饮福受胙、送神，捧主入寝。隆重的祭祖仪式程序有请神、降神、参神、进馔、初献、亚献、三献、侑食、点茗、受胙、辞神。辞神之先的受胙赐福，就是将祭祖过程中祭祀用过的饭菜发给参与此次祭祀的后人，并请德高望重者致祝嘏词。颁胙是祖先和后辈的互动，祖先通过带有福气的胙食，把自己对后人的福佑传递给族人，让后人在食物的芬香中感受福佑，使祖先与后人感应本脉血统的气息。主祭嗣孙和分祭嗣孙都必须是要有德行和名望，原配夫妻健在，子孙后代没有破损。

奉祖首先要有神龛，新造堂屋，大都要新安香火，新立神龛。神龛立在堂屋梳楼上面的正中间，正对大门，书写也很有讲究，首先要求书写者为人正直，字写得好，在写神龛之前，要洗手焚香，面对神龛位置，恭敬书写。写神位要用红纸，要求用楷书或魏碑、隶书等字体书写，不得用行书、草书字体，且必须写繁体字。毛笔蘸墨要适度，不得流滴、飞溅、洇墨，保证纸张干净整洁；笔画要圆润饱满，不得有起毛、分叉的现象。写正中间神位，字数讲求三教落道，六个字的写法"某氏先亲神位""天地国亲师位"或"天地君亲师位"，其中"天地国亲师位"是民国时期才有的写法。"天地国亲师位"可以用蓝色纸书写，以示"起眼观青天"，祈愿世道公正，天下太平，民国国旗为青天白日旗，也是含有这个意义在内。神龛神位要常年祭祀敬奉，表示经常与前人联系沟通。十一个字的写法"本宗某氏历代先亲之神位"，有的不直观的写"某氏"，而是写这一姓的郡望，如李姓氏陇西郡、刘姓为彭城、萧姓为兰陵郡，等等。

写"天地国亲师位"这六个字，很有讲究，一句顺口溜是叫做"人不顶天，地不裂叉，国（國）不封口，亲（親）不闭目，师（師）不平肩撇刀，位不独立"就是"天"字里的"人"不能顶着第一横，意为中国古代以天为至高上神，主宰世间一切，人再高也顶不到天。"地"字的"也"第一笔与"土"旁的提笔相连，不能断开，人类的生存依赖于土地，地由土构成，土地不能分割，把大地比作母亲，是再恰切不过的了。"天"字必须站着写，上横不能写得太粗太短；"地"字则要坐着写，且不能大过"天"。"天地"二字要求写得宽，为天宽地阔之意，所谓"天大于天，地大于地"。"国"字的口字框不得封严，必须要留有缺口，且里面笔画要尽量多，表示国家不能闭关自守，要对外广纳人才和吸收资源，力求国家富有强大，这一点也是杨家滩地区人文思想的先进性，不能闭关自守，要对外开放，取人之长，补己之短。"国"不可大过于"天"，但看上去要跟"地"大小差不多，表示国家要疆域辽阔，不让一寸土地，这是民国时期中华各民族的共同心声。在君主制的封建社会，写的是"天地君亲师位"，则要求"君不开口"，即"君"字下面的"口"要封严写实，不能留缺口，表示皇帝九五之尊，金口玉言，一言九鼎，口不乱开，话不乱讲。"亲"（親）字右边"見"上面的"目"字不能封严，要留有缺口，谓前人没有不管事，而是在看着你的为人做事，所以做人要公道正气，不能阴险狡诈，立世要奋发向上，做事要眼光远大，有头脑；另外还有就是亲人和朋友要坦诚对待，真心相交。"师"（師）字左上方短撇不写，意为不能把师傅撇开，欺师灭祖；师者，以文为业，以文待人，切不可动刀动武，为人在世要做到文以修身、文以立业、文以理家、文以处世。任何时候，任何地方，学生、徒弟和圣人、老师或师父不得平起平坐，并肩站立、行走，民间所谓"一日为师，终身为父""父子不同凳，师徒不同坐"，所以"师"字左右不能平高。"亲"和"师"两个字比"国"字略小一点，以表示祖先和老师不可能大过国家。"位"字的"立"字的横画要与单人旁相连，字形稳定端正，表示不是空位置，而是有人神在坐，且坐姿端正，待人有礼。同时又不是一个独立的位置，为单单哪一个神或哪一路神的神位，而是和谐共处，友好协调，互为关联，而作为凡人，则是满堂神圣，一同敬奉。同时还奉劝世人为人要端正，做好自己的事，不能越位。从中国历代的书法作品中可以看出，古人写字，大都是，"天"字撇没有与上横连接，"国"字外框没有封死，"亲"字目没有密封，"师"字左边没有一撇。

"天地国亲师"成为人们长久以来祭拜敬奉的对象，充分表现中国民众感恩天地、为国分忧、尊重师长、怀念先人之情。同时也体现中国民众敬天法地、孝亲顺长、忠君爱国、尊师重教的价值，是传统社会伦理道德的合理性和合法性的依据，也是中国民众的终极关怀所在，也使得中国文化不同于西方文化。所谓"礼有三本：天地者生之本，先祖者类之本，君师者治之本"也是教化人们要懂得和遵行"仁义礼智信"的行为规范。

中间的字写完后，两边分别写"观音大士"和"赵公元帅"。因为所有的凡人和神灵都不可能大过天地，都立于天地之间，所以在平"国亲师"三字两边的空白处，同样用真书，右手边写"观音大士"四字，左手边写"赵公元帅"四字，与中间共一个"位"字。所以也就是为什么"观音大士"四字和"赵公元帅"四字都共中间的"位"字，只有五个字也可以，因为五个字落了儒道两教的道。

观音大士是佛道两教的共神。佛教中观音大士成观世音菩萨，为救苦救难的菩萨，唐朝以前多为男身像，现在都是女身像。观音在道教称呼慈航道人，也是女身像，是普度众生之神。两教的观音，都有三个特定的相同日子，即农历的二月十九诞生，六月十九成道，九月十九得道。

赵公元帅是中国民间传说中的赵公明，原名赵建平，是专门保佑人们发财安福的神灵，道教把他作为财神来供奉。所司其职，除了驱瘟除疟、禳灾保康外，还有买卖求财、公平得利。中国民间传说中的财神，一是道教赐封为天官上神，二是民间信仰为天官天仙，都倾注着中国古代广大劳动人民的朴素情怀，寄托着一种安居乐业、清泰康宁的美好心愿。

中国的传统文化中，有男尊女卑的思想，左为尊为大，右为卑为小。而女身的"观音大士"怎么又立在大边呢？这就包含着中国人的儒家思想和无私精神，以及宗教中只论功德不论身份的理念，没有男女性别的概念。观音大士是赐福保平安康泰的神明，为人在世，首先也是要平安康泰，无灾无难，然后才有时间和精力去求财求福。观音大士又是佛道两教的共神，救苦救难，普度众生，是大慈大悲、心怀众爱的尊神。传递着爱，救你苦、度你难，你也应该把这种广大的爱传递给他人，救人于危难困苦之中，让世界都充满爱的传递。

神位两边的对联用红纸，可以行书，最好不写草书。一般是五言、六言、七言、八言，如：世代源流远，孙支奕世长；神所凭依在德，我其夙夜惟寅；蔬食不忘天地德，布衣常念祖宗恩等，各姓皆可通用，注意"德"字中"心"上面的横画不要写。"德"字这一横，在清康熙以前是没有的，从古人的书法中可以看到，特别是篆书和隶书。康熙以后写神龛对联大多数都没有写，现在写神龛对联，至少不能写长了。如果写的是"天地国亲师位"，那横批要与神位纸隔开一点，且不得用"祖德流芳""宗功笃庆"等，可用"感恩戴德""源远流长"等。如果是两姓或多姓的神位，不能写某姓祖先神位，只能写"天地国亲师位"，对联用"休言我族和他族，但道姑翁及若翁"。

还有"奏善堂"，中间写"司命府君神位"或"九天太乙东厨司命府君位"。司命，中国民间传说主管人的寿夭和命运。司命府君，是古时中国民间几乎每家每户都设有的灶君司命神。也有写"挑柴童子，送水郎君"或"张七相公，李氏夫人"的。两边写对联，如"上天呈善事，下地降祯祥"。据说司命府君即灶神，每年的十二月二十三晚上上天去觐见玉帝，要除夕晚上才下来。所以民间在十二月二十三晚上会给司命府君烧纸点灯，并请求"好言好语奏玉帝，恶言恶事打入地府"，除夕夜再烧纸迎接司命府君归来。司命府君上天主要是向玉帝禀报这家人一年的善恶行为，玉皇大帝会根据汇报，再将这一家在新的一年中应得的吉凶祸福交于灶神之手。正因为灶神掌管一家的祸福，所以不要在灶边恶言谩骂，不得在家里的灶上炖炒狗肉、蛇肉，不能把刀什么的凶器放到灶上，不能在灶边杀生，不能从灶上面跨过。总之，一切恶言恶事不得在灶边出现发生，灶神会把一家所有人的言行记录在册。因此敬奉司命府君也只能用鲜果斋食，不能用牲醴。

"奏善堂"安于梳楼外右边的墙上。另外还有"福德堂"，中间写"福德尊神之位"或"兴隆土地神位"，两边有对联如"土中生白玉，地内产黄金"等，"福德堂"安于梳楼下方正中近地处，是本宅居地的主子。现在农村建造的房屋，有不少是正堂的中砖没有安放好的，实际也就是土地未安，屋堂无主，就算立了土地神位，土地神也不理事。

安神位要雄鸡、三牲、酒果以及香纸敬奉，用雄鸡血滴神位，但"奏善堂"不能用三牲和雄鸡血，只能用香茶、果品和银朱，因为司命府君是斋神，不吃荤的。没有雄鸡，用银朱安神也一样是可以的，不要局限于非得雄鸡血食安神。

一般老百姓，在特定的时候，还会祭祀本宅五方龙神和门神。安龙息宅，东方青帝龙神归震位、南方赤帝龙神归离位、西方白帝龙神归兑位、北方黑帝龙神归坎位、中央黄帝龙神归中央。门神是为民间供奉的司门守卫之神。中国民间信奉门神，由来已久，左为门丞、右为户尉，人们将其神像贴于门上，用以驱邪鬼、卫家宅、保平安、助功利、降吉祥等。据说分别是唐朝两位将军秦叔宝和尉迟恭。

祠堂是一姓一族议事、祭祖等的活动场所，外面都会有"某氏宗祠"横匾。祠堂一般分三进，建成方形，先是大门前栋，前栋后是空地，再是正堂，后面是安放祖先神主的寝堂，两边是厢房。正堂和寝堂的地势比前栋一般要高一或三各台阶。祠堂的神位一般是六个字"某氏先亲神位"或十一个字"本宗某氏历代先亲祖考（妣）位"，考妣并列平行。平"历"字，右手边写"昭"，左手边写"穆"，分别代表昭祖考妣和穆祖考妣。下方平"位"字两边，分别写"簠""簋"字样。簠簋是中国古代汉族祭祀和宴飨时盛放黍、稷、粱、稻等饭食的竹木器具，也有陶瓷和青铜制的。簠的基本形制为外方内圆的长方形器，盖和器身形状相同，大小一样，上下对称，合则一体，分则为两个器皿，用来盛放稻、粱。簋是外圆内方的容器，圆口，两耳或四耳，用来盛放黍、稷。对联用"祖德振千秋伟业，宗功启万代文明""祖功宗德流芳远，子孝孙贤世泽长"等。

诞祭，就是先人每逢满十，即六十、七十、八十、九十、一百岁之日，进行隆重纪念的祭祀。其仪式和祠堂祭祖仪式基本差不多，只是不设袝案，与祭者也不只是一个人，而是各后嗣、五服内晚辈和相关亲戚。寄给先人的包财和笼箱，由于不是七月半鬼节大赦之际，到了阴间会有专门的鬼来查证这些财物是否合法，所以都要盖儒礼宝印，以表示通过了儒教的证实，合乎阴阳交互法则。另外还得烧几个包财给庙王土地，因为要庙王土地去驱赶那些孤魂野鬼，同时引领阴魂回到阴间。

2. 祠堂祭祖

祠堂祭祖，可以发大筒（即吹号，铜制的长号，不是二胡样式的大筒），由于号角声音高亢凌厉，传远声以惊天地，可以振气壮威。而一般普通百姓的祭祀用不得大筒，还不够层次，所祭祀者受之不起。祭祖和诞祭的总体礼节和仪注相同，先一天要告期，祭祀之日，隆重者，早晨要宰牲、陈牲，表示为奉先思孝，特备牲醴，隆重祭祀。仪式要求初位鞠躬，洗手焚香，再行祭献，礼司拜兴。先人的诞祭，子孙侄辈和晚辈客人可以分别祭祀。

祭祀仪节如下：

行时祭礼（或诞祭礼）　主人以下序立　执事者各司其事　起鼓（祭祖先伐大通）　鼓初（再三）仪　鸣金　金鼓齐鸣　声炮　奏大乐　大乐止　奏小乐　主祭嗣孙就位　分献嗣孙就位　司祝生就位　启户（开中门）　瘗毛血

行焚香请主礼　鞠躬　诣盥洗所　盥洗　净巾　盥毕　诣神龛前　焚香　止乐　读告词（维某年某月某日恭逢某祖考某公某某老大人或某母某氏老孺人华诞之期，敬请神主，出就几筵。恭行祀典，用伸拜献。谨告）启乐　俯伏　拜兴二　平身　卷帘　启椟　出主　主祭嗣孙奉始祖神主　分献嗣孙奉昭穆祖神主　出就几筵　香炉前导　安主　复位

行降神礼 诣香案前 跪 上香（三） 焚香 燎脂蒿（用纸和松膏放架上焚之）
酹酒 授爵 醉酒 反爵 拜 兴 平身 复位

行迎神礼 金鼓齐鸣 奏大乐 止乐 奏迎神乐 歌迎神乐章（于灿洒扫，苾苾
芬芬；明发不昧，先祖是承。以孝以享，赉我思诚；陟降庭止，尚有典型。）
起乐 参神 拜兴（四次） 平身

行进馔礼 诣神主前 进馔 复位 跪 拜兴（四） 平身

行初献礼 金鼓齐鸣 奏大乐 止乐 奏初献乐 歌初献乐章（念昔先人，敬明
其德；克昌厥后，鲜不为则。孝孙有庆，享祀不忒；酌宜献之，神嗜饮食。）
起乐 行初献礼 主祭某孙诣酒樽所 分献嗣孙诣酒樽所 司樽者执樽 司爵者捧爵
司帛者捧帛 诣神主前 跪 献帛 授爵 祭酒 初进爵 献笾 献豆 奉箸 献果品
献馔 俯伏 拜兴 平身 诣司祝所 跪 俯伏 司祝者旁跪 止乐 读文 起乐 祝兴
拜兴 平身 复位 跪 拜兴（二）

行亚献礼 金鼓齐鸣 奏大乐 止乐 奏亚献乐 歌亚献乐章（洗爵奠斝，烝畀
祖妣；亦有和羹，俾筵俾几。跻跻跄跄，以洽百礼；神保是格，绥予孝子。）
起乐 行亚献礼 主祭嗣孙诣酒樽所 分献嗣孙诣酒樽所 司樽者执樽 诣神主前
跪 亚进爵 献馔 俯伏 拜兴 平身 复位 跪 拜兴（二）

行三献礼 金鼓齐鸣 奏大乐 止乐 奏三献乐 歌三献乐章（祀事孔明，先祖
是皇；庶几悦怿，顾我烝尝。神罔时怨，载笃其庆；如几如式，惠我无疆。）
起乐 行三献礼 主祭嗣孙诣酒樽所 分献嗣孙诣酒樽所 司樽者执樽 诣神主前
跪 三进爵 献馔 献餐 俯伏 拜兴 平身 复位 跪 拜兴（二）

行侑献礼 金鼓齐鸣 奏大乐 止乐 奏侑献乐 歌侑献乐章（既载清酤，既有
肥羜；佳肴脾臄，有稻有秬。以绥以侑，烝衎烈祖；降福孔多，昭兹来许。）
起乐 行侑献礼 主祭分献嗣孙诣神主前 侑酒 侑食 点馔 和羹 俯伏 拜兴 平身
复位 跪 拜兴（二） 平身 主人以下少退 合帷 止乐 祝噫歆 启帷 主人以下复
位 启乐

行献茗礼 主祭分献嗣孙诣神主前 点茶 俯伏 拜兴 平身 复位 跪 拜兴
（二） 平身

行饮福受胙礼 主人诣香案前 跪 止乐 祝致嘏词（祖考命工祝承致：多
福无疆，于尔孝孙，来尔孝孙，使尔受禄于天，宜稼于田，眉寿永年，勿替引
之。）起乐 授爵 授福酒 啐酒 反爵 授福胙 尝胙 反器 俯伏 拜兴 平身 复
位 跪 拜兴（二） 平身 告利成

主人以下少退　与祭者拜福　金鼓齐鸣　声炮　奏大乐　大乐止　奏小乐　主人以下复位

行辞神礼　金鼓齐鸣　奏大乐　止乐　奏送神乐　歌送神乐章（礼仪既备，孔回孔时；神保聿归，废彻不迟。小大稽首，鼓钟送斯；子孙千亿，勿替引之。）俯伏　拜兴　平身　司祝者捧祝　司帛者捧帛　恭诣燎所　主祭分献嗣孙同诣燎所　燔祝帛　望燎　复位　声炮　奏大乐　焚香　奉主入寝　香炉前导　主祭嗣孙诣始祖神主前　分献嗣孙分诣昭穆祖神主前　奉主　入寝　金鼓齐鸣　声炮　奏大乐　垂帘　三揖告彻　礼成　撤班

3. 清明扫墓

清明扫墓，俗称"挂青"，在清明节那日前后三天，"前三后四"，即节前三天节后四天，也就是一个星期的时间内去先人的坟墓上祭扫。要求挂青要在早晨和上午，最好下午不要去挂青，说什么是上午挂青是把雨伞，下午挂青是个斗笠。如果是给在前一年清明后去世的新亡挂青，则要在"大戊大社"前去挂，即立春后第五个戊日，春分前后的戊日之前。现在挂青都有现成的买，过去都是自己剪作的，一张一尺多大的正方形白纸，对角叠折三次成三角形，剪成扇形，再左右交叉剪条形，然后根据男红女绿加顶和腰箍，用竹枝或树枝挂起。

4. 中元祭祀

农历正月十五为上元，七月十五为中元，十月十五为下元，其中七月十五又为鬼节。每年七月半，为人子孙者，都要给前人烧包奉饭。传说七月初十下午四五点钟时，阴间会开鬼门关，让去年中元后去世的新客回阳间，而老客是要七月十一傍晚才允许出鬼门关的。所以分别在七月初十和十一的傍晚，用香茶酒果接前人回来领受酒饭和包财，新客是十一、十二、十三这三天，老客是十二、十三、十四三天，每日三餐摆三碗饭和咸菜蔬菜奉祀。十三或十四晚餐后烧包财笼箱饯送，时间要早一点，不要太晚了，否则关了鬼门，回不到阴间，会在阳间逗留一年，等到来年七月半开鬼门时，才有机会回阴间。这几天，晚上不要让小孩出房门，因为这几天晚上人鬼混杂，担心会撞到有些不安顺的鬼而被怪责。

包财笼箱的书写格式如下：

虔备包财（或衣冠皮箱）几封（壹只）

　　奉上

○○（称呼）○公（母）○○（○氏）老大（孺）人九泉受用

　　　　○○（自称）○○　谨具

天运公元二零〇〇年〇〇岁中元大会　　焚化

寄给新客的包财，焚化时间不能写"中元大会"，而要写"七月十三"。

祭祀时，根据所奉之的大小不同，礼节也不同，大神，如紫薇星君、南岳圣帝等，牌位和文都要用红纸书写，文用四维，祭行三献，礼行三跪九叩首；中等神，牌位和祭文都用黄纸，礼行两跪六叩首或一跪三叩首；下等神，其牌位和文也用黄纸，行三揖之礼，不用跪拜。祭祀先人，则牌位和祭文都用红纸，礼呼拜兴，不是叩首。传统礼仪中，很重视尊卑有序，等级分明。

除了以上常见祭祀，另外还有各类特殊的祭祀，如地方不太清吉安宁，要赈济孤魂野鬼，修造的屋宇犯煞要祭祀五黄、三杀、都天等神煞，禳灾要祭祀螟蝗、瘟疫、鬼怪，等等。可以说，人们所属日常中特别的或重要的事件，不论吉凶祸福，都可以掺用祭祀活动，吉者祈福，凶者消祸，在于儒生的融会变通。而杨家滩地区有关礼仪的书籍，多是历史流传下来的，最主要的是宋朝朱熹编的《朱子家礼》。近时主要的有《礼文备录》《礼文汇》《乡党应酬》《四礼大全》和《交际尺牍大全》。前四本书所载内容，虽各有侧重，但都没有离开冠、婚、吉、丧、祭的范围；《交际尺牍大全》所涉及的范围主要是社会交际应酬，包括问候、馈赠、邀约、庆贺、唁慰等。

第三节　祭奠仪注、九献礼及祭文例选

一、祭奠仪注

（一）成服仪注

行成服礼、陈设、执事者各司其事，伐鼓、鼓初严、鼓再严、鼓三严、鸣金、金鼓齐鸣、声炮、奏大乐、更小乐、孝子诣成服所、易素服、束带、戴冠、纳履、扶杖哭出丧次、诣灵柩前行请灵礼、跪、致请灵词、稽颡（四）、起立、执事者授遗像或灵位于孝子、孝子捧遗像或灵位诣灵案前、执事者接遗像或灵位于灵座、复位、跪、搁杖、稽颡（四）、扶杖起立、诣盥洗所、搁杖、盥洗、净巾、盥毕、扶杖诣香案前、跪、搁杖、上香（三）焚香、稽颡、扶杖起立、诣灵座前、跪、搁杖、献帛、奠酒、初亚三奠酒、献果品、献三牲、陈箸、点肴、献楮钱、止乐、俯伏、读文、起乐、稽颡、扶杖起立、复位、跪、搁杖、稽颡（四）、扶杖起立、焚文、焚楮钱、孝子诣灵座前、执事者授遗像或灵位于孝子诣灵柩前、执事者接遗像或灵位置于灵案、孝子扶杖哭于丧次、撤案、礼成。

（二）朝午夕奠仪注

用酒果馔品饭菜面汤时蔬茶匙箸。

行朝、奠礼、陈设、执事者各司其事、起鼓、鼓初严、鼓再严、鼓三严、鸣金、金鼓齐鸣、声炮、奏大乐、更小乐、孝子捧帛哭出丧次（午夕奠不用捧帛）就位、执事者接帛置于灵座、瘗毛血（午夕奠不用）、跪、搁杖、稽颡（四）、扶杖起立、诣盥洗所、搁杖、盥洗、净巾、盥毕、扶杖诣香案前、跪（有众孝眷皆跪）、搁杖、献帛、奠酒（三）、献果品、献馔、陈箸、陈餐、献时蔬、陈汤、侑食（以箸添饭）、点馔、献茶、点茶（以箸点茶于饭上）、献楮钱、止乐、读文、起乐、稽颡、扶杖起立、复位、跪、搁杖、稽颡（四）、扶杖起立、焚文、焚楮钱、礼成、撤馔、孝子扶杖哭于丧次。（堂奠后夕奠仪注如下）

（三）夕奠仪注

（最后一次夕奠可用三献）

行夕奠礼、陈设、执事者各司其事、击鼓、鼓初严、鼓再严、鼓三严、鸣金、金鼓齐鸣、声炮、奏大乐、更小乐、孝子扶杖哭出丧次、就位、跪、搁杖、稽颡（四）、扶杖起立、诣盥洗所、搁杖、濯水、净巾、盥毕、扶杖诣香案前、跪、搁杖、上香（三）、焚香、稽颡、扶杖起立、复位、行初奠礼、金鼓齐鸣、奏大乐、更小乐、孝子扶杖诣灵筵前行初奠礼、跪、搁杖、献帛、奠酒、初奠酒（中杯）、献果品、初献馔、献肥豚、陈箸、献楮钱、止乐、俯伏、读文、起乐、稽颡、扶杖起立、复位、行亚奠礼、金鼓齐鸣奏大乐、更小乐、孝子扶杖诣灵筵前（可换次子）、行亚奠礼、跪、搁杖、亚奠酒（左杯）、亚献馔、献德禽、陈箸、稽颡、扶杖起立、复位、行三奠礼、金鼓齐鸣、奏大乐更小乐、孝子扶杖诣灵筵前（可换三子）、行三奠礼、跪、搁杖、酒（酌酒右杯）、三献馔、献鲜尾、陈箸、稽颡、扶杖起立、复位行侑食礼、金鼓齐鸣、奏大乐、更小乐、孝子扶杖诣食案前（孝子可皆上）、行侑食礼、跪、皆跪、搁杖、献帛、侑酒、献馔、献粢盛、陈箸、献时蔬面粉、侑食（孝子用匙在另碗饭内勺饭至各碗饭内）、陈汤（用匙舀汤至各饭碗）献茗、点茗（用箸点茶于饭上）、献楮钱、慰灵、稽颡、扶杖起立、复位、跪、皆跪、稽颡（四）、扶杖起立、孝子少退（家眷戚属拜福）、行参神礼金鼓齐鸣声炮奏大乐、与祭者就位、稽首叩首（有服者稽首四，邻友叩首三）、如系长辈参拜孝子陪、跪并叩谢、行送神礼、金鼓齐鸣、声炮、奏大乐、孝子扶杖复位、诣灵案前、揖（三）、焚文、焚楮钱、撤灵影座、礼成。或执事授帛于孝子、孝子捧白于灵柩前执事置帛于枢上、撤馔、撤案、撤帐、撤所设。

（四）行堂奠仪注

行堂奠礼、陈设、司事者各司其事、伐鼓、鼓初严、鼓再严、鼓三严、鸣金、金鼓齐鸣、声炮、奏大乐、更小乐、孝子扶杖哭出丧次、就位、跪、搁杖、稽颡（四）、扶杖起立、诣盥洗所、濯水、净巾、盥毕、诣香案前、跪、搁杖、上香（三）、焚香、稽颡、扶杖起立、复位、跪、搁杖、稽颡（四）、扶杖起立、诣灵影前、跪、搁杖、献帛、奠酒、初奠酒、亚奠酒、三奠酒、献供果、献香茗、献馔、陈箸、点馔、献楮钱、止乐、俯伏、读文、起乐、稽颡、扶杖起立、复位、跪、搁杖、稽颡（四）、扶杖起立、焚文、焚楮钱、撤馔、礼成、孝子扶杖哭于丧次。（堂奠仪注亦可称家奠仪注）

（五）宾奠仪注

行宾奠礼、陈设、司事者各司其事、伐鼓、鼓初严、鼓再严、鼓三严、鸣金、金鼓齐鸣、声炮、奏大乐、更小乐、主祭宾就位、鞠躬、诣盥洗所、濯水、净巾、盥毕、诣香案前、跪、上香（三）、焚香、俯伏、兴、平身、复位、跪、叩首（三）、兴、平身、进馔、诣灵座前、跪、献帛、奠酒（三）、献斋果、献三牲、陈箸、点馔、献楮钱、止乐、俯伏、读文、起乐、叩首、兴、平身、复位、跪、叩首（三）、兴、平身、焚文、焚楮钱、撤馔、礼成、孝子叩谢、退位。

（六）祭大举仪注

行祭大举礼、伐鼓三通、鸣金三匝、金鼓齐鸣、奏大乐、声炮、更小乐、代告生就位、三揖、诣盥洗所、濯水、净巾、盥毕、诣神案前、上香（三）、焚香、酌酒、醑酒、献帛、献爵（三）、献馔、献血膋、献楮钱、止乐、读文、起乐、一揖、复位、三揖、焚文、焚楮钱、焚牌位、礼成。（用雄鸡杀血祭举上）。

（七）祭外神仪注

(用三牲酒馔设案门外，书牌位，请代祭生用红纸写文)

行祭×尊神礼、伐鼓三通、鸣金三匝、金鼓齐鸣、声炮、奏大乐、更小乐、代祭生就位（孝子跪于后）、跪、叩首（三）、兴、平身、诣盥洗所、濯水、净巾、盥毕、诣神案前、跪、上香（三）、焚香、酌酒、醑酒、献帛、献爵（三）、献果品、献馔、献褚钱、止乐、俯伏、读文、起乐、兴、平身、复位、跪、叩首（三）、兴、送神、揖（三）、焚文、焚楮钱、焚牌位、礼成。

（八）行告祖礼

（以亲房一人吉服代告，孝子随后稽额，告祖文用红纸）

行告祖礼、陈设、司事者各司其事、启椟、启鼓、鼓初严、鼓再严、鼓三严、鸣金、金鼓齐鸣、奏大乐、声炮、更小乐、布席、代告嗣孙就位、孝子旁跪、诣盥洗所、盥洗、盥毕、诣香案前、跪、上香、初上香、亚上香、三上香、焚香、授爵、酌酒、灌地、反爵，叩首、升、平身、诣神龛前、跪、献帛、献酒、初献酒、酢酒、亚献酒、三献酒、献供果、点茗、献楮钱、止乐、俯伏、读文、起乐、叩首、兴、复位、鞠躬、跪、叩首（三）、兴、平身、焚文、焚楮钱、揖（三）、奏大乐、撤所设、礼成、展位、孝子叩谢。

（九）启诸神仪注

行×尊神礼、陈设、司事者各所共事、启鼓、鼓（初、再、三）严、鸣金、金鼓齐鸣、奏大乐、声炮、奏小乐、布席、代告生就位、孝子旁跪、迎神、鞠躬、诣盥洗所、灌水、净巾、盥毕、诣香案前、跪、上香、初亚三上香、焚香、授爵、酌酒、灌酒、反爵、止乐、读文、叩首、兴、复位、跪、叩首（三）、兴、平身、诣神位前、跪、献帛、献酒、初献酒、酢酒、亚献酒、三献酒、献果品、献馔、点茗、献楮钱、叩首、兴、平身、复位、跪、叩首（三）、兴、焚文、焚楮钱、撤所设、展位、奏大乐、礼成。

（十）启文公仪注

行启徽国文公先师礼、陈设、司事者各所其事、伐鼓一通、鸣金一道、大乐一吹、小乐一奏、伐鼓二通、鸣金二道、大乐二吹、小乐二奏、伐鼓三通、鸣金三道、大乐三吹、小乐三奏、金鼓齐鸣、声炮、奏大乐、奏小乐、布席、后学就位、孝子旁跪、诣盥洗所、灌水、净巾、盥毕、诣香案前、跪、上香、初上香、亚上香、三上香、焚香、授爵、酌酒、酢酒、反爵、俯伏、兴、平身、复位、请圣（掌礼后学在神案或香案台旁外捏画文公掌诀用戒尺望空画徽国文公四字要正心尽意慕公元神如列圣在目前并用戒尺拍案一下呼曰东山有圣人振起三千木铎南国多君子势同九万鹏程）迎神、鞠躬、跪、叩首（三跪九叩）、兴、平身、诣神案前、跪、献帛、献爵、献爵（三）、献果品、献楮钱、叩首、兴、诣读文位、跪、司祝生跪、止乐、读文、起乐、叩首、兴、复位、鞠躬、跪、叩首（三）、兴、再跪、叩首（六）、兴、三跪、叩首（九）、兴、平身、焚文、焚楮钱、奏大乐、告撤、礼成、展位、孝子叩谢。（赞礼九叩）

二、九献礼程序

（一）家奠大祭程序

1. 迎主礼。

2. 陈设礼。

3. 审仪礼。

4. 哀奠礼。

5. 上香礼。

6. 九献礼：①初奠礼（献刚鬣）；②亚奠礼（献柔毛）；③三奠礼（献仙凤）；④四奠礼（献山珍）；⑤五奠礼（献海味）；⑥六奠礼（献馔）；⑦七奠礼（献德禽）；⑧八奠礼（献鲜尾）；⑨九奠礼（侑食）。

（二）家奠大祭礼仪执事安排

司仪生 3 人　　　陈设生 1 人　　　引礼生 1 人

审仪生 1 人　　　歌词生 1 人　　　读祝生 1 人

执事者 4 人　　　放炮生 1 人　　　响器生 5 人

大乐 1 人　小乐 1 人　　　　　（共 20 人）

（三）需要准备的物品

1. 杀猪 1 头（杀后摆放到刚鬣所，猪头向内，猪尾向外，猪鬣毛不能扯掉，并不能剖开）。

2. 杀羊 1 头（杀后摆放于柔毛所，头向内，尾向外，羊耳毛不能扯掉，并不能剖开）。

3. 鹅 1 只（没有鹅可用纸做仙鹤代）。

4. 杀刀 3 把（柔毛、仙凤、刚鬣所摆 1 把）。

5. 香茶 1 壶、杯子 3 个，果品、糕点（共 3 碟）放于香茗所。

6. 香、酒、酒壶、酒盏放于酒樽所。

7. 鸡、鱼、肉（三牲）山珍、海味，放于肴馔所。

8. 饭 1 茶叶、楮（纸钱）帛放于粢茗楮帛所。

9. 草席一床放于初位。

10. 更服所围起来，内放孝服、孝帽、孝带、孝履、孝杖。

11. 读祝所，祝文、词齐备。

12. 焚燎所，放脸盆 1 个，烧纸用。

13. 响铳鞭炮放铳炮所。

14. 鼓锣大小乐放鼓乐所。

15. 毛巾、脸盆、洗脸架放盥洗所。

16. 备金童玉女、金狮银象。

(四) 大祭注意事项

1. 献刚鬣：只能取猪鬃毛，割点肉放置茶盘内。

2. 献柔毛：只取耳毛，割点肉（男取左耳毛，女取右耳毛）。

3. 献仙风：只取翅膀尖一根毛（男取左，女取右）。

4. 司祝生、歌词生要在食案前读文、歌词，完后返读祝所。

5. 凡每献一物品，都要在食案前献。

6. 行迎主礼时，孝子孝孙必须三跪七拜，从众位一路跪拜到屋子灵堂迎取遗像及灵位。

7. 食案上摆遗像，香案上摆灵位。

8. 通礼生站大边（右上手），引礼生站小边（左下手）。

9. 如孝家子孙多，长子行哀奠礼及上香礼，次子及孙、曾孙可行九献礼。

10. 通礼生一般只喊前几个字，起着承前启后的作用，越精越好，引赞喊礼必须细而明，将每项需做的动作喊到位。

11. 读词生在迎主时，歌击磬时，必须在堂屋灵堂读。

12. 执事者在迎主击磬时必须跟去堂屋灵堂击磬。

13. 金童摆食案左，玉女摆食案右，金狮摆众位左，银象摆众位右。

14. 如设活猪、活羊、活鹅，在祭时宰杀，执事者引孝子只能取毛血。

15. 歌《蓼莪》第四章时应注意：

1) 如父死母还在，应读：父兮生我，母父何怙。

2) 如母死父还在，应读：母兮生我，母母何恃。

3) 如父母都亡，应读：父兮生我，母兮育我。

三、祭文选介

（一）祭祀亲友师长

1. 祭祖父文

呜呼吾祖，年逾×旬。奔波劳累，一生耕耘。

不避风雨，不畏艰辛。勤俭持家，品德尤佳。

宽厚待人，仁义谦成。顾全大局，不徇私情。

2. 祭祖母文

春暖花开万里天，何其祖母竟登仙，孙儿怎不泪涓涓。

爱我孙枝似蜜甜，鱼肉塞口味犹鲜，从今以后谁相知。

旧事桩桩涌眼前，日同饮食夜同眠，新年常赐压岁钱。

外出嘱咐两三遍，苦口婆心话连连，寒送衣来暑送泉。

风里来行雨里穿，一生苦辣尽尝遍，天无尽处地无边。

苦尽甘来乐陶然，谁知老天不假年，祖母辞世赴瑶池。

灵前祇荐痛别离，生死诀别最伤凄，纸短情深恨绵绵。

深情略表短一篇，祖母毋须多挂牵，孙儿定记祖先鞭。

3. 祭父文

灵棒一梦陨高堂，对景思情无限伤。

煞费苦心育子女，斑斑手泽裕迪光。

哀哀吾父美德彰，教育儿女有义方。

各行子孙抚养大，提携襁褓费时光。

长大成人谋婚嫁，呕心沥血办嫁妆。

了却子孙多少事，件件事情挂心肠。

吾父品德多高尚，正直无私好榜样。

硕德千载留青史，典范令名满梓桑。

昊天罔极恩难报，但愿长久侍高堂。

菽水承欢儿女乐，莱舞庭前日子长。

胡何苍天太无情，吉人怎奈天不相。

遽尔云天成永诀，欲见音容在梦乡。

4. 祭夫文

维公元 ×年 ×月 ×日，荆室×× 谨备香楮酒果牲礼之仪泣奠于夫君 ×公 ×× 老大人之灵前，曰：

呜呼痛哉，吾夫其梦耶！其真死也！其去而不返，竟甘心瞑目而长逝也。恻兮恻兮，夫不回矣。哀哉，哀哉，我何依兮，虑冀百年偕老，夫命既是我命。谁知一朝两隔，泰山已化为冰川，琴瑟已调弦忽断，凤鸾和鸣倏分离。伤哉，只留得破镜难圆；残矣，偷生免待白头姬。最难看，少妇何堪作媚妇。断肠兮，良人何故作古人，半生事业付东流，一旦死生隔幽明。杀人天地，拆散我园林之鸟；狠心阎王，割断我并头之莲。前世修来，为何作合而乍离？终朝快想，恍欲瞻前而顾后，既泪洒黄河。不能以逐偕老之愿，从关雎华岳，更难适齐眉之贤。恨只恨，命薄身躯，苦作半世之妇，已矣乎，妄想了天伦之乐聚；悲痛哉，何不作地下之夫妻，午夜常听子规啼，黄泉路上亦相逢，夫其有知耶。两瓶薄酒，半是荆室血，三杯美酒，不知几滴到黄泉。

5. 祭妻文

杖期生 ×× 命哀子 ×× 致奠于室人 × 母 × 氏之灵前：

呜呼！吾妻，一生艰辛，日耕夜织，苦度时春。服侍翁姑，孝顺恭温。夫妻恩爱，相敬如宾。养儿育女，训诲成人。操持家务，百事殷勤。宜家宜室，淑德纯真。如斯美德，寿应百龄，胡为厄运，挽留无津。一梦归天，弃世辞尘。生死诀别，百呼不闻。同林寂寞，泪湿衣襟。镜破难圆，孤雁离群。从今以后，衾帐封尘。灶台烟灭，三更被冷。呼君无人，唤妻勿应。门庭冷淡，连理枝分。明朝鹤驾，卜居佳城。独伴青山，永赴天庭。天地相隔，怎把言陈。义尽情分，怎不伤心。肝肠寸裂，痛煞夫君。今当祭奠，跪哭英灵。鸡豚香楮，鲁酒三樽。吾妻有知，来格来歆。

6. 祭兄弟文

惟弟与兄，同气情深。少小共被，长大共衾。

兄友弟恭，患难同心。互立门户，兴旺可钦。

晴天霹雳，诀别于今。往事已矣，雁群散分。

门庭萧索，痛切同根。棣萼凋射，而竟别亲。

浮土一堆，荒冢藏身。荆薪茅草，掩尔孤魂。

悲风哀号，蓬绕坟茔。杜鹃啼血，惨不忍闻。

吾×何在，睹物思人。阴阳两隔，寻觅无津。

悼念吾兄，情何以伸。爰具椒浆，酒泪言陈。

英灵不昧，鉴此香薰。

7. 祭（兄弟）嫂文

唯嫂贤淑，匹配吾兄。鸡鸣箴警，早有令名。

事奉翁姑，恭敬孝顺。和睦妯娌，温良情殷。

操持家务，戴月披星。栉雨沐雨，一世辛勤。

克勤克俭，创建家庭。待人接物，笑脸相迎。

相夫教子，迩尔咸钦。何其灵散，遽赴幽冥。

卮酒一滴，聊以表忱。可竭者词，难竭者情。

灵其不昧，来格来歆。

8. 祭姐妹

同胞手足数十年，噩耗惊传，涕泪涟涟，幽明永隔两重天。回首平生往事现，少小童年，姐弟情谊，嬉笑追逐乐连连。树大自然要开枝，姐找夫婿，已遂心愿，夫唱妇随创家业。吾姐终生最勤俭，烹食灶边，常补被衣，养儿育女费精力。吾姐淑德品堪贤，妯娌亲密乡梓名传，高风亮节承先贤。今朝喜遇舜天，期望寿臻，乐享天年，岂知一梦会群仙。天地云海距遥远，再难相见，悲痛号喧，呼姐不应泪沾衣。祭奠宏开跪灵前，手足分离，情难尽言，痛断肝肠裂心肺。祈望来生若有缘，姐弟寒暄，两度奇缘，骨肉同胞再团圆。瞻仰遗像行哀礼，香楮袅烟，三樽薄奠，鸡豚时鲜请鉴微。

9. 祭伯（叔）父

秋月皎如霜，秋桂萎黄，秋风秋雨动秋凉，万物萧条椿树颓，满眼秋光。

北风显秋威，秋雁南归，梁燕辞秋语依依，惊闻×随秋星陨，秋归×归。

千秋永别离，秋雾迷迷，秋风黄叶满山飞，秋雁声声悲落日，秋露水微。

时值正深秋，秋水长流，桔酒畅饮乐悠悠，胡为×父仙逝去，永别千秋。

秋景极萧条，秋声悲号，灵前敬奠秋菊瓯，只祈九泉重返鹤，鉴此秋毫。

10. 祭伯（叔）母

长夜月难明，×母归真，哭声惊醒四边邻，统炮响天办丧事，四处招魂。

仙驾返瑶池，月落鸟啼，心如皓月几时归，身似芳兰从此逝，相见无期。

瞻仰已无期，侄子何依，春风桃李花开日，秋雨梧桐叶落时，涕泪沾衣。

望断白云乡，独剪西窗，深恩未报泪千行，懿泽难忘九回肠，愧悔难当。

人去精神传，子孝孙贤，月落乌啼霜满天，风号鹤唳人何去，驾鹤西归。

藕断根连丝，侄子愁思，幼年失恃赖提携，嘉言遗训犹在耳，情切绵绵。

×母出寒门，与×联姻，妇随夫唱情意深，幽娴贞静称贤母，巾帼典型。

×母赴幽冥，后继有人，瓜瓞绵绵振家声，桂馥兰芬承世泽，含笑九泉。

侄子抱愧深，侍奉不殷，生前未尽礼和仁，殁后灵前来诉情，遗恨终生。

轻驾将启程，唯望暂停，清香一瓣酒三樽，今晚灵前来悼奠，鉴此微忱。

11. 祭外祖父

翁福大无边，子肖孙贤，返真化作大罗仙，日赏云山无限景，抱膝长眠。

外祖赴瑶琼，厌弃红尘，教诲而今总莫聆，公颜自后从何视，能不伤心。

外祖返仙乡，月晦无光，当年德泽总难忘，昔日教言犹在耳，泪洒胸膛。

花谢随水流，人已千秋，缅怀往事难回首，外孙从小蒙眷爱，血泪交流。

灵鹊苦传声，痛失亲人，恩同罔极最伤心，欢聚几何忽见背，控告无门。

夜月正良辰，瑞雪纷纷，青山含悲水长鸣，南北山头皆被白，触景伤情。

人去音容存，德泽铭心，家风久伴山河存，美德常随天地转，厚德永钦。

薄礼酒三樽，清香一柱，以表生前殁后情，敬希英灵来格尝，鉴此微忱。

12. 祭外祖（母）

立春天地暖，万物尽峥嵘。惟吾外祖母，驾鹤返瑶琼。

星灼回北斗，庚鸟亦初鸣。海棠花映月，杨柳渐发荪。

中天寒婺宿，耗信到家门。惊闻外祖母，驾鹤返上清。

缅怀外祖母，兰质具蕙心。温恭而淑慎，文光月魂身。

言德工容具，媲美陶孟形。挽鹿同桓范，相庄染孟眉。

持身勤节俭，不喜穿绫衣。待人多慈爱，迎客满笑脸。

辛勤操家务，躬亲示儿孙。女宗称师表，淑范永长存。

寿高逾×十，眼观四代人。蕙帐今遂掩，驾鹤上天庭。

方容难再睹，从此别红尘。正喜堂前桂，枝枝挺向荣。

芝兰齐吐秀，箕裘喜绍承。祖母夜台上，含笑在九泉。

伤心临执绋，束草献于灵。因风骑白马，凄切听蛩鸣。

夜月青鸾远，素幌杳微音。灵前陈三牲，素酒表微忱。

惟析来昭鉴，来格又来歆

13. 祭岳父

光阴过，地球转，凯歌声里噩耗传，闻之泪潸然。

耗音至，内心煎，愁思万绪望南天，再难促膝前。

景依旧，景依然，岳父一去不回旋，想思眼望穿。

嗟岳父，痼疾缠，神医无方病难痊，终究赴黄泉。

哀岳父，想从前，艰苦奋斗几十年，勤俭两字先。

经寒暑，受风霜，一年三百六十天，劳累无怨言。

育后代，训诲严，循规蹈矩执祖鞭，忠孝两为先。

待邻里，恭且谦，和以待人多良言，忠厚人皆传。

看今朝，乐陶然，人兴财旺喜连连，德禄福寿全。

门庭盛，内心甜，岳父含笑赴九泉，仙姬奏管弦。

泣灵前，虔叩奠，菲仪陈设在几筵，尚冀来鉴焉。

恩久颂，笔不前，才疏学浅难成篇，哀衷诉真言。

祈岳父，鉴我虔，您老爱我如生前，庶几来格宴。

14. 祭岳母

岳母何去忙，举室彷徨，全家老幼泪汪汪，远近亲邻皆悼挽，真切哀伤。

岳母出寒门，四德成称，幽娴贞静传美名，创业宏图称杰构，燕翼儿孙。

霜降节日寒，叶落山间，岳母从此别尘凡，惨雾万里凄凉景，顿失思颜。

萱萎月光寒，鹤唳三更，添子从此别慈颜，岳母驾鹤蓬莱岛，位列仙班。

人去月难圆，痛断黄泉，萱花凋谢恨终年，椿树衰萎长弃世，泪染襟前。

何处睹容颜，名留世间，殁后思量六月寒，大限一到归阴去，车驾难挽。

死别与生离，怎不哀凄，万里云空白鹤飞，三更月冷鸦犹泣，涕泪湿衣。

午夜月光寒，景物凄惨，以后何处忆笑颜，而今不再闻慈音，泪向谁弹。

慈母赴幽冥，难舍难分，晴天霹雳布愁云，自成愚婿蒙厚爱，感戴殊深。

岳母去留难，痛切心肝，缥缈仙云夜月残，凄凉甥馆慈去，泪湿襟衫。

岳母赴天庭，神返九琼，县花香渺佛堂云，慈竹空影寒馆冷，能不伤情。

吾母去难留，琼岛仙游，泰水东流泪与俱，婺星西沉不见影，泣血交流。

人死不复生，名利徒争，福寿全归贤德在，幸有情男成砥柱，含笑阴间。

忆昔每登临，款待殊深，佳肴美酒多热情，堂前话尽知心语，记忆犹新。

晨香少拜勤，婿愧殊深，堂奠聊备酒和牲，岳母有知来尝格，鉴此微忱。

15. 祭舅父（母）

惟我舅父（母），品德贤良。接宾待客，热情周详。

持家创业，一生奔忙。克勤克俭，处事有方。

任劳任怨，有功不扬。教育吾辈，垂范榜样。

上和下睦，四邻敬仰。对待亲友，温良恭让。

爱护外甥，如珠在掌。寒暑关照，无异爹娘。

期望外甥，山高水长。如斯美德，人间榜样。

功高德望，寿应无疆。皇天不佑，好人也亡。

外甥闻信，无限悲伤。痛心疾首，心胸惶惶。

甥舅永别，无可奈何。深恩未报，痛断肝肠。

泣泪凭吊，聊表衷肠。略备时馐，仁奉灵堂。

舅父（母）有知，来格来尝

16. 祭姑父

瑞雪化甘霖，噩耗惊闻，忽闻姑父归大真，满堂儿孙悲落泪，涕泪淋淋。

姑父去何匆，再难相逢，半世勤劳遗家风，一生俭朴留典范，谁不称崇。

云黯月难明，辞别红尘，留得和风惠子孙，完来大事归天地，遗德永存

日落红霞来，仙驭难回，殁后何人不含悲，生前诸事无荒废，能不痛怀。

呜呼！回忆父生平，一生正直为人，家虽出身寒门，幼受严慈诲训。

孝悌忠信恪守，礼义廉耻常遵。乐天安命守己，从而与世无争。

交往极守信誉，言行一诺千金。

对待亲朋戚友，贵贱一视同仁。

作风冰清玉洁，处世正大光明。

虽已年高 × 旬，犹还矍铄康宁。

儿女人人有为，孙辈个个峥嵘。

时逢当朝盛世，生活天天上升。

满以寿高百秩，亲朋普天同庆。

岂知昊天不予，胡为倏尔辞尘。

寿终德望长在，人去音容长存。

带去暮年残岁，留下厚德芳名。

愧侄生少侍奉，跪灵哀诉衷肠。

只鸡瓣香斗酒，伏冀来格来尝

17. 祭姨夫

山青青，水粼粼，风木增别恨，草木寄离情，槐动薰风平伏火，葵倾爱日对黄昏。

惊噩耗，泪倾盆，忽闻姨父逝，天将丧斯人，鹤驾凌风杳然去，山秃木朽冬回春。

忆姨父，思亲情，厚爱如日照，春风温吾心，德泽难酬总是恨，流年逝水最伤情。

忆往事，痛伤心，人世坎坷路，风波几浮沉，为国育才躬尽萃，忠诚教学著典型。

数十载，献丹心，杏坛施化雨，教泽化甘霖，赢得桃李满天下，誉满人间颂美名。

娱晚景，乐天伦，儿孙承菽水，彩舞慰双亲，高堂预卜期颐寿，齐眉长庆百年春。

月有缺，日有阴，天公不作美，二竖肆无仁，惨听蝉声悲日暮，九天鹤鸣怅

招魂。

云天黯，星光沉，灵随日月永，茔随山河存，思亲泪尽情难尽，蕴歌一曲悼英灵。

香频焚，楮频焚，情长恨纸短，俚语不成文，灵前跪进三樽酒，英灵不昧鉴我心。

18.祭友君

呜呼！君年未四十，而遽弃人间事，平生志愿概付东流，君固恨，我亦为君昔。虽然，天地一逆旅也；光阴，过客也。红尘久恋，夫亦何必。今以百年易尽之身，纵怀百年不尽之志，其能竟吾业而遂乃志耶？千古英雄豪杰赍志殁者多矣。正亲者之所痛，亦仇者之所快者欤！

况君之身后事，有令子继述之，有诸昆辅助之，有戚友玉成之，复何恨焉！故吾始以为君异者，而转为君慰也。呜呼！哲人萎矣，泰山其颓，倒酒一樽，泪雨俱下，君其不弃，顾兹馨香。

19.祭老师文

毕生为园丁，勤奋聪明，因材施教后人，赢得桃李满天下，欣欣向荣。执教最忠诚，茹苦含辛，呕心沥血业务精，鞠躬尽育英才，祖国功臣。回忆当年情，牢记在心，三尺讲台教书经，两寸粉笔绘天地，费尽精神。晴天响雷霆，师赴幽冥，再瞻师容梦魂惊，高山仰止人不见，黯然销魂。学生奠师尊，叩首中庭，泣声凭吊泪淋淋，一门桃李泣化雨，绛账空存。风惨云凄行，跪奠英灵，莘莘学子哀益深，从此凄凉杏坛月，不见师尊。

（二）历史名人祭文

1.张九龄代唐高宗祭舜庙文

维某月朔日，中散大夫、使持节都督桂州诸军事、守桂州刺史、兼当管经略使、岭南道按察使、摄御史中丞、借紫金鱼袋、上柱国、曲江县开国男张某，敢昭告於大舜之灵：

惟神以大孝而崇德，以大圣而奋庸，以至公而有天下，以至均而一海内，故不以荒服之外，不以黄屋之尊，巡守而来，殂落於此。倦勤之造，永结於黎庶；惠怀之尊，长存於寿宫；载祀虽遐，威灵如在。今圣朝绍兴至道，愍兹远人，爰遣使臣，按理边俗，惟神幽鉴，愿表微诚：若私僻为谋，公忠有替，明鉴是殛，俾无远图；如悉心在公，惟力是视，当福而不福，为善者惧矣。今至止之日，辄诣陈诚，伏惟神道聪明，亮斯钦畏，愿俯垂冥，俾输力明时。尚飨。

2. 朱元璋祭舜帝文

朕生在后世，为庶民于草野之间。当有元失驭，天下纷纭，乃乘群雄大乱之秋，集众用武。荷皇天后土眷祐，遂平暴乱，以有天下，主宰庶民，今四年矣。君生上古，继天立极，作烝民主，大德无穷，垂法至今，后人不忘者，以其量同天地故也。朕典百神之祀，考君陵墓在此，然相去三千余年，观于帝典，大哉圣德，非天者何？虽窃慕于心，奈禀性之愚，时有古今，民俗亦异，仰惟圣谟，万世所法。特遣专官，奠祀修陵，圣灵不昧，尚祈鉴纳。

3. 明世宗朱厚熜赐何天衢祭文

惟尔发迹贤科，出宰大邑。耀官夯史，激扬有声。出守名邦，克勤抚守。历迁方伯，益懋承宣。载陟中丞，巡抚中土。式严风纪，儆于庶官。留贰冬卿，佐理政务。入参邦土，总理称能。远致有期，胡遽沦逝？计音忽报，良切悼伤。爰命有司，为营葬事。特兹遣祭，以慰尔灵。九泉有知，尚克歆服。

4. 康熙祭炎帝文

自古帝王，继天立极，功德并隆，昭垂奕世。朕受天眷命，绍缵丕基，庶政方亲，前徽是景。明禋大典，急宜肇修。敬遣专官，代将牲帛，爰昭殷荐之忱，聿备钦崇之礼。伏维格歆，尚其鉴享。

5. 同治皇帝谕赐曾国藩文

其一：

朕惟功懋懋赏，信圭表延世之勋；思赞赞襄，雕俎厚饰终之典。爰申殍奠，用贲丝言。

尔原任大学士、两江总督、一等毅勇侯、赠太傅曾国藩，赋性忠诚，砥躬清正。起家词馆，屡持节而抢才；浒陟卿曹，辄上书而陈善。值皇华之载赋，闻风木而遄归。忽乡邻有斗之频惊，潢池盗弄；懔战阵无勇之非孝，墨绖师兴。奇功历著于江淮，大名永光乎竹帛。俾正钧衡之位，仍兼军府之尊。一等酬庸，锡侯封于带砺；双轮曳羽，飘翠影于云宵。重锁钥而任北门，百僚是式；还敬戒而惠南国，万众腾欢。

方期硕辅之延年，岂意遗章之入告。老成忽谢，震悼良深！颁厚赙于帑金，遣重臣而奠醊；特易名于上谥，赠太傅之崇阶。列祀典于昭忠、贤良，建专祠于金陵、湘渚。彝章载考，初祭特颁。於戏！天不慭遗一老，永怀翊赞于元臣，人可赎兮百身，用寄咨嗟于典册。灵其不昧，尚克歆承！

其二：

朕惟位兼将相，仗经文纬武之才，气壮山河，懋崇德报功之典。爰陈芳奠，用奖成劳。

尔原任大学士、两江总督、一等毅勇侯、赠太傅曾国藩学有本原，器成远大，忠诚体国，节劲凌霜，正直律躬，心清盟水。初联班于玉署，芸省蜚声；旋献赋于銮坡，芝坊晋秩。叠司文柄，先蜀郡而后洪都；频进谠言，因疾风而知劲草。卿阶超擢，荷先朝特达之知；忠悃弥摅，笃臣子靖共之谊。乃乘轺而奉使，旋持服以去官。值粤逆之纷来，遂楚军之创立。援墨绖从戎之义，俾移孝以作忠；励丹心报国之诚，每出奇而制胜。选将不拘常格，募壮士于三科；分军屡拔逆垒，慑长城于万里。秩隆总制，节授专征。洎朕宝祚诞膺，皖江告捷。特晋钧衡之位，仍持旄钺之权。扫穴擒渠，告成功于建业；酬庸锡爵，膺懋赏于通侯。叠翠羽以增辉，贲黄裳而耀采。未几畿疆移节，藉修三接之仪；既因南服需才，仍莅两江之任。

方冀长承湛湛露，恩眷优隆。何期遽陨大星，老成雕谢！览遗章之入奏，震悼良深。予恤典以从优，哀荣式备。谕重臣而致奠，给国帑以治丧。崇阶赠太傅之衔，秩祀永贤良之誉。并专祠之分建，宜世爵之钦承。特沛丹纶，增光青史。谥为"文正"，允副嘉名。於戏！日赞黄扉，勋业永思夫补；风凄丹旐，怆怀倍节于骑箕。歆兹苾芬，荣兹俎豆。

6. 孙中山祭黄兴文

同盟人孙文等谨致祭于黄先生克强灵曰：

呜呼哀哉，夷夏之防，国家之纲，烈士之血。小人之舌，天降之殃，绝纲决防，有血已碧。有舌如簧，贪天之功，其炎熊熊，奔啸都市。敲鼓撞钟，国有天子，歌功拜起，土崩瓦解。以惑当世，爱憎之间，若操斧钺，以逆乱顺。如鬼如蜮，小人道长，君子道消，巅之倒之。丧我人豪，呜呼哀哉，缅怀当年，汉地胡天。攘夷存夏，孰为之先，亦有圣贤，为国大盗。割裂诗书，异族是保，义旗一拂，君臣变色。老生小儒，诋为大逆，公与吾侪，如骖之勒。河山百战，乃有今日。日在东京，刑马作盟，橐矢擐甲，以入国门。投鞭断流，河口惠州，众庶梦梦，谁与为谋。公与吾侪，声应气求，师期一误，蹶于房西。巍巍羊石，天南半壁，负海阻山，国之岩邑。公与吾侪，斩关而入，一夕黄花，染为血色。大猷赳赳，两湖三江，中部同盟，若纲在网。公与吾侪，逐北追亡，舆梓衔璧，旗门受降。六合既一，粤修文德，漏网吞舟，坐兹国贼。公与吾侪，陈师以出。一击不中，修其羽翼。申椒既夷，萧艾离披，功满天下，毁谤随之。悠悠海内，若成若败，玉垒初完，金瓯未碎。谁为长城，岳岳英英，谁树典型，炳炳灵灵。崎岖十载，天壤一人，怀此民物，以及友生。呜呼哀哉！尚飨。

第六章 出行礼仪

在五千多年的文化传承中，华夏子孙知道了人情礼仪的重要。正如《礼记》上载："夫礼者，自卑而尊人。虽负贩者，必有尊也，而况富贵乎？富贵而知好礼，则不骄不淫，贫贱而知好礼，则志不慑。"可以说，礼以修身。在《表记》中，记述君子如何处世为人，以作为人们的表率；在《儒行》中表述儒者德行的特征。人们的出行，就更为讲究。出行是人们生产生活的重要内容。出行礼仪是礼仪文化的重要组成部分。通过出行的礼仪，以表示对长辈的孝道和尊敬，以表示对友人的诚意，以表露对未来美好的憧憬，以显露自己的涵养，以彰显对礼仪的崇尚。以杨家滩为中心的湘中地区，由于特定的地理和历史条件，出行礼仪不乏地域特点。

第一节 出门、行走与会宾

在杨家滩地区，儒家文化根深叶茂，人们信仰与践行儒礼，真可谓礼无时不有，无处不在。每天从开门外出起，就沉浸在传统礼文化之中。

一、出行前的准备

一些重要的出行，是有讲究的，不可随心所欲。比如礼品的准备，赴任与外出开店的择日，自己衣着的选择等，都有讲究。

1. 择日

湘中的杨家滩，古属"连道"，地处蚩尤故里的边缘，旧为瑶苗少数民族聚集地。现时湘中的大部分居民的始祖来自江、浙、赣等域外各地。因此，这里的文化，既有中原文化的底气，也兼有梅山文化的韵味。宗教信仰方面，主尊儒教，亦有信奉释、道、巫者。以前的官员上任，为求官运亨通，平步青云，总得请师择日。而这个日子的择定，当然会考虑到吉星高照，不能逾期等方面的因素。还有如去外地开店、应考，都会同样慎重其事地择日，充满对美好的希翼。

在择日中，一般是每月的初五、十四、二十三这三个忌日是不出行的。术数家认为初五、十四、二十三均为九宫中的第五宫，中宫为星位之极，至尊之地，故当避之。而在文化不发达的当时，一经传播，人们信以为真，自然不敢越雷池半步。

2. 礼品的准备

人们出行携带的礼品，随身份、亲疏关系、家庭经济状况等因素而有所讲究。怀仁的主家虽有"千里送毫毛，礼轻情意重""担子担来吃不饱，手板拿来也是情"的宽容，但作为客人在庆礼的筹备上是为体面乃至尊严而绞尽脑汁。如去喝婚礼酒包多大的红包、去喝寿酒除了红包以外，要提几斤肉，包几个什么样的糖包裹，要不要做寿匾、寿幛，要不要做寿桃和糍粑？如去贺新居，除了红包外，要不要挑谷子上粮？订婚送红帖、结婚送日子、结婚时接亲礼品的鸡、鱼、肉、糖包及红包，怎样才不失脸面？报喜时的糖包、鸡、红包，猪肉是砍前脚还是后脚的九子（即肘子）。凡是这些，都应与身份相匹配。不然，会引来旁人的讥笑，使你如坐针毡，尴尬难堪。因而，在礼品的准备上必须精心设计，让主客双方和颜悦色。

3. 衣着仪表

仪表端庄，能反映一个人的修养，能使人刮目相看。但是在过去的社会里，人们大都挣扎在饥饿线上，哪能顾得上衣着的讲究呢？"新三年，旧三年，缝缝补补又三年。"由此可见，在当时社会里，置办一身新衣要积累多少血汗才能换得。既要出行，又无新衣，怎么办呢？于是便向家境好的亲友借衣服穿上，来装点自己的颜面，获得主家好感。关于这种历史上的社会现象，杨家滩有一个无人不晓的传说。

有个地方一位老实巴交的农民，在送女出嫁的婚宴上，主家的陪客很殷勤，看到上亲先生很斯文，于是夹了一大块扣肉敬他，由于肉油滑且蒸发了，加上上宾推让，这块扣肉就掉到了上宾的衣服上，上宾先生慌不择口地说："不得了了，我借来的衣服沾一身油，怎么赔得起？"弄得满桌的人都显尴尬。

有些特殊场合着装有一定俗规，如参加红喜事宴席，忌着纯白色套装；反之，参加白喜事宴席，不宜穿大红大绿，以求得与特定场合的气氛相吻合。

二、出行前的告辞

每个人都会因事而出行，为了弘扬孝慈，在自己出门前有必要将去向和归时禀告长辈；同理，作为长辈的老者，若要走动，要告知家人，以示慈爱。这虽然是小事，可事关重大。现在，社会上有些人出门不声不响，比如老人与小孩走失的，我们在电视里看到的不少，耳闻的也不少。因此，凡事出门，都必须遵循出行前的告辞礼节。

1. 学生出行前的告辞

学生出门上学，临行前必须向自己的长辈说："爷爷、奶奶、爸爸、妈妈：我上学去了。"向他们深深地鞠一躬，接着说："再见！"这样，既彰显了文明礼貌，又表达了对长辈的孝道；既传递了绵绵情意，又显示自己的涵养。特别要注意的是，放学回家了，也应告诉长辈。作完作业后，要去同学家讨论题目的解答，或是去和同学打球搞活动，也得像上学前一样辞行。

2. 晚辈出行前的告辞

晚辈出门办事，走亲访友，临行前必须向长辈禀明有何事外出。若是长时间外出，要恳请长辈保重身体，不要操劳，不要担心，家计生活交由某某打理，如何安享晚年，我会及时呈信禀告一切，何时回家，等等。这样，既彰显了礼仪的同时，也展示了为子之道的不尽孝忱这一优良的传统礼仪，我们应该理直气壮去传承和弘扬。

3. 长辈出行前的告知

长辈外出，为避免自己的晚辈不见其尊容而到处寻找，适时告知晚辈的去向，同样显示了长辈对晚辈的一种慈爱。因为长辈在晚辈的心目中，是他们一片天地的太阳，假若自己的长辈不见了，心里慌得怎样，只有有孝道的人心里才清楚。由此可知，礼仪不是形式，而是满载着情和爱的内心世界的外露。

某村有一位年近九十的老父亲，丧子多年，长期与儿媳和孙子孙女共同生活。她平时轻言慢语，还喜好点轻微的体力劳动。一天中午吃饭时，到处找不到人，这就急坏了他的儿媳妇，请来亲友，分成几组，漫山遍野地寻人。一直寻到下午四点仍是不见踪影，个个垂头丧气而回，那个儿媳妇更是泪流满面，无声地抽泣。回来后，见他端坐在客厅里，大家虚惊一场后，还是欣感万幸。问他哪里去了，他回答说："在三楼上剥玉米。"老人家虽未外出，但未告知家人干什么去了，会引来其家人无穷挂念和担忧。由此说明，长辈告知晚辈的去向，特别需要这种礼仪，足见前人的睿智和慈爱的胸怀。这种礼仪，我们当今的老人，应该崇尚和效仿。

三、行走姿势

前人在行路时，迈着方步，显得稳健大方。提大腿弯膝，跟着提脚跟，在前脚掌离地时，向后稍微爬地以助向前行，脚落地的刹那，以前脚掌先着地，两臂自然前后摆动，显得轻松而轻盈。步履轻盈了就风度翩翩，就显露出了礼仪的修养了。

当然，行走时，还要抬头，两眼平视前方，下巴略内收，挺胸收腹，上体保持正直，而不是东倒西歪，更不能摇头晃脑。走路的样子出来了，让人一看，礼仪素质就会显山露水。

前人说："行走如春碓，家当就粉碎。"这就是指走路有起伏顿挫的人，不仅有失礼仪，而且呈败家的迹象。行走礼仪与兴家虽无直接因果关系，但暗中蕴含千丝万缕的联系。你懂礼仪、讲礼仪，你的人脉就广，你的人际关系就好，可以营造良好的外部环境。一个人的成功，难道能离开外因吗？连走路都没样子，是被人瞧不起的，一旦被人瞧不起，你怎能成功？因此，前人所倡导的礼仪，就是助你成功的催化剂。这不是小题大做，几千年来的实践证明，这是经验之谈，我们应该一代一代发扬下去。

四、问候礼仪

遇到熟人打招呼，这是历代以来的习俗。即使只有一面之交，也不要视而不见，这就是礼仪促使历代人养成这种习俗的功绩。温馨的一句招呼，亲切的一句询问，恳切的一句答复，殷勤的一句祝福，让华夏文明彰显灿烂，亦让外国人倾倒，使他们为中华文明古国所折服。"你好""上午好"等问候语言，是八国联军攻克满清"闭关自守"的堡垒后而带来的"洋货"。古代或近代的问候语言是："某先生，您到哪里去？有何贵干？某族台，您有何公干？某学长，您在哪里高就？"凡此等等，都出自肺腑的深处，没有半点敷衍，让人听后深感一股暖流注入心田，遍体暖烘烘的。这就是礼仪泛起的涟漪，也就是前人乐此不疲的原因。

无论是在出行的途中，还是在街头巷尾，都会和认识的人打打招呼。若是在公共场合，遇到熟人，自然会亲切、诚恳、笑容满面地与之问候和攀谈。说话时，叶词清楚，音量适度，措辞恰到好处，让人觉得文雅。

五、举止礼仪

1. 点头礼

出行在外，见到认识的人，都须点头致意。别轻看了只点一下头，可反映出你的修养，不自傲而亲近人，不失礼而显文明，不冷漠而有阳光。点头后，随双方的交往程度、时间的允许而定后面的问候语言。若认识不深，又急着赶路，一般点头致意就行了。如途中遇到自己至亲好友，不仅要点头和行拱手礼，而且还要问候，不把浓情丢了。就是有急事，在问候后说明原由再离开。在这点上，以前的人是非常注重的。如遇上自己长辈或师长，要行作揖礼。即在鞠躬上还要加两手抱拳于胸前的下巴下，两臂不晃动，随体前屈两臂下垂到上体直立后两臂复原，再两手松开下垂。这种作揖礼，在晚辈到长辈那里去拜访和学生到老师家里去拜访的场合，都得用上，表示对长辈的尊敬，饱含对长辈的孝忱。

2. 拱手礼

拱手礼，是我们的前人常用礼仪，这种礼仪既有问候的意思，又含有幸会的喜悦。其做法是双手抱拳，举至下巴前，拳头上下摇动。与作揖礼的最大区别是：上体不前屈。这种礼仪适用范围广，个别见面可行拱手礼，大型场合亦可施行。特别是在告别时，拱手礼是必须施行的，因为蕴含珍重的深意。拱手礼有两三千年的历史了，以自谦的方式表达对他人的敬意。它不仅是体现中国人文精神的见面礼，而且是最典雅的一种交往礼仪。

3. 招手礼

在日常出行交际中，在相距较远处发现了熟人，常用招手礼来问候对方。招手礼也是在告别亲友时，或在大众面前而行的礼仪。招手时须用右手，其功能与招手的高度和方式的不同而有明显的差别。右手举过脸左右不停摆动，并用目光注视对方，是表示向对方打招呼，含有问候之意。对方知会后，要以同样方式答礼。右手举过头顶，掌心向前，左右不停摆动，是远距离的告别礼仪。对方答礼时，也以同样方式答之。右手举过肩但不过头，掌心向侧面，前后摆动，可作为与亲友一定距离或行进中的礼仪，表示向对方招呼问候。面带笑容，又用目光示意对方，表示再会的意思。

六、行走之礼

在行走过程中，同样也有礼仪。一要注意人际关系的处理，二要注重自己礼仪的到位。地位低的人或晚辈，在地位高的人或长辈面前走过时，一定要弯腰低头，以小步快走轻声的方式经过，表示对尊者的礼敬。这就是前人常行的"趋礼"。

路上行走应该靠右边，不要占据中道。只有这样，既表示对他人的尊重，又可避让行人，还体现了你的涵养。在学校里，如遇到师长来了，无论是认识的，还是不认识的，都应停止前行，侧身一旁，让其先行通过，以示敬意。

总之，在平时的生活中，正月初一的拜年，清明节的扫墓，冬至日的祭祖，亲朋好友之间的人情往来，出去办事，出门购物，出门求学，出门做生意，出门做手艺活，出门上任，女子出嫁，老人丧故送上山等，都在出行之列。典雅的礼仪装点了一个人的文明；典雅的礼仪，营造了和谐温馨的氛围；典雅的礼仪，倡导了社会文明的风尚。

尊重他人，就是尊重自己。一个处处尊重别人的人，自然会得到别人的尊重。这就是良性的互谦互敬。前人传承那些好的礼仪，我们不能视而不见，应该发扬光大。

第二节 入座敬茶礼仪

无论是出访拜会，还是应邀作客，一举一动引人注目，应该在主人和其他宾客的心目中留下大方高雅、彬彬有礼的好印象。

一、坐立举止

在杨家滩，"站要有站相，坐要有坐相"的俗语无人不晓。它是讲站姿与坐姿两种基本礼仪。

1. 站姿

站相，就是要以文雅地表现站立的姿式。从正面看，身体要正直，下颌微收，两眼平视前方，亦可稍显俯视，两肩放平，胸部稍挺，小腹微收，两臂自然下垂，两脚间的距离以不超过一脚宽为宜，整个体形显得庄重、平稳。若主人来迎接，上体稍前倾，见礼后，相互谦让再按主人的手势走入主家。在站立时，切忌无精打采，东倒西歪，耸肩勾背，或懒洋洋地倚靠在墙上或别的物体上，两脚不能叉得太宽。那样，会破坏自己的形象还不算，更会显得自己不懂半点礼仪。

2. 坐姿

坐相，就是要以坐态端庄来彰显礼仪。人的正常坐姿，其后没有依靠时，上体应正直面稍向前倾、头正，两臂贴身自然下垂，两手随意放在自己的两腿上，两脚自然着地，间距与肩同宽。若背后有依靠，只能使自己的背靠上，不能把头向后仰，显得懒散的样子。两脚不能摇晃，更不能翘起"二郎腿"，显放荡不羁之形象。

二、入座礼仪

作为客人，进房行走时，脚步应放轻，以免惊扰他人，待主人请入座时，自己才坐定。同时要注意自己与其他人的尊卑大小以及主客位置。一般来说，作客的自己一定要坐客位。若同桌还有长者，自己应坐客位的次席。自己入座后，若又来了别的客人，要起身站立相迎，哪怕是兄弟姐妹。若是长辈或老师的话，站起身来并以躬身示礼，待长辈或老师落座后。方能就坐。

入座的礼仪，就是讲究秩序的井然。坐次有主次尊卑之分，尊者上坐，卑者下坐，何种身份坐何位置不能擅越。

室内之座位，以进门之对面为尊，贵客应坐其上。两侧次之，年长者依次坐其上，晚辈坐两侧的小边的末位，主人坐进门那方的位置。这就是礼制的规矩。如果盲目坐错席位，不仅主人不快，弄得其他客人如鲠在喉，更使自己事后追悔莫及。

据传，在春秋战国时期，一国的使者出使他国，他国在宴请使者时，请使者坐面对门外的位置，以便使者能察观厅外或帐篷外的动静，以示该国的坦诚和君子风度。这种待客之道，后来流传民间。经过沿袭和演变，慢慢地形成了礼制规矩。它在湘中地区，历代沿袭奉行。

三、奉茶之道

我国历来就有"客来敬茶"的民俗礼仪。古代的齐世祖、陆纳等人曾提倡以茶代酒。唐有陆羽嗜茶出名，诏拜太子文学而不就，闭门著经三篇。唐代刘贞亮赞美"茶有十德"，认为饮茶可清心寡欲、健身外，还能"以茶表敬意"，"以茶可雅心"，"以茶可行道"，"以茶可论诗"。由此，众多文人雅士不仅酷爱饮茶，而且还在自己的佳作中有所体现，比如"茶话略无尘土杂，荷香幸有水风兼。"

客人到家就立即奉茶，这是最基本的奉茶之道。泡茶时应注意，茶水不要倒得太满，以八分为宜，这就是人们常说的"刊（为当地方言，不满的意思）茶满酒"。水温不能太烫，以免在递茶和接茶时烫伤客人。若有多位客人同时来访，端出的茶色应一致，并要配置茶盘端出。一般是奉茶者左手虎口握着茶盘边，其余四指托起茶盘底部，右手握着茶盘的另一侧边缘，躬身将茶盘端到客人面前或面侧，并称呼："某先生，请用茶""某大人、请用茶"等，待客人端茶后再行端开茶盘。有的是将茶泡好端到茶盘内，再将茶盘端出放在座房的桌子上，主人将茶一杯一杯地端到各位客人的面前。还有一种递茶方式是：一人用茶盘将茶端出站在主人的位置旁，另一人用双手捧茶奉上，递至客人面前，待客人接稳茶杯后再松手。客人接茶时，一般要站起身来，颔首接茶后再行坐下。

若是结婚喜庆之事，在接待女方送亲客时，递上第一杯清茶后，还要泡上一杯糖茶，递茶的方式要以一人端茶盘，另一人递茶为敬。

四、敬烟之礼

前人的敬烟，不是我们今天的敬烟，因为当时没有包装的香烟。那时所用的吸烟工具是水烟筒和旱烟杆。烟是土产的烟，烟丝是自己用刀切的。

客人来了，主人将擦得发亮的铜制的水烟筒装起烟丝，左手端起烟筒，将烟嘴对着客人递给客人，并用敬词恳请抽烟，右手持已点燃的用大纸卷成的圆杆状的纸眉子（当地方言，即火引子）递给对方，这就算敬烟了。就这样，一人一人地敬。

若客人比较熟，家里又没有水烟筒，就用旱烟杆来敬烟了。同样将烟斗装满烟丝后递给客人。若冬天在火炉旁烤火，用铁夹夹一火星就点燃抽起来。旱烟杆长短不一，有几寸长的，中等的有一尺多长，最长的有两三尺长。这种长烟杆，还可作拐杖、打狗棒用。有的旱烟杆的装饰蛮讲究，铜烟嘴，口吸的一端，有的用玉石制成。不过，一般的是用小竹兜制成。还有一种简单的敬烟方式，就用一小纸片将烟丝裹起来卷成一个喇叭筒，递给客人，待客人用自己的口水舔湿卷烟纸边含在口边时，再递上火点上，就算是敬烟了。也有较为直率的，就是抓点烟丝放在小纸片上递给客人，让客人自己卷后再抽。当然，这样的方式是在很随和的同辈中或非常要好的朋友间为之。不然，会引起客人认为你轻慢他。

五、寒暄礼仪

寒暄，既是一种礼仪，也是一种学问。特别是第一次见面的人之间，恰到好处的寒暄，让人感到温暖而亲近，让人感到文雅而敬佩。诸如"贵姓？台甫怎么称呼？贵里何处？几昆玉？岁稔如何？生意兴隆？"之类的询问语言，饱含敬重之意，又兼熟悉对方基本情况的提问。答者也须客气老到，情意满满地作答："免贵姓某。"之类，就是告诉提问者，你的具体真实的情况，并且要以乐意的语气和甜润的声音表达。若没有发自内心的恭敬，这个回答成为虚套，就不符合礼仪的标准。

寒暄的话题多，但要注意是大家熟悉的、关心的、通常的内容，切忌生僻和故弄玄虚，因为礼仪的原则是自卑尊人。放低自己的姿态，谦恭待人，尊重了他人，就能赢得他人的尊重。这是我们的前人所创造的宝贵财富，我们应该择善而从，让好的又经得历史考验的礼仪，像四季花香，永远沁人心脾。

第三节 就餐礼仪与告辞礼仪

宴席礼仪在我国古代和近代是极为讲究的，先秦人"以京燕之礼亲四方宾客"而著称，后来的人聚餐会饮便是一幕幕话剧。设宴招待远来的贵客或到任的官员曰"接风"或"洗尘"，送客或送亲友赴任的宴席是"饯行"，男女结婚的喜宴属吉礼，老人满十的寿宴是庆礼，友人聚首为小酌，生子庆宴称"打三朝"。凡此种种，作为客人也好，作为主人也好，就餐的礼仪是非讲不可的。不然，就会被人视为粗俗，甚至被别人认为没有教养。在杨家滩乃至周边的其他地方，无论你属邵阳，还是老区域的湘乡，在就餐和告辞等方面，都有大家所遵循的礼仪。

一、饮酒礼仪

宴饮之礼离不开酒，这就是所谓的"无酒不成宴席"和"无酒不成礼仪"了。唐代诗人王维的一首送别佳作云："渭城朝雨浥轻尘，客舍青青柳色新。劝君更尽一杯酒，西出阳关无故人。"这首诗蕴含了诗人强烈、深挚的惜别之情，在这杯酒里是千头万绪，忧伤、惆怅、鼓励、劝慰，不知从何说起，还是干了这杯酒，以酒代言，一切尽在不言中。

"此辞一出，一时传颂不足，至为三叠歌之。后有咏别者，千言万语，殆不出其意料，必如是方可谓之达耳。"这是李东阳在《麓堂诗话》中的评价。由此说明了这首诗的地位和广为传颂的状况与当时社会应酬的影响。正因为如此，酒文化也在民间泛起浪花。虽少李白"斗酒百篇"的豪放和王勃滕王阁序典雅的场景，但以酒扬起礼仪和礼仪胜酒香的传统形成。

湘中地区，宴席上饮酒是有许多礼节的。客人需在主人举杯邀饮之后，方能把盏饮用，讲究的是"与人同饮，莫先起觞"，这就是遵循"客听主排"之礼。端杯饮酒时，杯到嘴边轻吸，酒喝到口中慢咽，一副斯文的样子。切不可饮酒时发出声音，切忌因喝的太快而呛得口水四溢。

客人如果要表达对主人盛情款待的谢意，也可以在宴饮中或快要上鱼这个菜时敬酒。因为这里的酒宴崇尚"鱼到酒止"，就是欢乐饮酒，"有酒莫陪客醉"。客人回敬酒时，应起身执壶，先洒同桌中最为敬重的人的酒，把自己的酒杯洒到最后。放下酒壶，举杯向其他客人和主人敬酒，在敬酒时，若能配上几句言辞恳切的感谢与祝酒话，则锦上添花，众人一定会开怀畅饮，一定会收到事半功倍的效果。

二、饮食礼仪

宴请宾客，除了酒以外，当然少不了菜肴。从前的杨家滩一带，最流行的宴席是水火席了，当然还有诸如海鲜席和金盆席等，这样的席面比水火席豪华，不是一般人家能承办得起的，只有家境殷实而且豪爽的人才置办这种席面，由此可知当时社会的生活水平，"吃不饱、穿不暖"是当时社会的真实写照。因而，那时人们虽然饥饿，但是待客、作客饮食方面总是礼仪谦恭，发自内心的以礼待人。

在进餐过程中，同样是主人先执筷劝食，客人才动筷夹菜。一般秉承"与人共食，慎莫先尝"的礼节，让尊者先夹。夹菜时，必须只夹自己胸前的，切忌乱翻或夹到别人的面前去。古代还有一些进食规矩，如"当食不叹、共食不绝、共饭不泽手，毋投骨于狗"等礼节。主客相互尊重，客与客之间相互融洽、营造和谐进食，礼貌进食和文明进食的氛围。

进餐讲究文雅，吃东西不发出声音，要闭嘴咀嚼，用羹匙舀汤喝，不要用嘴去啜，也不要喝出声音来。如汤菜太热，勿用嘴吹，要等稍凉后再喝或吃。夹菜时，左手持羹，食指搭在羹槽上，右手持筷，夹到菜时，左手持羹端菜，两手配合送到嘴边而吃。停筷时，左手先放下调羹，右手将筷子夹菜的一端搭在调羹上。若嘴上有油、汤时，自掏小手帕擦之。

在长期的生活中，我们的前人对筷子的使用有许多禁忌，出去作客时必须注意。一忌敲筷、二忌叉筷，三忌筷子打架，四祭插筷，五忌淋筷（即夹到菜后滴滴答答地一路洒落），六忌舞筷（即吃完菜后把筷子当道具挥舞）。

三、下席礼仪

在宴席上就餐完毕，不能一拍屁股就走，而应坐在原座上等待。这样做，一是尊重主人家，等待下席炮竹燃放后再行离席；二是尊重同桌人，礼貌地等待他人吃完；三是等待主人家的热茶招待；四是显示自己的礼仪素质。湘中地区，特别是杨家滩一带，要等坐上席的客人离席走到前面后才起身，同时，又要让同桌的长者或者尊者离席后才迈步。

在下席离别时，对同桌人要行拱手礼，并发出"慢走、后会有期"的告别语言和"有空来我家玩"等邀请语言。

四、告辞礼仪

出行在外，若前面的件件事情，处处场合都注重了、讲究了必要的礼仪，那在最后一环——告辞，也应该让礼仪讲究得恰到好处。

1. 客人辞行

告辞的人，一般会言辞恳切地说："某府君，承蒙款待，领之在心，我今告辞。"并随之行拱手礼。若还有其他客人，在拱手礼的基础上说："少陪各位，后会有期。"若是向长辈或尊者辞行，起身后则身体微躬，双手抱拳举到胸前，饱含敬意地说："某大人，承蒙厚爱，铭刻于心，打扰已久，我今告辞，下次再来拜望。"并随即施行作揖礼，待施礼后，才开步离去。

2. 主客互敬

一般在客辞行开步回家时，主人会送行到槽门（大门）外，主人边施拱手礼边说："某兄台，请慢走。"作为客人，要在拱手礼的基础上说："贤弟，请留步。"若主人还站在原地目送，客人行至拐弯处，应停步挥手致意后，再迈步往回走。若是送至亲、长辈、尊者，必须送出槽门外的一段距离后，主人先拱手再说："某大人，请慢走。"然后行作揖礼，作为长者的客人，身体微躬点头，表示答礼后再向前行。送长者的主人，一定要站在原地目送至看不见为止，并施拱手礼后再回转，以尽殷殷敬意。

《礼记·中庸》上曰："诚者自成也，而道自道也。诚者物之终始，不诚无物，是故君子诚之位贵。诚者非自成而已也，所以成物也。成己，仁也。成物，知也。性之德也，合外内之道也，故时措之宜也。"这就是说，真诚者依靠自我修养去完成，有道行则得以自己践行去实现。一个人的修为，并非是对自我修养就够了，还要成就事物，使之完善。人性具备至诚的美德，只有合乎天地上下内外之道，才会适宜于任何时候、任何事情。讲礼仪，不是在口头上讲，而是真诚的去践行。

我们的先人之所以文质彬彬，是因为他们至诚地去掌握礼仪，真诚地去习礼，虔诚地去守礼，竭诚地去重礼。正因为中华有懂礼、习礼、守礼和重礼的历史渊源与形成了一定的习俗，所以被称之为"礼仪之邦"。今天的我们，应该谨慎去对待，优秀的要继承和弘扬。千万别盛气凌人地霸道，千万别唯利是图地贪婪，千万别舍本逐末地狡诈，千万别轻佻傲慢地狂妄，千万别让"礼仪之邦"成为历史。

第七章 节日礼仪

节日是被赋予了社会文化意义的特定日子。节日礼仪是指在这些特殊日子里人们相沿成习的、模式化的、传承性的带仪式性、社交性的民俗事象。

节日大多与原始信仰、天象、物候、历法、祭祀及节气有关。在农业文明主导下，战国时期人们对一年划分的二十四个节气为节日的产生提供了前提条件。大部分节日在先秦时期就已现雏形。最早的节日礼仪是和原始崇拜、迷信、禁忌分不开的，神话故事、历史人物、宗族宗教为节日增添了历史感。

杨家滩地处湖南腹地，是湘中的千年古镇，可以这样认为，杨家滩的传统礼仪是中华传统礼仪的一个缩影。其文化内涵十分丰富，礼仪风俗尤为厚重，是具有悠久历史的湖湘文化的重要组成部分。

第一节 春季传统节日礼仪

春季传统节日有春节、元宵、二月二、花朝、三月三、寒食、清明等。在湘中广大地区，这些传统节日的礼仪风俗各有特色。

一、春节

春节是中国民间一年中最隆重的传统节日，时间在农历（夏历、阴历）正月初一，杨家滩人俗称"过新年"。其实，春节在时间上有较大的弹性，"正月里来是新年"即从初一清早到月末都谓新年，最早也要到正月十六日才算出节，有些村庄甚至要在正月十八才算过完年。杨家滩俗语"过年过到十七八，掏干净坛子掏干塔（方言，一种无边沿槽的陶质器皿）"便是真实写照。

民间在这段时间内每天都有不同的民俗活动。初一"举家长幼男女皆夙兴盛服，择吉时开门，烧纸钱，叩拜天地祈祥。次谒祠堂或祖先堂，具香烛、茶果、酒馔列拜焉。然后拜于尊长，其下各以长幼为序而拜"。

《荆楚岁时记》载"正月初一，鸡鸣而起，燃放爆竹"。所谓"爆竹一声除旧，桃符万户更新"。杨家滩历沿此习，元日子时交年时刻，家家户户秉烛焚香燃放"出房炮"，意在求财，祈新年大吉，爆竹响得越久越脆，象征新年越旺。

新年头次开门赋有丰富的意蕴，有的在大门合逢处夹红纸"财"字，有的在当眼处贴"开门大吉"，还有的在门边堆些柴（谐音财）。开门时在鞭炮声中高呼"开门见喜""开门见财""开门大吉"。意在求财，祈新年大吉。

新年的第一顿饭很有讲究。"出房炮"响完，便给长辈拜年，接着以长幼为序而拜。在一片"拜年""新年好""新年旺"的吉祥声里，主母摆上花生瓜子、时鲜果品、各式糖糕，供大家分享，接着开新年第一餐。这头月初一第一餐，民间有的不吃米饭要吃面条，说"初一见米饭，当年稻谷会长虫"，有的地方要吃除夕剩下的"年根饭"，俗信"饭根""饭娘"可祈福。杨家滩头月头日是不吃剩饭剩菜的，必须是喷香的米饭，菜一般是十碗（寓意十全十美），也有十二碗甚至十六碗的，都是新鲜货。菜中必有"长长胜意"的南粉，"有头有尾"的全鱼，经神灵赋予了招财进宝圣义的"拿钱爪"（猪前脚），但不得吃鸡（"鸡"谐"急"）。尊长辈上座，依次入席后，家长宣布开席，晚辈请长辈先尝，长辈夹了第一筷，晚辈才许动筷，每碗菜都如此。给长辈敬过酒后，长辈会把"拿钱爪"赐给在外赚钱或生产的"主劳"，并祝福他新年赚回更多的钱获得更多收成，鼓励晚辈奋发努力，更上一层楼。此乃形成已久的饮食民俗和礼仪风尚。

春节期间最主要的社交活动是拜年。初一早餐毕，老老少少携楮烛、纸钱、香茶、净酒、斋贡果品上祖先坟山，鸣炮，叩拜祖坟；去左邻右舍给长辈拜年；小孩子结伴成群沿门串户，拜年"讨糖"。

拜年是伦理之礼，得分个亲疏远近。杨家滩的规矩是"初一崽初二郎（女婿），初三初四拜寄娘"，即按父母、爷爷奶奶、外公外婆、岳父岳母、舅父舅母、姑姨表亲……顺序依次拜年。由于婚姻关系而形成的社会关系，开始是凭血缘关系来维系的，但血缘逐渐变远，需通过礼仪来调节。譬如姑舅表亲之间，是外甥先给舅父母拜年，然后内侄给姑父母拜年，这种伦理关系称为"娘亲舅大"，所以杨家滩人说"外甥拜年初二、三，过了初五门就关"。因为正月初五也叫"破五"，到了这天，春节的黄金期已过，各家各户可以扫垃圾（因为前三日禁扫除）倒脏物了，到这天再拜年就有点嫌晚了。

拜年之风在汉朝就有了，到宋代风气更盛。拜年的形式多种多样。杨家滩向循古礼，上门拜年。进屋时喊"拜年""恭喜发财"。清末民初，对长辈要下跪磕头，并奉上礼物。平辈亲友之间，也需拱手作揖，民国后期亲友间拜年兴握手，对长辈须要鞠躬作揖。小孩给老人拜年还是下跪磕头，以为最尊敬。拜年时长辈要给晚辈"压岁钱"，代表长辈对晚辈的美好祝愿。明清两代，压岁钱大多用红绳串着赐给孩子，民国后，演变为用红纸包一百文铜纸，富意"长命百岁"。亲戚间在新春佳节互相看望、慰问、祝福，以沟通情感，增进亲情。朋友同事间互相拜个年，一则祝贺新年，二则互慰健康，增进友谊。即使去岁有多大矛盾，新年一拜，心情愉悦，往日嫌隙，立即消弭。所以拜年虽是个礼仪形式，却有丰富的道德内涵，轻视不得。特别是小伙子结婚后第一个春节去岳父岳母家拜年，尤为隆重，时间务必是正月初二，这叫"回新门"，女婿被称为"新贵人"，务必携妻同往；礼物务必给岳父及其亲房人家户户备办；务必放鞭炮，以示喜庆。岳父亲房会回请吃饭，或一户一餐（中餐为宜），或请吃一天。新郎在岳父家往往打住十天半月，大户人家甚至打住到"荞麦现行"才回。

有些一技之长的贫苦人在春节期间，以送财神、赞土地、唱春牛，打三边鼓等形式赚点钱，补贴糊口。即使如此，也总以赞颂祝福的口吻，赢得主家的欢喜。譬如唱春牛："打发春牛一碗，买个大田丞；打发春牛一升，买了上冲买下冲；打发春牛一斗，买到湘潭汉口。"意思是你给得多，发财就多，买的田地也就多。

二、元宵

农历正月十五日为元宵节，又称上元节、灯节，既是庆贺新春的延续，也是春节的终结。正月是农历的元月，古称"夜"为"宵"，故把一年中第一个月圆之夜称为元宵。元宵节列为重大节日是在司马迁创建《太初历》时，隋、唐、宋以来更是盛极一时，元宵在早期只称"正月十五""正月半"或"月望"，随后称"元夕""元夜"，唐初称"上元"，唐末才称"元宵"，宋后称为"灯夕"，到了清朝称为"灯节"。国民政府推行公历，想改在公历1月15日过元宵，1912年1月15日依元宵习俗组织活动，声势不小，但老天不按新历法运转，元宵无月亮，毕竟那是阴历十一月二十七日。公历不合时宜，民间仍按农历举行活动，至今依然。

元宵节的活动内容主要是观花灯、舞龙狮和吃元宵。

元宵节日，人们把灯视为节俗的中心，正如褚遂良言："踏遍九衢灯火夜，归来月挂海棠前。"元宵观灯，唐代已风行，宋时更盛，历代沿习不息，故称灯节。杨家滩也一样，那一天家家灯火辉煌，厅屋里挂上灯笼，每间房里都有灯。生活简朴人家也要用线香蘸油点燃插在走廊和房前屋后当灯。俗称"三十夜的火，元宵夜的灯"，屋檐、树上、广场、河边到处都是灯。灯的造型多种多样，龙、虎、狮、龟等形象灯，二十四孝、牛朗织女等故事灯，形形色色，汇成灯的海洋。时有花鼓、傩戏、鼓乐喧阗、歌舞达旦，真可谓"闹元宵"。

舞龙耍狮是"闹元宵"的主角。街坊、乡村、宗庙、家族几乎都扎龙狮，民间认为龙可保平安，狮可降吉祥。传说，唐代某年大旱，龙王错行云雨，淹死长安不少百姓。玉帝降旨斩龙王。龙王被斩，阴魂不散，扰闹皇宫，吓坏了李世民。太宗问计于群臣，众臣认为应超度龙王，于是民间乃有元宵节耍龙灯之习。包括杨家滩在内的广大湘中地区，舞龙舞狮是其特色鲜明的游艺民俗，而舞龙更被人们喜欢。杨家滩龙灯是用竹木、彩纸和布扎成的，长达数丈，一般是七、九或十三节，成单节，节内置灯烛。领舞者手擎龙头，十余人随后举起维系龙身的木棍在锣鼓声中起舞。舞狮也是人们很喜欢的游艺活动。杨家滩舞狮秉承魏武帝钦定的北魏瑞狮的风格，一般是双人舞：一人站立舞狮头，一人弯腰舞狮身和狮尾，舞狮人全身披狮被，下身穿绿狮裤和金爪蹄靴，双人合一其外形酷似真狮。狮子在"狮郎"的引导下，先进堂屋朝拜，然后表演翻、腾、扑、跳、跃、登高、朝拜等动作，甚至有窜桌子、踩滚球、走梅花桩等高难度的武打功夫。没有练功夫的便表演点南派"文狮"动作，搔痒、抖毛、舔毛……也惟妙惟肖，逗人喜爱。狮乃瑞兽，象征吉祥如意，寄托消灾除害、求吉纳福意愿。

龙狮所到之处，鼓乐齐鸣，鞭炮接送。有贺寿、贺官、贺新居、贺新婚者，头人打着"抛皮"（灯笼）联络，主家必鸣炮相迎，龙狮舞毕，主家会送上红烛、烘糕等礼品，并打发"包封"挂红。

在湘中一带，元宵除观灯、耍龙、舞狮、打花鼓、唱傩戏等娱乐节目外，还有"送灾""祈丰"习俗。节期所用纸扎的龙、狮、虎、龟……各式灯饰，庆游事毕即付诸火，名曰"送灾"。十五夜，龙狮收灯前须围绕所辖街坊、村庄转一圈，然后龙向河边，狮走山畔，点上香烛，焚烧纸钱，燃放爆竹恭送"蛟龙归大海，雄狮进山林"，祈保清吉太平。乡间要在房间的各个角落及猪、牛、羊圈、鸡笼、厕所、房前屋后点上36柱蘸油的线香以驱瘟疫。还要在田间地头燃烧稻草以灭虫鼠，孩童们跟在大人后高呼"烧死虫蟆蚂蚁"，以此"祈丰"。

元宵节吃"元宵"是一种由来已久的饮食民俗。早在宋代，民间即流行一种元宵节吃的新奇食品，叫"浮元子"，后称"元宵"，也就是"汤圆"。在改革开放以前，杨家滩人元宵节吃元宵丸子的人不多，大多数人在那一天晚餐吃南粉汤，即用红薯粉丝加瘦肉片、油渣豆腐丝做成的汤菜，因粉丝柔软，光滑，寓意新的一年谋职顺畅。改革开放以后杨家滩人也开始吃"汤圆"，以汤丸白糖、花生米、豆沙等为馅，用糯米粉包成圆形，食用时煮、煎、蒸、炸皆可。有的人家做"汤圆"，不是包的而是在糯米粉中"滚"成的，寄意团团圆圆、幸福美满之意。这一天，全家团聚共饮，主食"元宵"。大户人家要把雇工（无论长工、月工）请来家里吃酒饭，以确定这一年的雇佣关系，吃过酒饭后双方不得有变故，所谓吃了"元宵酒，工夫粘了手"。没有被雇的劳动者，还得另寻雇主，俗话说"吃了元宵酒，各自寻生路（找事做）"。

春节至此才算结束。

三、清明节

清明既是节日又是节气，即是传统节日，又是法定节日，它又称踏青节，是重要祭祀节日之一，是祭祖和扫墓的日子。清明节大约始于周代，距今已有2500多年历史。清明，最早只是一个节气，其变成纪念先祖的节日与寒食节有关。据传，春秋时晋国太子重耳流亡，途中又累又饿，生命垂危时，随臣介子推在自己大腿上割肉为重耳煮汤，重耳感激涕零。19年后，重耳回国即位，成了春秋五霸之一的晋文公。后因晋文公昏庸无道，介子推力劝无用以致失望而隐居绵山。重耳醒悟后欲重用介子推但找不到他，于是火烧绵山以寻找，却发现坚辞不仕的介子推背着老母死在一棵烧焦的柳树下，并留言"割肉奉君尽丹心，但愿主公常清明"。为纪念介子推，晋文公晓谕百姓禁火寒食，将当天定为寒食节，并在山上立墓建祠以祀。次年晋文公徒步登山祭奠，发现枯柳复活，便赐名"清明柳"，并定寒食节后一天为清明节，晓谕天下百姓家家挂柳扫墓，上山踏青。历史沿袭成为中华民族的传统风俗。后因寒食节与清明节相隔很近、习俗相同，二者逐渐合并，唐后寒食渐微。到了宋朝，寒食由初始的一个月已缩至三天，但扫墓祭祖后踏青郊游已蔚然成风，《清明上河图》可见一斑。明朝清明扫墓祭祖已列入"三大祭"之首。清代清明节要行"敷土礼"，雍正皇帝曾著黄布护履（不会惊扰地下祖先，以示敬意），亲挑一担土至方城中央，"膝行至宝顶、跪、上土毕，蒲匐退"，民间扫墓培土亦沿此成习。

　　杨家滩地区扫墓主要是挂青。清明节或其前三天和后四天，人们带上香烛纸钱纸幡上坟山，清扫墓地周围杂草、培土后，在坟前摆上香茶、净酒、斋粑、果品、香烛、纸钱、鸣炮叩拜。然后把留有枝丫的小树插在坟头，把各种颜色的纸幡挂在树枝上，这叫"挂青"也说"挂清""挂亲"。讲究些的"青"还折有仙鹤、菩萨、彩球等，甚是好看。到清末民初，挂青习俗盛行。"有儿坟上挂钱纸，无儿坟上阿狗屎"，一座坟头清明是否有人挂青，成了一个家庭是否后继有人、兴旺发达、父慈子孝的标志。一个坟头上"挂青"越多，说明墓主后代人丁越旺。过完元宵，杨市老街铺坊就忙碌起来：打钱纸、备香烛、扎鹤折青为清明节挂青做准备，横街草鞋弄子成了一条纸马专业街，为先人扫墓祭墓习俗很浓。正如同治年间编的《湘乡县志》记载："是日整衣冠、备祭品、合族诣祖坟祭扫、布纸钱。无分垄之久远，无间家之贫富，无拘期之先后，必尽祭而后已，亦追远报本之一端也。"

第二节 夏季传统节日礼仪

　　夏季里的传统节日主要是立夏、端午节和尝新节。每个节日都很重要，文化内涵深刻。

一、立夏节

　　"立夏"的"夏"是"大"的意思，是指春天播种的植物已经直立长大了。古代，人们非常重视立夏的礼俗。在立夏的这一天，古代帝王要率文武百官到京城南郊去迎夏，举行迎夏仪式。君臣一律穿朱色礼服，配朱色玉佩，连马匹、车旗都要朱红色的，以表达对丰收的祈求和美好的愿望。宫廷里"立夏日启冰，赐文武大臣"。冰是上年冬天贮藏的，由皇帝赐给百官。

　　立夏日还有忌坐门槛之说。俗传立夏坐门坎，则一年精神不振。立夏之日的"称人"习俗流行。立夏。以秤秤人体轻重，免除疾病，所谓不怯夏也。古诗云："立夏秤人轻重数，秤悬梁上笑喧闺。"立夏日吃糯米粉拌鼠曲草做成的汤丸，名"立夏羹"，杨家滩民谚云"吃了立夏羹，麻石踩成坑""立夏吃个团（音为"坨"），一脚跨过河"，意喻力大无比，身轻如燕。立夏日，人们有烹食嫩蚕豆的习俗。旧时，乡间用赤豆、黄豆、黑豆、青豆、绿豆等五色豆拌合白粳米煮成"五色饭"，后演变改为倭豆肉煮糯米饭，菜有苋菜黄鱼羹，称吃"立夏饭"。用红茶或胡桃壳煮蛋，称"立夏蛋"，相互馈送。用彩线编织蛋套，挂在孩子胸前，或挂在帐子上。小孩以拄立夏蛋作戏，以蛋壳坚而不碎为赢，谚称："立夏胸挂蛋，孩子不疰夏。"疰夏是夏日常见的腹涨厌食，乏力消瘦，小孩尤易疰夏。尚有以五色丝线为孩子系手绳，称"立夏绳"。

在杨家滩及周边地区还有让牛休假的习俗，是时本是最需牛拉犁，但农夫考虑到牛很辛苦，让它休息一天，给它加喂甜酒、鸡蛋之类的精饲料，说是给牛"过生日"如个别人家立夏日用牛背犁当受到舆论谴责。

立夏过后，便是炎热的夏天，人们在立夏吃一些食物，往往寄托着祈福保平安的愿望。立夏之后，天气逐渐转热，饮食宜清淡，应以易消化、富含维生素的食物为主，大鱼大肉和油腻辛辣的食物要少吃。立夏以后饮食原则是"春夏养阳"，养阳重在养心，养心可多喝牛奶、多吃豆制品、鸡肉、瘦肉等，既能补充营养，又起到强心的作用。平时多吃蔬菜、水果及粗粮，可增加纤维素、维生素 B、C 的供给，能起到预防动脉硬化的作用。

二、端午节

农历五月五日是传统节日——端午节。

因夏历（农历）正月建寅，按地支顺序则五月为午月，古人把五日称作午日，故五月五日叫端午，端五、重午、重五。而五为阳数，故又称"端阳节"，杨家滩俗称"过端午"。

端午节吃粽子是湖南乃至中国的传统习俗。粽子又叫"角黍""筒粽"，花样繁多。据记载：早在春秋时期人们就用菰叶包黍米成牛角状，称"角黍"；用竹筒装米密封烤熟称"筒粽"；东汉末年以草木灰水浸泡黍米包成四角形煮熟成碱水粽。晋代粽子被正式定为端午节食品，原料是糯米添加益智仁。明宋吃粽已很时尚。元代开始用箬叶包粽子。南北朝时期，粽子品种增多，米中掺杂肉食、板栗、红枣、赤豆等，粽子始作礼品交往。唐代粽子形状多变，《荆楚岁时记》载："唐时有丸子粽、百索粽、角粽、锥粽、筒粽……"宋代果品已入粽，有苏轼"时于粽里见杨梅"为证。明、清入粽原料不断丰富，杨家滩人食用的普遍是箬叶（俗称粽叶）包的糯米、红枣、赤豆或肉食的角粽。"俗以箬叶裹之……煮之，合烂熟，于五月五日至夏至啖之"。端午日家家户户吃粽子、包子、大蒜、苋菜、盐蛋、皮蛋过节，并将粽子作为礼品送与亲人和邻居。是日，女儿必带丈夫回娘家拜节，礼品中少不得粽子和蒲扇。倘若女儿尚未"过门"（行婚礼），准女婿去拜节时更须置备丰厚礼品，其中粽子绝不可少，并要让女方左邻右舍都吃到，还要给女友全家大小每人送一把蒲扇，以避暑气。

古俗认为五月是恶月、毒月，须采百草解厄。俗信艾叶、菖蒲钉于门上可禳除毒气，所以这一天各家门上插艾蒿、菖蒲以避瘟、驱邪、消灾，谚云："手执艾旗招百福，门悬蒲剑斩千邪。"端午节饮雄黄朱砂酒也是为祛病驱邪。这一天，人们还会择时（一般择午时三刻）上山采集中草药——野菠菜、九里根、淡竹叶、艾蒿、菖蒲、薄荷、车前草等，共煎水洗澡，痱子不生，疮疱尽除。

在杨家滩一带有端午节女婿给岳父母家送扇子的风俗。旧时送蒲扇，女婿按岳父家人数准备扇子，每人一把。上世纪80年代起，时兴送电风扇，数量视岳父家需要和自身经济能力而定。进入21世纪，有人送空调了。

端午节的重头戏是赛龙舟。龙舟竞渡，历史悠久。其起源可能始于原始社会末期，当是古时祭水神或龙神的一种祭礼活动，已流传两千多年。据考证：古代百越的吴越一带，春秋前就有在农历五月初五以竞渡形式举行部落图腾祭祀的乡俗。屈原的《楚辞·涉江》中有"乘舲船余上沅兮，齐吴榜以击汰。……朝发枉渚兮，夕宿辰阳"。屈原所乘的这种狭长而轻小的舲船就是当时竞渡所用的船。早在新石器时代，长江中下游广大地区，特别是古代百越地区的百越族先民崇拜龙的图腾，他们断发纹身，自比龙的子孙。他们将部落图腾绘制在独木舟上划着去探亲访友，有时遇到一起会趁兴比赛谁划得快。随着龙神观念逐渐成为炎黄子孙共同意识后，图腾舟就演变成了各式各样的龙舟。到了春秋战国时期，楚国人因舍不得贤臣屈原投汨罗江而划船追赶拯救，追到洞庭湖不见其踪迹。之后每年五月五日划龙船驱散江中鱼食屈子肉身，抛粽子以祭奠。自此，习以为传，竞渡成俗，逐渐形成为赛龙舟的传统风俗，吴、越、楚三国尤盛。杨家滩历沿此习竞渡，俗称"扒龙船"。涟河、孙水两岸的杨市镇、水洞底、娄底、高溪、新边港一带都有竞渡之习。

端午前，龙舟竞渡气氛就提前到来，河边战鼓催人，乡民欢聚演练。杨家滩划龙舟竞渡前要在藏龙阁举行传统的"龙头祭"。在龙庙摆上三牲、斋果、香茶、净酒、点燃蜡烛钱香、焚烧纸钱，给龙头披红后，主祭者唱读奏疏（祭文），为龙头开光（点睛），依序三献礼致祭四海龙王，祈求风调雨顺，驱邪消灾，同时保佑划船平安。然后全体参祭人等三鞠躬，龙头由船员抬往河边，取出龙舟安上龙头龙尾，推入孙水河进行演练，准备参赛。每条龙舟24个划船手，一对一平坐船沿两旁，一人打鼓指挥，一人敲锣助威，锣鼓居船中央，专人掌舵。27人统一服饰，整装待发。竞赛时一声号令，在锣鼓声的协调下水手们统一动作、前躬后箭、齐心协力划桨，船如蛟龙出海，扬起浪花向终点冲刺。成千上万的民众在两岸围观、喝彩，为水手们加油、鼓劲，气氛热烈。

第三节 秋季传统节日礼仪

秋季是收获的季节，人们尽情享受丰收的喜悦。与此相联系，人们的感恩、思亲、敬祖的情怀通过一系列的礼仪活动表现出来。杨家滩秋季传统节日主要有七夕节、中元节、中秋节和重阳节。

一、七夕节

农历七月初七为七夕节。因其节俗主要在晚上而名。又因节俗主题为女子乞巧，所以也称乞巧节、女儿节、少女节、又名双七、香日、兰夜、七姐诞等。

七夕节缘于牛郎织女传说。七夕当天，杨家滩的大人们总要向孩子们讲述七月初七鹊桥相会的故事。聪敏、忠厚的放牛郎父母早亡、兄嫂虐待，与病弱的老牛相依为命。老牛感于小伙的细心照料，忽开口指点他约会下凡浴温泉的七姐。二人互生情意，结为夫妻。婚后男耕女织、相亲相爱、十分美满，还育有一儿一女。而七姐即织女，是王母娘娘的外孙女，岂容擅下凡间私定终身触犯天条。在天兵押织女回天庭路上，牛郎紧追不舍。眼看就要追上了，王母娘娘急拔头簪凭空一划，划出一道无边无际的天河，把牛郎织女生生拆开。后来两人情比金坚感动了王母，于是法外开恩，降旨让二人每年的七月七日在鹊桥上相会一次。

天上人间，一仙一凡，演绎着一个不老的爱情故事，连人间的鸟鹊也被感召去为他们搭桥渡情。是夜，姑娘们会访闺密，瓜棚下诉"悄悄话"，祭拜织女神，乞求爱情婚姻的姻缘巧配，有情男女会在这个晚上夜静人深时对着星空祈祷自己姻缘美满。"坐看牵牛织女星"已成民间习俗。七夕，因牛郎织女鹊桥相会的传说而被赋予"中国情人节"的含义。

七夕的民间主要活动是"乞巧"，即向织女乞求一双巧手。南朝始，一直有乞巧习俗。乞巧方式，各地有异。最普遍的方式是"对月穿针"。这是最早的乞巧方式，始于汉，流于后世。《荆楚岁时记》载："七月七日，人家妇女结彩缕，穿七孔针。"又"陈以瓜果酒炙，以祀牛女星，以九孔针五色线向月穿之，过者为得巧之侯"。另一种乞巧方式是"喜蛛应巧",大致起于南北朝时。《荆楚岁时记》说:"是夕,陈瓜果于庭中以乞巧,有喜子(蜘蛛)网于瓜上则以为符应。",南北朝视网之有无,有网则得巧;唐视网之疏密,密者则得巧。还有"投针验巧"的,"七月七日,妇女乞巧,投针于水,借影以验工拙。"最实在的验巧方式还是姑娘们做袜底、鞋垫、荷包之类的物品摆到台面上"赛巧"。"阑珊星斗缀珠光,七夕宫娥乞巧忙"。妇女七夕乞巧的习俗,在民间经久不衰,代代延续。

二、中元节

农历七月十五日是中国民间传统节日——中元节,也称"鬼节"了,在涟源市南部俗称其为"七月半"。这是个安魂的节日,主要节俗都围绕鬼魂设置,主祭祖先,也祀孤魂野鬼。节日里,道教有斋醮会,佛教有盂兰盆会,普通百姓在家中祭祀先祖。传说,七月阎王开放地狱鬼门,让鬼魂回家受祭享。

中元节俗主要是"烧包"。七月半,家不分贫富,都接亡灵归家"团聚",家家户户购纸钱封包,在包皮上书写先祖名号和具包者称谓姓名,包财数额,到野外焚烧给亡故的人受用,俗称"烧包"。

杨家滩敬奉亡亲的时间,是从七月初十日开始到七月十四结束,其中敬奉新客(去世三年以内的)是七月初十到七月十三,敬奉老客(去世三年以上的)是七月十一到七月十四。初十傍晚(大多取西时)接新故者(指近三年内新故亡人),亡故三年以上的推后一天接。接亡灵时只要到附近路口点三根线香、烧一夹纸、鸣炮、跪拜、默念亡人乡关住址和生殁庚,亡灵即可招来。接回先祖灵魂,将神主牌从神龛请至神桌前,香案供香茶、果品、酒馔。日凡五献,"晨昏三叩首,早晚一炉香"。每日三餐,三饭三菜祀之。如是三日,男妇诚奉如事生。延至十四日夜,送亡灵返回阴间,俗称"送亡人"。必须供香茶净酒、饭食、菜肴、三牲、果品以祭祀,整理好包财、衣冠皮箱,开具明细数目,盖上三宝印,杀雄鸡以血滴冥财上,置于野外焚化。烧化时庙王、土地各烧一夹纸钱,五方龙神五夹纸钱成梅花点烧化,给孤魂野鬼也烧一夹纸。开清地盘业主和野鬼后,男女双手会十、虔诚跪拜如地,送先祖亡灵升天:"遵儒循礼,仰仗文光、中元大会、享受丞尝,魂归蓬岛,魄返仙乡,领取冥财,极乐无疆。"送毕,将神主牌安于神龛原位。

有些大户人家和特殊情况家也在七月十三日或七月十四日举行简单的祭祀

活动。

旧时，杨家滩有这样一个习俗，中元节期晚上不让小孩子外出玩耍，说是有些孤魂野鬼从阴间回到阳间，没有吃喝，又得不到财包，便拿阳火低的成年人和小孩出气。

三、中秋节

农历八月十五日是我国传统节日——中秋节。因此日恰在秋季中间而得名。它与清明节一样，即是传统节日，又是法定节日。古历法把处在秋季中间的八月叫仲秋故又称仲秋节。十五乃月圆之夜，古人把圆月视为团圆的象征，因此又称"团圆节"。

中秋是个古老的节日。传说这天是太阴娘娘生日，故行祭月仪式。民间称太阴为"月光娘娘"，以为祭拜求福的对象。并告诫小孩勿手指月光或说话冒犯"月娘"，以免被割耳朵。中秋祭月是重要的节日习俗。早在周朝，古帝王就有"春分祭日，夏至祭地，秋分祭月，冬至祭天"的习俗。其祭祀的场所分设于东南西北四个方向，分别称之为日坛、地坛、月坛、天坛。这种风俗不仅为宫廷和上层贵族所奉行，也逐渐影响到民间。唐初，中秋节已成固定节日，宋时已盛，至明、清已与元旦并列成为主要节日。在杨家滩，每逢中秋夜，人们会登上高楼、高台，甚至爬上高山，待月亮升起时进行祭月活动，所用供品有月饼、芋头、瓜果、糕点之类，但以月饼为主。

中秋吃月饼、赏月极为普遍。民间多以赏月、吃月饼和馈遗瓜果为祭月。据传：唐太宗令大将李靖征讨突厥，八月十五凯旋。有吐蕃商人向皇上献圆饼祝捷。李世民大喜指着明月说"应将胡饼邀蟾蜍"，随后将圆饼分给文武百官。自此，中秋节吃月饼的习俗便流传开来，东坡诗云"小饼如嚼月，中有酥和饴"。那时的月饼与今时已很相似。明代"中秋、民间以月饼相遗，取团圆之义"。清代月饼越发精细，是中秋节必食之品，"中秋，以月饼合馂，设酒果赏月，""或候月华而竟夕不寝，办月饼、凉瓜庆皎月"。杨家滩历沿此习，中秋那天亲戚朋友都以月饼、芋头、西瓜、石榴等物相互馈送，取团圆、和美、甜蜜之意。中秋夜，亲朋好友，摆出酒果、芋头，团坐集饮，吃饼赏月，也给孩子们讲月里嫦娥、玉兔捣药、吴刚伐桂的故事。

杨家滩中秋习俗也有特色。一是归宁，即女儿回娘家的习俗。这一天，嫁出去的女儿纷纷带着丈夫、儿女回娘家拜节。女儿回娘家必须备办大袋月饼、瓜果等礼物，由母亲分送给邻里乡亲，一如女婿拜端午情景。礼物颇薄两个小月饼甚或是四块饼干而已，但"礼轻情意重"，表达了姑娘对乡亲的切切思念。

二是摸秋。即"秋夜出游，于瓜田摘瓜归"。这在冷水江、涟源和娄皇区很盛行。摸秋，其实就是偷瓜果。相传，元末一支义军露营时，饿极的士兵偷瓜以充饥，被主帅发觉，将治罪。村民为士兵求情道"八月摸秋不算偷"，兵因此而获赦免。从此，民间传开"八月半摸秋不算偷"的俗话，也留下了中秋节"摸秋"的习俗。这夜，家长放纵孩子到别人田地去"摸秋"，若摸到葱寓意孩子长大能聪明，若偷到瓜果，认为孩子长大后吃喝不愁。那些婚后未生育的女子，中秋之夜在小姑陪伴下到别人田地里去摸瓜摘豆，俗信摸到南瓜生男孩（南，男谐音），摘到扁豆（娥眉豆）生女孩。不管谁路过菜地都会摸上一把，民间传言"吃了这偷来的瓜果不腰痛"。而丢了"秋"的人家，无论丢多少从不咒骂，反而以此为乐。摸秋，一个"摸"字，把个"中秋节"甚至整个秋天渲染得甜美而又温馨。

四、重阳节

九月九日重阳节，是个很重要的传统节日，2013 年 7 月国家把它定位"老人节"。因为《易经》中定九为阳数，两九相重，故曰"重阳"，也叫"重九"。九在数字中是最大数，所以赋有生命长久、健康长寿的寓意，寄托着人们对老人健康长寿的祝福。现代把九月九日定为"老人节"，倡导全社会尊老、敬老、爱老、助老。

据考证，重阳节始于远古时期，成形于春秋战国，普及于西汉，鼎盛于唐代以后。最早的文字记载见于先秦典籍《吕氏春秋》之《季秋纪》。至魏晋时节日气氛渐浓，到了唐朝被正式定为民间的节日，与清明、中元、除夕并称中国传统四大祭祖节日。此后，历朝历代沿袭至今。

重阳节的主要节俗是秋游登高，佩茱萸、赏菊、饮菊花酒、吃重阳糕、杀鸡宰鸭、祭祖。

有道教传说：道士费长房告诫友人"九月九日全家宜登高"，友人照办，晚归见自家猪羊鸡犬暴死。形象地说明九月九之凶。据说这是因为九九两奇数造成的不吉，为避这天的大凶，人们要尽可能到高处去躲避。古代民间在重阳节有登高的风俗，故重阳节又叫登高节。登高是到野外去登山，意在躲避，即离开平日生活环境，躲避凶邪。重阳那天杨家滩地区的老人拄着拐杖或独行或由年轻人扶着，往南面的峨眉山上爬去，人来人往，好不热闹。

重九避瘟气的另一途径是头上插茱萸。茱萸是一种中草药，和艾叶一样可消毒避瘟，还有伪装躲避的意义。王维"遥知兄弟登高处，遍插茱萸少一人"记的就是全家登高的活动。强调的是举家躲避。要数一数是不是丢下了人，丢下者就会被瘟神捉走。不过重阳登高也好，"士人结伴登高，游古刹访名胜，诗歌唱和，犹有古风"。杨家滩人得天独厚，四十八面龙山尽兴游，一千五百多米的岳平顶峰任攀登。"孟嘉落帽于龙山"可在此乎？

茱萸的由来有一个重情重义的传说：茱萸本是吴萸。春秋战国时期，吴国使者将本国特产吴萸献给楚王，楚王不识货反以为吴王戏弄他而将使者赶出宫，楚臣朱大夫延使者至自家劝慰。吴使说："此乃上等药材，有止痛止吐之功，善治胃寒腹痛、吐泻不止等症，因闻楚王有胃寒腹痛痼疾而献之。"不久楚王旧病复发，腹痛如绞，群医束手无策，朱臣见机忙将吴萸煎汤献给楚王服下，片刻止痛。楚王大喜，重赏朱臣。询问何药，朱臣便将吴使献药事叙述，楚王懊悔，急派人携礼致歉吴王，并广植吴萸。后楚国瘟疫流行全靠吴萸挽救成千上万百姓。为答谢朱臣，楚王便改"吴萸"为"吴朱萸"，后世正式命名为"茱萸"，沿用至今。茱萸雅号"避邪翁"，重阳插茱萸可避难消灾。世人九日登高插茱萸，或作成茱萸囊佩戴臂上，或圈成盔戴在头上，盖始于此。

除登高、插茱萸外，邀三五亲友，"携壶挈榼陟山巅"，同饮菊花酒，共食重阳糕，采菊赏花，不亦乐乎！

饮菊花酒俗信可令人长寿，故重阳酿酒是重阳节的普遍活动。重阳节前，杨家滩的田地收割已基本完成，故重阳节也有报谢丰收的意味。因而一方面"以糯米作糍粑相馈遗，以报收成"。一方面"汲泉酿酒"竞造"重阳酒"祀祖、待客。据记载："菊华（花）舒时，并采茎叶杂黍、米酿之，至来年九月九日始熟，就饮，谓之菊华酒。"正所谓"待到重阳日，还来就菊花。"

第四节 冬季传统节日礼仪

冬季主要传统节日有腊八、小年、大年。在杨家滩，这些传统节日由于地理环境和历史文化的影响而多样化。

一、腊八节

腊本祭祀，冬祀称"腊祭"，故农历十二月称腊月，十二月初八即腊八。早在南北朝就把腊八定为"腊八节"。可见腊八是个传统节日。可以说，腊八拉开了过年的序幕。

腊八，杨家滩有吃腊八粥的习俗，此俗在我国已有一千多年历史。是日，"浴佛"煮粥，谓之"腊八粥"。宋代，腊八这天，从朝廷、官府到寺院、黎民都要做腊八粥。到了清朝，喝腊八粥风俗更为盛行。在宫廷，皇帝、皇后、皇子要向文武大臣、侍从、宫女赐粥，并向各寺院发放米、果供，僧侣煮腊八粥。在民间，家家户户要做腊八粥，以祭祀祖先、馈赠亲朋好友，同时合家团聚食用。

腊八粥品种繁多。都是在白米中掺入红枣、莲子、核桃、栗子、杏仁、桂圆、葡萄、白果、红豆、花生米等煮、炖数个时辰熬成的。腊八粥熬好后要先敬神祭祖，之后赠送亲友，并且要在午时之前送出去，最后才是自家人食用。如果把粥送给穷苦人吃，那便是积德。

据说，腊八粥传自印度。佛教的创始者释迦牟尼本是古印度北部（今尼泊尔境内）王爷之子，他见众生受生老病死等痛苦折磨，又不满当时婆罗门神权统治，舍弃王位，出家修道。经六年苦行，于腊八日，在菩提树下悟道成佛。在这六年中，每日仅食一麻一米，后人不忘他所受的苦难，于每年腊月初八吃粥以纪念，"腊八"就成了"佛祖成道"纪念日。"腊八"也就成了佛教的盛大节日。解放前，各地佛寺作浴佛会，举行诵经，并仿效释迦牟尼成道前"牧女献乳糜"的传说，用香谷、果实等煮粥供佛，称"腊八粥"。

二、过年

民间以腊月二十三祭灶二十四为小年，以二十九或三十为大年。有的地方称这一阶段为年关。年关的基本活动是送灶神、办年货、大扫除、装饰居室、安神奉祖、团年守岁等。

杨家滩每到腊月二十三便要谢灶，也叫祭灶，即送灶神上天。灶神乃"东厨司命九灵元王定福神君"，俗称灶君、灶王、灶君公、灶神爷、司命真君、护宅天尊，也就是厨房之神。灶神起源甚早，商朝就在汉族民间供奉，秦汉前已位列五祀之一。灶神是玉帝派遣到人间考察一家善恶的监察官，随时把这家人的行为记录在"罐"，年底上天报告。善男信女便在"灶王府君"神龛前贴上"上天言好事，下地保平安"的对子。是夜，送灶神时，点燃一对红烛，摆上香茶、糖果、粘粑等供品焚香祷告，求来年万事吉祥，人丁康泰。民间俗语"年年有个家家忙，二十三日祭灶王。中间摆上一桌供，两边配上两碟糖。黑豆干草一碗水，炉内焚起三股香。当家的过来忙祝赞，祝赞灶王降吉祥"。真实地反映了祭灶王的情景，祭毕，分饷儿童。信言灶神上天，陈奏善恶，故特重之。然祀灶见于典礼，则古存其说矣。不过，神君既被送走，可别忘了除夕将神接回来。

（一）小年

杨家滩的小年是腊月二十四（北方为二十三）日。祭灶神，过小年，意味着一年生产、生意的结束，也意味着拉开了过大年的序幕。民谣曰："辞了灶，年来到。妹子要花，伢子要炮，姐姐裁新衣，哥哥做新帽。"到了这天，过大年迎春节的喜庆气氛日渐浓厚。家家户户几乎全力以赴投入购年货、打豆腐、杀年猪、杵糍粑、做年糕、送年节、备点心、写对子、扎灯笼等过年的准备工作。俗语帮你安排得井井有条，二十四宰年猪，二十五打豆腐，二十六还保烛，二十七杀线（阉）鸡，家家户户除尘抹灰扫蛛网，整洁庭院，驱除晦气好过年。

经济拮据的人家想还清账目，轻松过年。他们面对上门来收债的"账主"好言交待："二十八，正设法，二十九，答应有。"实在无法可设，还不上钱则"三十日，溜之终"，只好"躲账"，要躲到人家响了"出房炮"才敢出身。年关，对于贫困人家确实是道关。

（二）大年

农历一年的最后一天，也是农历十二月的最后一天（月大三十，月小二十九）为大年，也称"除夕"或"岁除"。那一天的晚上杨家滩叫"大年夜"。这一天要完成的事项最多：做年饭、贴春联、年画、门神、洁衣冠、备酒肴、敬礼天地、祖宗并各方庙神、接灶神、串铜板备压岁钱、聚餐、守岁……爆竹声整日终夜不绝。

岁除节俗，始于先秦。新年的前一天，先秦部落用击鼓的方法驱逐"疫病之鬼"，意即"月穷岁尽"，旧岁至此而除。后世"除尘（陈）"、装饰居室，即"除陈布新"之意。大年习俗，自隋唐沿革成习，各相赠与称"馈岁"，酒食相邀叫"别岁"，长幼聚欢曰"分岁"，终夜不眠曰"守岁"，祀神拜长曰"辞年"，全家聚饮曰"团年"，给晚辈喜钱称"压岁"。民国倡导新生活，禁过农历年，想改习俗都行不通。大年三十家人团聚都要做好三件大事：祭祖、年饭和守岁。

祭祖是过年的传统活动。杨家滩自古以来这种慎终追远的礼俗很盛。逢年过节总不会忘记先祖，特别是大年祭祖尤为庄重。大年三十清早，大族开祠堂、街坊居民进城隍庙、乡村黎民百姓于自家堂屋致祭祖先。设香烛、楮钱、果品、酒醴、米面、三牲，长幼悉整衣冠持香出门，向吉方三辑，拜天地、玉皇、雷祖、风伯、雨师、庙王、土地；复向神龛、跪拜家神、宗祖（有的先内后外），祈保风调雨顺、六畜兴旺、人丁安泰、清吉太平。祭祖堂上，全场肃静，男女老少，毕恭毕敬，自始至终，至虔至诚。

吃"团年饭"是过年的重头戏，也是一年中最被看重的家庭聚会。团年饭特别丰盛，鸡鸭鱼肉，样样俱全。尤其是鱼必有头有尾，因寄"年年有余"之意，更是不可缺少。餐桌上还少不得"长长胜意"的粉丝合菜和"团年"萝卜。

全家老幼，依次入座，敬老爱幼，相互敬菜敬酒，共享天伦，倍感温馨。有的在厅屋燃起熊熊大火，挂起特制吊锅，置硕大的猪腿膀于锅里，加上鸡、炸豆腐等各种土菜共煮，关起大门（取外人不来冲撞），祖孙几代人围着火堆大块吃肉，大碗喝酒，其乐融融，滋味绵长。

"守岁"是这一天的压轴戏。守岁就是除夕不睡觉，人们通宵达旦，全家团坐吃糖果、品香茶、烤糍粑、切年糕、炖萝卜、嚼猪脚、饮米酒，共度良宵。

据传说，太古时期有种叫"年"的凶猛怪兽，每隔365天趁夜窜到人间吃人，破晓返林，让人谈"年"色变，人们视可怕的这一夜为"年关"。每到这一夜，各家各户拴牢宅院，爆烧圆竹，大火明灯以驱兽（"三十夜里的火"由此而来），围炉用餐以壮胆。沿此逐渐形成了除夕守岁的习俗。守岁习俗兴于南北朝，"一夜连双岁，五更分两年"，在除旧迎新之际，人们点起油灯或蜡烛，围坐在熊熊大火旁，叙旧话新，听长辈总结过去一年的收获，鼓励晚辈后生扬长避短，激励年轻人在新年里奋力前行，争取更大成绩。

是夜，父母训告小孩讲吉利话，别犯新年大忌；告训孩子餐桌上的礼仪，不得随便；还要给小孩戴上红绳穿好的铜钱或给装有零花钱的红包，谓之"压岁"。年长者花拳饮酒，孩童们玩烟花爆竹，读书人谈诗、对对、讲故事，以迎新年。烈焰明灯辉映火红的对子和鲜艳的年画，为节日营造着浓郁的喜庆氛围。

第八章 未成年人礼仪

我们这个古老而又文明的中国，俗有"礼仪之邦"美称。自古就有"不学礼，无以立"的说法。古人云"少成若天性，习惯成自然"，由此可见礼仪教育对未成年人成长的重要性。未成年人礼仪教育是他们成长中的一个重要组成部分，关系到一个国家和民族的未来。

未成年人礼仪教育具有重要意义，能够提高青少年的独立性、自信心。一个素质高、有教养的人，被众人接纳的程度高，有利于建立和谐的人际关系，有利于打开局面，发展事业。当孩子懂得尊重他人，理解他人，形成了良好的行为习惯，他就会被别人接纳，受大家欢迎，就会有很多的朋友，而这些朋友又会间接或直接地给他带来相应的发展机会，从而让他们逐渐形成健全的人格和与人交往、处事的能力。美国华盛顿大学心理学家约翰戈特曼的研究显示，那些懂得礼节、礼貌的孩子，其身心会更加健康，而且会关心他人、富有同情心，朋友更多，学习成绩也更好。

礼仪教育是人的社会化的重要方面，是未成年人走向成年人的必修课，这门课的修炼程度决定可否成为合格公民和优秀公民。它是一种养成教育，内容多，涉及面广，必须从娃娃抓起。

第一节 居家礼仪

一、起居

1.按时作息。睡前要向父母道声"晚安"，有顺序地脱鞋解衣，并摆放整齐。如果夜间起来上洗手间，要尽量轻手轻脚，以防打扰家人休息。如果大人需要早休息，不要纠缠他们陪伴自己。

2. 早晨起床，穿衣、叠被、理床，迅速而有条理。如果父母或家人未起床，要轻手轻脚，不吵醒他们。如果父母或家人已经起床，要主动向他们问"早安"。

二、就餐礼仪

1. 进餐前要先请长辈或客人就坐。主动把合长辈或客人口味的菜摆在他们面前。进餐时尽量不发出声音，不口含食物讲话。夹菜时不要用筷子在盘中挑拣，尽量不起身，备有公筷或公勺，要尽量使用公筷或公勺。

2. 自己用完餐后，尽量不提前离席，如果确实需要提前离开，应该轻声向家人以在座客人打招呼。全家人用完餐后，应该主动帮家人收拾餐桌，洗刷碗筷。

三、交往礼仪

1. 对父母长辈不能直呼姓名，更不能以不礼貌言辞代称，要用准确的称呼，如爸爸、奶奶、老师、叔叔等。

2. 与家人交往常用"请""谢谢""对不起""没关系""再见"等礼貌话语。出门要主动向家长说再见，回家要主动和家长打招呼。

3. 如外出不能按时回家，应该及时给家人打电话说明原因，以免家人着急。

4. 要诚恳接受长辈的教育和指导。和家人有不同意见时，要心平气和地进行沟通，不堵气，不吵闹。

5. 到家人房间先轻声敲门，经同意后再进入；不乱翻家人的东西。

四、待客礼仪

1. 家里来客人时，要先问清来访人身份，如果出于安全考虑或父母交待不能开门，应说明原因并致歉。

2. 客人进门后，不要冷落客人，要以主人的身份主动亲切地向客人打招呼并请客人入座，客人入座后，应准备茶水或饮料，双手递送。

3. 如果客人与父母谈事情，应该主动回避；在家读书、看电视、游戏等，尽量小声，以免打扰他们的谈话。

4. 客人在家时，自己确实有事不能陪伴或暂时离开，应该主动向客人打招呼并说明原因。

5. 客人告辞时，要等客人起身后再随家人相送，并主动同客人说再见。

6. 客人离开时，应该礼貌目送，不要立刻关门。

7. 同学、朋友来访，要热情迎接，并主动向家人介绍；和同学、朋友在家活动应该尽量安静，以免影响家人。家里吃饭时，应该热情邀请一同用餐。若同学、朋友来前已经用餐，不要冷落他们，应该先将同学或朋友安顿好，自己再和家人一起用餐。同学、朋友告辞离开时，应该主动相送，并欢迎他们下次来访。

8. 接听电话要热情，说话时音量要适中。当听到电话铃响 (一般不应超过三声)，便要拿起话筒，用普通话说"您好"；接话完毕，应谦恭地问一下对方"请问您还有什么事情吗？"通话结束时应该说"再见"，并轻轻挂断电话，切忌鲁莽地将电话"咔哒"一声挂断。在一般情况下，接电话者应让对方先挂机。

五、熟记祖孙十八代称谓

1. 上九代
自己之父称父亲，
父亲之父称祖父，
祖父之父称曾祖，
曾祖之父称高祖，
高祖之父称天祖，
天祖之父称烈祖，
烈祖之父称太祖，
太祖之父称远祖，
远祖之父称鼻祖。

2. 下九代
父亲之子叫儿子，
儿子之子叫孙子，
孙子之子叫曾孙，
曾孙之子叫玄孙，
玄孙之子叫来孙，
来孙之子叫晜孙，
晜孙之子叫仍孙，

仍孙之子叫云孙，

云孙之子叫耳孙。

第二节 校园礼仪

一、学生着装的基本要求

衣着得体。上学时，校服穿着规范，干净平整，无破损、缺扣现象。少先队员、共青团员应依照规定佩戴红领巾或团徽。休闲时间，服装适合学生身份，整洁大方。夏日着装不得露肩、背，不得过短、过透。不穿拖鞋进入校园，女生不宜穿高跟鞋，不佩带任何首饰，如耳环、项链、手链、脚链、戒指、护身符等。

二、学生的仪容、举止的基本要求

1. 发型注意保持自然、简便、整齐，不披头散发，不烫发、染发，不剪怪异发型，不剃光头，平视时头发不遮住五官。男生头发前不盖眉、旁不遮耳、后不过颈。女生发型自然大方整齐，发不遮脸，发饰不耀眼，梳理得当。

2. 面部整洁。男生不留胡须、鬓角。女生一般不化妆。

3. 手部清洁。定期修剪指甲并保持手部干净，不涂抹指甲油。

4. 站有站相、坐有坐相。在路上行走，不要多人并排、嬉戏打闹。上课时不要东倒西歪。

5. 言语文明，不说粗话脏话，不吸烟、喝酒、打架斗殴。

三、上课

1. 上课铃响时，学生应在教室里保持良好的仪态，端正坐势，恭候老师上课。

2. 当老师宣布上课时，学生应迅速起立，向老师问好，待老师答礼后，方可坐下。

3. 课堂上不使用手机、音乐播放器等任何与课堂学习无关的物品。

4. 不迟到。如果迟到，应该轻敲教室前门，立正喊"报告"，经老师允许后进入教室。

5. 上课时姿态端正，集中注意力听课，积极思考，踊跃发言，认真做好笔记，不得交头接耳。别人发言时，要认真倾听，不随便打断别人的讲话，不做无关的动作，不发出各种声响，更不能取笑他人，要通过真诚的眼神和表情给发言者以鼓励。

6. 如遇到同学身体不适等突发事情，不要围观或表现出厌恶情绪，要关心同学，听从老师安排，协助老师妥善处理。

7. 下课铃响时，若老师还没宣布下课，学生仍应当安心听讲，不要忙着收拾书本。老师宣布下课时，应端正起立，与老师互道"再见"。离开教室时，让老师先行。

四、同学交往礼仪

1. 团结同学。遇见同学要主动打招呼，礼貌待人；对待同学的缺点或错误，要多体谅，多包容，要乐于助人。

2. 尊重他人人格及权益。不动用他人物品，不拆看他人信件、日记，不打听同学的隐私；借用物品，应征得对方同意，用后及时归还，并应致谢，若有损坏，照价赔偿；不给他人起带有侮辱性的绰号，虚心听取他人的意见，正确对待同学的弱点、缺点。

3. 尊重同学，主动帮助有困难的同学，对同学的过失或冒犯要宽宏大量。不挖苦讽刺他人，不在同学背后说三道四，不捕风捉影，不说让他人难堪的话。

4. 有求于同学时，需用"请""谢谢""麻烦你"等礼貌用语。使用同学的手机或电脑时，不能随便游览同学的个人信息。

5. 男女同学正常交往，大方得体，男同学要尊重和照顾女同学。

6. 同学之间相处应保持一定的距离，两个同学关系再好，不该问的也不要问。

7. 言而有信，答应别人的事一定要做到；万一不能做到，应及时说明并真诚致歉。

五、尊敬师长礼仪

1. 遇见师长，应主动行礼问好。

2. 递交作业本时，应将作业本正面朝上，双手递上。接作业本时，要用双手，并对老师说"谢谢"。

3. 老师家访时，要出门迎送，热情接待。

4. 要尊重老师的人格，不对老师的相貌、衣着指指点点、评头论足。

5. 要诚恳接受老师的教育和指导。向老师提意见或建议时，要心平气和地进行沟通，不堵气，不吵闹。课堂上如果老师出现笔误或口误，不宜生硬纠正，更不能当堂讥笑、哄闹，可以写纸条呈递提醒，或下课后婉转提醒老师，不能因为老师的失误或不是，而在言语中表现出不屑，更不能当众给老师难堪。

6. 出入老师办公室，先轻敲门，允许后方可进入；与老师交谈，躬身站立一侧，说话音量适中。若老师正在办事或与别人交谈时，不随意打扰；不随便翻阅老师办公室的东西，不私自打开老师电脑。如果要找的老师不在，但确实有急事，可给老师写个留言。如果是与老师事先约好，则要按时到达约定的地点。

7. 不要在背后呼叫老师的姓名，更不能给老师起绰号。

8. 一些重要的节日，应主动问候老师。老师生病时，更要关心，如果要去探望、拜访老师，需要事先和老师约定时间，在老师方便的时间去拜访和探望，但不要停留太久，以免耽误老师休息。

六、校内公共场所礼仪

1. 应该自觉保持校园整洁，不在教室、楼道、操场等场所乱扔纸屑、果皮，不随地吐痰、不乱倒垃圾。

2. 不在黑板、墙壁和课桌椅上乱涂、乱画、乱抹、乱刻，放学时清理自己座位的垃圾；爱护学校公共财物、花草树木，节约用水用电。

3. 自觉将自行车存放在指定的车棚或地点，不乱停乱放。

4. 在图书馆和阅览室须保持安静和卫生，不要高谈阔论或来回走动。爱护书刊，不得偷撕资料，不在所阅读的书刊上做记号或随意涂画，阅读完报刊应按原序放回。

七、参加活动礼仪

1. 积极参加有益身心健康的各种体育活动和文娱活动，不大声喧哗，不追逐打闹，不妨碍他人休息，注意礼让。

2. 积极参加班级、学校组织的文艺演出、体育竞赛、科技制作、团队活动、文化节活动以及各种兴趣的小组活动。活动中，注重合作，富有团队精神；表现自我才艺时，要谦虚礼貌，尊重并欣赏他人的长处。

3. 积极参加新课程中的综合实践、社区志愿服务与社会调查等活动。在活动中，遵守交通规则，遵守公共场合秩序，举止大方，彬彬有礼，说话、提问有礼貌，注意语言文明。

4. 出入教室、功能室、会场等活动场所时要轻声慢步，按指定线路有序行走，不拥挤，不抢道。

5. 参加比赛时，要遵守比赛规则，不弄虚作假，不骗取荣誉。要尊重竞争对手，不故意伤害对方，对他人的冒犯或过失要宽宏大量。遇到有争议的问题，要按照程序向有关人员提出，并心平气和地进行沟通。

6. 观看比赛时，要做文明观众，要给比赛双方队员加油鼓劲。

7. 在活动中，要爱护校园花草树木，亲近、爱护大自然，不乱扔垃圾。

第三节 交际礼仪

一、作客礼仪

1. 进入室内之前应敲门。未请入，不可闯入；未请坐，不可坐下；雨伞等物，应留于室外或主人指定处。

2. 主人有事，尽早离开。

3. 未见主人，可留便条。

4. 旧客去时，新客应起立相送。

5. 访问时间要选择在主人方便的时候。

6. 室中珍贵之物，未经主人允许，不要拿起耍弄。

7. 坐应讲究姿势，注意适当和自然，如坐得笔挺，不敢动弹，未免拘束，主人也尴尬；坐没坐相，翘腿乱抖，就放肆了，主人会难堪。

8. 作客不可始终不作声。

9. 不要时常看手表和手机，或做出心烦意乱、旁若无人的样子。

10. 初访，不宜久坐。

11. 探望病人，应注意安静，要尊重医护人员的意见。

12. 亲友、同学、老师生病，应去探望，但不宜久谈。

13. 平时不相识者，不可贸然造访。

14. 说了告辞，应立即起身。

二、待客

1. 有人敲门，应回答"请进"或到门口相迎。

2. 客人进来，应起立热情迎接。如果家中不够干净整齐，显得凌乱，要做必要的整理，并向客人致歉。

3. 敬茶须用双手端送，放在客人右边。如果是夏天酷热，要递扇子，或开电扇或空调。

4. 吃饭时来客，要热情邀请客人一同进餐。

5. 客人来时，如自己恰巧有事不能相陪，要先打招呼，致以歉意，并安排家属陪着，然后再去干自己的事。

6. 客人坚持要回去，不要勉强挽留。

7. 送客应到大门外，走在长者后面。

8. 分手告别时，应招呼"再见"或"慢走"。

第四节 儿歌篇

儿歌是最好的寓教于乐的形式，比较容易引起小朋友的兴趣，大人在教小朋友时最好对儿歌的内容有亲身示范，这样小朋友会对内容更理解，也记得更深刻。

一、孝敬歌

学做菜，会洗衣，家务劳动要学习。
衣和物，放整齐，自己的事自己理。
不挑吃，不挑穿，珍惜粮食节水电。
孝父母，敬长辈，小小年纪好儿女。

二、锻炼歌

广播操，要做好，锻炼身体要达标。
多活动，身体棒，运动会上真活跃。
做眼操，保视力，"三个一"很重要。
大家来，齐锻炼，身体强健把国保。

三、环保歌

爱清洁，讲卫生，环境保护靠大家。
废弃物，不乱扔，处处整洁真是佳。
爱花草，爱动物，公共设施要爱护。
环境美，习惯好，环保能手人人夸。

四、学习歌

上课时，用品齐，课前准备要做好。
学习前，要预习，大胆质疑很重要。
要发言，先举手，积极思考多动脑。
做作业，要认真，按时完成书写好。

五、守法歌

好与坏，要分清，小小少年树正气。
坏行为，敢斗争，遵纪守法真是行。
迷信事，要反对，不良书刊不去瞧。
烟酒赌，不去沾，小小公民懂法律。

六、郊游歌

行车时，要坐好，不伸手来不探脑。
游玩时，别乱跑，一致行动很重要。
开心玩，开怀乐，环境保护别忘掉。
安全第一记心里，郊游活动乐陶陶。

七、礼貌歌

好少年，讲文明，仪表大方修养好。
见客人，问声好，起立相迎微微笑。
懂礼仪，有热情，以礼相待把心表。
遇外宾，有礼貌，不卑不亢很友好。

八、爱国歌

黄皮肤，守秩序，我是小小中国娃。
爱祖国，爱人民，五星红旗心中挂。
升国旗，要敬礼，仪态庄重要肃立。
唱国歌，有激情，唱出国威中华情。

九、进餐礼仪歌

要做文明好宝宝，就餐礼仪不能少。
筷子勺子不乱敲，讲话嬉笑就不好。
不挑食也不剩饭，细嚼慢咽肠胃好。
餐后收拾少不了，比比谁是好宝宝。

参考文献

[1] 刘红梅，刘楚魁. 梅山民俗研究 [M]. 海口：海南出版社，2013.7.

[2] 刘楚魁，刘铁辽. 湘中白喜事文化 [M]. 海口：海南出版社，2012.12.

[3] 罗运环. 中华地域文化大系·荆楚文化 [M]. 太原：山西教育出版社，2006.6.

[4] 黄秋富. 礼仪文化手鉴 [M]. 长沙：岳麓书社，1997.6.

[5] 王建章. 南楚民俗学 [M]. 长沙：岳麓书社，1995.3.

[6] 李藻华. 杨市古镇史海拾珠 [M]. 北京：人民日报出版社，2006.8.

[7] 赵玉燕，吴曙光. 湖湘文库：湖南民俗文化 [M]. 长沙：湖南师范大学出版社，2010.12.

[8] 胡平生，张萌译. 礼记 [M]. 北京：中华书局，1997.8.

[9] 新化县人民政府. 新化县志 [M]. 长沙：湖南人民出版社，1996.4.

[10] 黄明强搜集整理. 汉民族传统节日汇编 [M]. 香港：华夏文艺出版社，2019.6.

[11] 金正昆. 社交礼仪教程 [M]. 北京：中国人民大学出版社，2009.5.

[12] 于立文. 礼仪全书 [M]. 哈尔滨：黑龙江美术出版社，2009.7.

[13] 涟源市人民政府. 涟源市志 [M]. 长沙：湖南人民出版社，1998.5.

[14] 李藻华. 杨家滩古文化八篇 [M]. 北京：人民日报出版社，2007.5.

[15] 郑晓江. 中国生育文化大观 [M]. 南昌：百花洲文艺出版社，1999.1.

[16] 李泽厚. 中国思想史论 [M]. 合肥：安徽文艺出版社，1999.

[17] 盛义. 中国婚俗文化 [M]. 上海：上海文艺出版社，1994.6.

[18] 郝铭鉴，孙为. 中国应用礼仪大全 [M]. 上海：上海文艺出版社，1999.4.

[19] 吴蔚起等. 红喜事操办大全 [M]. 长沙：湖南文艺出版社，1999.10.

[20] 刘明华 . 婚丧喜庆全书 [M]. 北京：经济日报出版社，1999.7.

[21] 蒯大申，祁红 . 中国民俗精粹 [M]. 合肥：安徽少年儿童出版社，1998.8 .

[22] 王泽敏 . 中华楹联大全 [M]. 北京：北京出版社，2007.1.

[23] 王福全 . 湖湘文库：湖南墓园文化 [M]. 长沙：湖南人民出版社，2009.10.

后 记

该书着笔三不易。一曰定位不易。湘中是个地理概念，没有一个权威或通识的定义。娄底市范围在湖南版图上属于几何中心，杨家滩在传统上又处于娄底市域中心地带，只写杨家滩之传统礼仪，显然不足以代表"湘中"，总写娄底市域范围内的传统礼仪，也不足以服众。无论从历史发展还是现实情况来看，除了湘西、湘南等少数民族相对集中的地方，湘中地区的传统礼仪是湖湘传统礼仪的重要组成部分，也是中华传统礼仪的重要组成部分。我们将视野跳出"湘中"的局限，"以历史文化名镇杨家滩为例"找到我们写作的立足点，定好位。

二曰调研不易。既然涉及"传统"二字，时间跨度应该是从古代至新中国成立之前的内容。即使是新中国的同龄人，也是年逾古稀了，他们在成长过程中，长辈的言传身教，传承了部分传统礼仪。对传统礼仪孰知较多者，还是那些上个世纪20—30年代出生的长者，但这些老人，都是八十、九十有多的人，身体状况较差，且这个年代的老人，绝大多数没有上过学，文化程度不高，只能说，不能写，对于具体内容，只是片段的表达，或者零碎的记忆，加之方言重，即使是全程录音，也难以整理到位。由于组织召集年迈长者难，我们组织团队成员深入杨家滩，一次组织7~8个老同志开展调研，全程负责接送，调研时每1小时休息一次，总是担心老人身体吃不消，如此八个回合。为了获得写作资料，我们分批分次到邵阳市松坡图书馆、益阳市图书馆、安化县档案馆、湘乡市档案馆、新化县档案馆、双峰县图书馆、新邵县图书馆、隆回县图书馆、涟源市地域文化研究室、涟源市文化局、涟源市档案馆、涟源市政协文史委、涟源一中等单位专程拜谒相关领导与专家学者，恳请提供相关资料。

三曰定稿不易。本书的作者，既有高校退休或在职的教授、副教授，也有杨家滩镇退休的中小学教师，也有在企事业单位工作的民俗爱好者，还有在农村红白喜事的礼生。虽然主持人提出了写作提纲，也在相关研讨会上提出了写作体例和相关要求，但作者来自不同单位与行业，初稿出来后，有部分章节比较粗糙，只好——修正。特别是相关内容系个人调研所得，或者行业人员才能知晓真伪的描述，须征求作者本人意见，或咨询有关专业人士方可定夺，也许这个定夺或认可，不一定准确。还有，少数传统礼仪与习俗属于口口相传，又以杨家滩的方言为准，用普通话表达时的字词存在不确定性，更由于湘中地区五里不同音、十里不同俗，有部分礼仪，如婚嫁宴席排座在本区域内大体相同，但有存异之处，我们只能写大同之点，即使反复斟酌，可能也有极少数内容表述不准确甚至错误，恳请读者谅解，提出宝贵的修正意见。

该书写作有三感动。一是湘中传统礼仪研究会会长林文连，实属巾帼不让须眉的女汉子。林文连女士初闻其名是湘军水火席"非遗"传承人，印象中只有雅致、贤淑的字样，一见其人，才知道她是更有闯劲、敢于担当的不让须眉的女汉子一面。我们写作组成员或调研、或研讨，绝大部分时候的落脚点是其经营的湘军水火席府，无论是双抢时节的盛夏，还是寒风刺骨的严冬，她都是后勤总管，全程参与、全程服务，经费全额负责。她不辞劳苦，不厌其烦，尽其所有，尽其所能。人们习惯称其为林老板，但与真正的所谓大老板比起来，她还称不上老板。但作为一个上世纪六十年代出生的女士，不忘初心，富有梦想，执著传统文化，敢作敢为的处世处事风范，还真是一个林老板，令人佩服。

其二是为我们调研提供素材的那班年届耄耋的长者。他们听说我们要写作《湘中传统礼仪研究》一书，很感动，有的慷慨陈词：如果再不抢救传统礼仪，现在的年轻人就不知道祖先的历史了。现代社会世风日下，人心不古的事时有发生，是传统礼仪失传的结果。尽管他们的言辞不尽全面，但他们关注社会主义核心价值观的培育与践行，关注社会进步，关注民生幸福，向往更高质量、更加美好生活的拳拳之情，应该点一万个赞。参与调研的长者在本书即将付梓时已有四位作古，但他们的殷殷之情始终敲打我们的方寸之心，鞭策我们努力把事情做得更好一点，更完善一点。

其三是起"控制性工程"作用的土生土长的原湖南人文科技学院纪委书记、中国民间文艺家协会会员、湖南省社会学学会民俗学专业委员会会长、湖南省"非遗"专家刘楚魁教授，年逾古稀，壮心不已。他利用生于杨家滩、长于杨家滩的优势，近十次主持调研工作的召集或相关问题的研讨，专程接受有关作者的采访，十多次带队去湘中部分县市档案馆或图书馆查阅资料，数次带队参与有关单位的联络，有一次调研为了方便长老，更为避暑，将调研放在杨家滩自己的老家进行，诚心可鉴。分配书稿写作任务，主动承担了绪论篇和另外两章的写作。第一稿清样出来后，他在身体状况欠佳，亲友红白喜事缠身的情况下，用20天左右时间，通读、修改了全部书稿，提出了系列修改意见。修改稿打印后，他再次对书稿进行查漏补缺，书稿付梓前夕，逐章逐节一一订正，收到出版社排版样稿以后，再次逐字逐句校对，对部分章节适当的删改和补充，他付出了辛勤的劳动。按常理，作为这个年龄段的大学退休教授，正是含饴弄孙、安度晚年幸福生活的时候，可他就是愿意"退而不休"，与我们这班中年人为伍，发挥余热，累且快乐着。其敬业之情怀，其不舍之精神，其亲躬之境界，可为师表，堪称典范。又如湘中传统礼仪研究会的秘书长萧群炳先生，是杨家滩地区很有名气的礼生，事务繁忙，家务也重，但他在反复增删自己所写章节后，对全书绝大部分章节细心审读，该改的改，该删的删，尽自己所知，还杨家滩传统礼仪事象的原生态。为提高本书内容的精准性、可读性作出了重要贡献。还有作者陈灿芬、刘芳奇等，无论是调研工作、会务工作、还是服务书稿打印、校对，召之即来，有求必应，不遗余力。有这么一个精诚团结、无私奉献的合作团队，尽管是临时的，但记忆永恒。

写作该书有三收获。其一，收获了对"人"的深层次认识。每个人从呱呱落地来到这个世界，由小长大，又少变老，由小小幼儿到年迈体衰，直到生命的终结，多则百余岁，少则几十年，生而为何，人生咋过，人生价值何在等问题，始终是人类必须回答、必行践行的核心问题。孟子曰："人之所以异于禽兽者几希；庶民去之，君子存之。"恩格斯指出："人来源于动物界这一事实已经决定，人永远不能完全摆脱兽性，所以问题永远只能在于摆脱的多些或者少些，在于兽性或人性的程度上的差异。"两位先贤的思想集中到一点，即启迪人们尊礼、知礼、守礼、用礼，践行到位，你就是一个大写的"人"，一个真正意义上的人，一个对家人、他人、社会、国家、民族有价值的人，有贡献的人。结论也许偏颇、简单，愚以为复杂的事情简单化，于人有益是王道。

其二，收获了古老湘中地区先人的生存、生活智慧。本人作为本书的主要作者之一，对全书进行了两次通读，对湘中这片古老热土先人们的经济生活礼仪、社会生活礼仪有了比较全面、系统、深刻的认知。如果说物质生产礼仪的讲究主要是为了生存，社会生活礼仪的讲究主要是为了生活，集结为一点，那就是一切的一切是为了提高生命的质量和幸福指数，以人为本的思想无论从哪个方面讲都表现得淋漓尽致。我们的先人，先人的先人，在人类历史的长河中，在改造自然、征服自然、改造社会、战胜自我的桑田沧海中以勤劳的双手，聪颖的智慧，书写了人类文明的史诗般的画卷，创造了文化，创造了文明，创造了伟大，创造了不朽，今天我们能见到的活化石般的历史遗存，看不见的非物质文化遗产，都是给我们后人留下的珍贵财富。对于先人们的生存、生活智慧，我们除了与时俱进地传承、弘扬，别无选择。

其三，收获了情谊。在历时两年多的田野调研、书稿写作的过程中，一批热心肠的人给予了无私的奉献与真诚的支持，在他们当中，有我尊敬的老师、高中或大学时代的同窗以及家人。为了调研，我的同事、同学陈灿芬、吴桂容、吴小梅等多次为我驾车，一而再，再而三地跑杨家滩、涟源市区、古塘，全程陪同，不厌其烦；也因为我电脑输入速度慢，有时索性用笔写草稿，龙承星、王启阑等总是在第一时间内将手稿变为电子文档，不辞劳苦；当我遇到写作资料缺少的时候，谢国光老师在第一时间为我提供信息，找行家，将难得的资料送到我的手中，盛情可鉴，真可谓"众人拾柴火焰高"。是他们的付出，给了我前行的动力；是他们的支持，给了我不舍的干劲；是他们的关爱，给了我心灵的慰藉。人在旅途，有一群友人时刻关心你、支持你、呵护你，即使风雨兼程，风中有情，雨中有爱，心灵深处总是温暖如春，温馨四溢，我感到很幸福、很惬意。我也时时提醒自己，要知恩图报，学会感恩，不单挂在口头上，更要落实到行动上。对于曾经有恩于我的至亲好友，当他们有需要自己的时候，必不遗余力，当全心全意。

本书由刘楚魁、段振榜两同志编写提纲，经全体作者集体讨论敲定章节内容。写作任务分工如下：湖南人文科技学院刘楚魁教授负责绪论篇第一章、第二章，湖南人文科技学院刘楚魁、伍撰祁教授负责经济活动礼仪篇第五章，湖南人文科技学院刘楚魁、李本成教授和涟源市退休教师彭仁希先生负责社会生活礼仪篇第三章；长沙师范学院段振榜研究员负责生产礼仪篇第一章、第二章、第三章；湖南人文科技学院陈灿芬教授负责生产礼仪篇第四章；湖南人文科技学院范大平教授负责生产礼仪篇第六章；湖南人文科技学院刘红梅副教授负责社会生活礼仪篇第一章；娄底供电公司高级工程师刘芳奇负责社会生活礼仪篇第二章；湘中传统礼仪研究会秘书长肖群炳负责社会生活礼仪篇第四章、第五章；涟源市快溪中学退休教师刘清平负责社会生活礼仪篇第六章；涟源市枫坪镇中心学校原校长吴剑峰负责社会生活礼仪篇第七章；涟源二中教师李即一负责社会生活礼仪篇

第八章；书中照片由杨家滩艺光婚纱摄影社李新立先生编辑。全书由刘楚魁、段振榜统稿、审稿、定稿。依规定，多人合作作品不能在封面署全体作者名，余者见后记，祈谅。

我们衷心感谢我国著名书法家、中国书法家协会理事、中国美术家协会理事、中国文艺评论协会理事、北京市文联副主席、北京市书协副主席、涟源市杨家滩杉树村人彭利铭先在繁忙的湘黔之行中挤出时间为本书题写了书名。

特别需要提及的是，涟源市湘中传统礼仪研究会的顾问、湖南省民间文艺家协会原主席龙海清教授、中南大学博士生导师萧铁肩教授、湖南科技大学潘年英教授、原娄底工业学校校长郭锦辉高级工程师等老前辈对本书的撰写、出版给予了精心指导和热情关怀。涟源市湘中传统礼仪研究会会员除在书末署名的作者以外，曾原谅、刘日升、郭锦辉、姚石谦、宋炳源、谢体林、彭正凡、姚国良、姚秋丰、周清奇、万松桂、童才师、万家寿、周建国、陈增辉、林新桃、萧应奇、李双红、童新华、周光前、周求安、王汝连、刘双甲、萧正秋、陈金海、曾展、陈金龙、周少英等多位老先生和后起之秀，或积极参与调研、或提供相关材料、或提出有关建设性建议或后勤服务，不辞劳苦，可钦可敬。他们中有六位在该书出版前已去世，我们特别怀念和感谢他们。可以说，如果没有他们的奉献，我们的写作将更为艰难。

特别要提及的是，该书的写作与出版，得到了湖南人文科技学院副校长朱强教授和原副校长石潇纯教授、涟源市人大常委会主任梅国华先生、团结出版社刘枫先生和王杰先生的热心指导和积极支持，得益于湖南人文科技学院的区域文化研究基地、马克思主义学院、梅山文化研究中心、长沙师范学院传统文化教育与传播中心、涟源市杨市镇人民政府、涟源市区域文化研究中心、涟源市湘中传统礼仪研究会共同组织研究，也离不开娄底市和涟源市两级文旅广体局、杨市镇党委、政府领导的大力支持与精心指导。娄底市文旅广体局"非遗"科科长李晓蓉，涟源市文旅广体局局长刘益民、原副局长彭冬余、杨市镇党委书记刘五洋、镇长龙飞兵等诸位先生、女士对书稿提出了宝贵的意见与建议。

我们还要感谢吉林大学出版社对本书的出版给予的指导和支持。同时，我们的研究成果得益于前人、同行的研究基础。在书稿写作过程中，我们参考、引用了相关专家、学者公开出版的专著、发表的论文、网络文章的观点或内容。对此，一并表示诚挚的敬意与谢忱！

本书编委会 （执笔人：段振榜）

二〇二〇（庚子）年仲秋